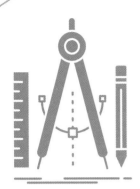

Shuxue Zonghe
Yu Shijian Huodong Sheji

数学
综合与实践活动
设计

穆晓东　陈建豪◎主编

上海教育出版社
SHANGHAI EDUCATIONAL
PUBLISHING HOUSE

图书在版编目（CIP）数据

数学综合与实践活动设计 / 穆晓东，陈建豪主编. —
上海：上海教育出版社，2023.10
ISBN 978-7-5720-2296-8

Ⅰ.①数… Ⅱ.①穆… ②陈… Ⅲ.①中学数学课－教
学研究－初中 Ⅳ.①G633.602

中国国家版本馆CIP数据核字(2023)第189670号

策划编辑　陈月姣
责任编辑　陈月姣
封面设计　馨　妍

数学综合与实践活动设计
穆晓东　陈建豪　主编

出版发行　上海教育出版社有限公司
官　　网　www.seph.com.cn
地　　址　上海市闵行区号景路159弄C座
邮　　编　201101
印　　刷　上海盛通时代印刷有限公司
开　　本　787×1092　1/16　印张 16.5
字　　数　360 千字
版　　次　2023年10月第1版
印　　次　2023年10月第1次印刷
书　　号　ISBN 978-7-5720-2296-8/G·2034
定　　价　68.00 元

如发现质量问题，读者可向本社调换　电话：021-64373213

序

　　《义务教育数学课程标准(2022年版)》明确提出了:"义务教育阶段数学课程内容由数与代数、图形与几何、统计与概率、综合与实践四个学习领域组成。""小学阶段综合与实践领域,主要是以主题式学习的形式,让学生感悟自然界和生活中的数学,在获取知识的同时,激发学习数学的兴趣。初中阶段综合与实践领域,可采用项目式学习的方式,以问题解决为导向,整合数学与其他学科的知识和思想方法,让学生从数学的角度观察与分析、思考与表达、解决与阐释社会生活以及科学技术中遇到的现实问题,感受数学与科学、技术、经济、金融、地理、艺术等学科领域的融合,积累数学活动经验,体会数学的科学价值,提高发现与提出问题、分析与解决问题的能力,发展应用意识、创新意识和实践能力。"所以,综合与实践既是学习领域,又是完善数学学习方式的重要载体。上海的义务教育阶段的数学教学,当下也正在努力落实数学课标,实现学科育人价值。虽然上海高中数学新教材已经使用了三年,但上海的义务教育阶段的数学新教材仍在编写之中。由于新的教学材料缺乏,特别是对于"综合与实践"的学习领域,既缺乏相关的研究,又缺乏教学案例和实践的经验。针对此情况,上海宋庆龄学校的穆晓东老师与她的团队结合上海市的种子计划项目,并根据长期的教研、科研的经历,先行思考,先走一步。通过"有趣、有用、有形、有梯度的数学课程开发与实施"项目,开发具有综合性、实践性、真实性、自主性、开放性和合作性的活动课程,而这些新开发的课程内容正弥补了"综合与实践"学习领域课程开发的短板,为上海的义务教育阶段的数学课程教学改革提供了实施文本。

　　"综合与实践"的学习领域的数学课程校本化开发,既是项目研究,也是课程的开发,此项目的研究具有以下特点:

1. 针对问题研究和开发课程

　　穆老师从问卷调查开始,从教师和学生两个方面进行了解和分析。学生很喜欢参与性强、互动性强和动手操作实践性强的实验活动课,渴望参与解决联系生活实际的问题。而只有少部分教师开始了数学活动和项目的教学行动,但基本上是活动课的形式,学科单一化倾向明显,缺少跨学科的综合性特征;教师对综合与实践活动的目标认识不足,缺乏教学设计和组织的经验。由此,在数学学科开展综合与实践活动的设计与实施是非常必要的,也是势在必行的。

2. 形成对综合与实践课程设计的思考与实施路径

　　校本的综合与实践课程设计是从无到有的过程,要有整体的思考,要提供一定设计框架以及流程,需要有创新的意识和集体的讨论和思考。本书中,我们可以看到上海宋庆龄学校从一年级到十二年级的数学教师都积极参与此项目,不仅提供了十六篇的教学设计案例,而且规范地给出设计的流程和要素:(1)整体规划,它包含活动主题和活动目标两个要素;(2)确定内容,它包括内容、任务和活动属性三个要素;(3)设计方案,它包括情境、资源、规划和方式四个要素;(4)设计作业;(5)设计评价。更可贵的是,每篇教学设计都经历了课堂教学的实践,有的教学设计案例中提供了丰富的实证材料,从而使读者确信,这些课程的实施是可行和有效的,特别是落实综合与实践的教学内容是可实施的。

3. 以课程开发促数学教学改革

"综合与实践"的学习领域的数学课程开发,构建和完善了校本化数学课程的建设和实施,数学课程的改革最终需要落实到教学方式的变革,"综合与实践"课程是促进数学课堂教学改革的重要抓手,它基于数学学科教学内容与目标,综合多学科内容而设计的综合性主题,具有教育性和可操作性,能够体现多学科知识的综合运用与探索,在活动中能激发学生主观能动性,体现多学科育人价值,逐步形成用数学的眼光观察世界,用数学的思维思考世界,用数学的语言表达世界,最终培育学生的学科核心素养和综合解决问题的能力。

总之,在穆晓东老师的带领下,上海宋庆龄学校的"综合与实践"的学习领域的数学课程的开发,走在了上海的数学教育教学改革的前列,为上海后续落实义务教育数学课程标准提供了丰富的教学设计案例和教学实施的经验;相信老师们使用本书时,会开阔视野,激发灵感,有助于开展"综合与实践"的教学;也相信上海宋庆龄学校会在数学教育改革的实践中再接再厉,更上一层楼。

黄华

2023 年 6 月 23 日

2023年3月14日"π Day"这一天,书稿被顺利结集并交到出版社陈编辑手中,一桩心事终于落地。

本书缘于2019年春季启动的种子计划项目。作为上海市普教系统"双名"工程第四期的骨干教师培养项目,我有幸成为中国福利会种子计划领衔人,负责设计一个研修项目,通过任务驱动的方式与校内伙伴们共同实现专业成长。考虑到自身的教育工作基础和教学思考,以及学校教学特色,我设计了一个名为"有趣、有用、有形、有梯度的数学课程开发与实施"的项目。其初衷是开发一些具有综合性、实践性、真实性、自主性、开放性和合作性的活动课程。我希望每位参与活动课程的学生都能感受到数学是有趣的,并逐渐由被动转为主动积极地参与活动。通过一些数学活动,他们能够体验到数学与实际生活的联系,并逐渐领悟到数学是有用的。设计一些图形镶嵌、包络图、建筑图形等等有形的数学课程,能够让学生感受到数学之美。最后,我设计了一些适合学生不同需求的有梯度的数学活动,通过系列数学活动,让学生感受到数学的意义和价值。需要说明的是,"有趣""有用""有形"和"有梯度"并非严格意义上的分类,只是突出或强调某一特点的主题。有些活动可能包含上述四个方面,但在设计实施活动时,我们主要突出其中某一特点。

2021年秋季,种子计划项目已经结题。项目组成员包括陈建豪、郭梦娜、黄雪萍、王向禹、周勤、潘赛杰等种子教师,他们完成了一些活动的设计与实施,我们以团队形式在中福会做了展示和分享,获得了与会专家领导一致好评。然而,这些活动的设计还处于个性化表达阶段,即每个老师都根据自己摸索出的方法,按照常规课撰写教案形式完成活动设计。从项目整体角度来看,这些案例较为零散,缺乏整体性与一致性,没有提炼出可复制、可推广的经验。为了解决这个问题,我们需要进一步整合这些案例,并总结出可行的经验,以便在未来的教学实践中更好地应用。

2022年春季,教育部颁布了义务教育阶段课程方案与新课程标准,强化了课程育人导向的重要性,优化了课程内容结构,增强了内容与育人目标的联系,设立了跨学科主题学习活动,加强了学科间的相互关联,带动了课程的综合实施,强化了实践性要求。其中,数学课程的目标是"三会"的核心素养。在"有趣、有用、有形、有梯度的数学活动设计与实施"项目中,我们提出了"四有"活动,这可以让学生自主发现问题,提出问题,并通过真实生活问题的数学化分析和解决,锻炼学科关键能力,培养核心素养,最终实现学科育人的目标。通过对新课标的学习和领会,我们经过一段时间的沉淀与思考,将"有趣、有用、有形、有梯度"的数学活动课程升级为数学综合与实践活动。陈建豪副校长负责组织协调,向全校数学教师发出数学综合与实践活动设计与实施案例撰写的召集令,我负责设计教学设计模板与培训。2022年暑假,老师们已经完成了第一版案例的撰写,并通过在线视频会议进行了讨论和修改,形成了案例撰写的雏形。案例撰写模板经过多次修改升级,最终达到了8.0版,这是后话。

2022年7月,我和数学组陈建豪、童晓虹、喻巧敏老师和教师发展中心张瑶瑶组成一个团队,以"初中数学综合与实践活动的设计与实施"为主题,申报了原上海市师资培训中心的一个项目——优秀教育经验萃取与课程化再造系列研修坊2022年上海市教师培训课程团队研发工作坊(第四期),并通过了专家的推荐、质询和遴选,8月接到申报成功的通知。经过9月至11月的三个月密集研修,在原上海市师资培训中心的平台上,我们在师培中心伍婉仪、李铃蔚老师的关心督促下,在专家徐晓燕老师的指导下,团队5人组按时完成各项任务,12月初研修结业。后续在市教研员刘达老师继续指导下,项目组对综合与实践活动的设计与思考基本完善。在这期间,我们坚持每周一次的研修,克服了各种困难,经常是下班后讨论至晚上九十点,通过线下或在线会议形式琢磨每一处细节。经过不断地讨论修改,我们进行了8次调整,最终建构出以"一、主题概述;二、内容说明;三、活动目标;四、资源准备;五、活动设计;六、作业成果;七、评价方案;八、教学思考"为框架的8.0版综合与实践活动案例模板。我们将多课时活动视为一个活动单元,参照《初中数学单元教学设计指南》中单元规划的方法进行构思,形成了三个成熟案例,分别是陈建豪老师设计的"反比例函数与乐器"、童晓虹老师设计的"我为校园添一景——创意几何空间设计"、喻巧敏老师的"探寻二维码的'前世今生'"。

2022年12月初,陈建豪副校长再次组织召开全校数学教师专题会议,由我向数学老师解读了8.0版的数学综合与实践活动设计与实施模板,成熟案例的作者陈建豪、童晓虹、喻巧敏分析讲解了三个案例,并请老师们利用寒假修改完善案例。尽管在此期间受到了疫情的困扰,但教师们仍然坚持参与案例修改,截至2023年3月初,我们已完成了3—5次修改,皆以模板8.0样式定稿。至此,书稿撰写工作暂告一段落。

本书具体的撰写任务见下表:

内容	作者
第一章　现象思考	穆晓东
第二章　理论学习	张瑶瑶
第三章　实践案例	
案例1:GeoGebra辅助下的简单几何体研究	潘赛杰
案例2:验证和应用正、余弦定理	胡蕊蕊
案例3:三角钢琴的造型为什么这么特别?——基于反比例函数的乐器探究	陈建豪
案例4:探寻二维码的"前世今生"	喻巧敏

续表

内容	作者
案例 5：三角比在测量中的应用	黄雪萍
案例 6：我为校园添一景——创意几何空间设计	童晓虹
案例 7：时间的故事	郭梦娜
案例 8：定向寻宝活动	孙　芸
案例 9：今年运动会玩什么	蔡龙妹
案例 10：可能性小游戏设计	饶　燕
案例 11：数字变形记——折线统计图的应用	王向禹
案例 12：欢迎来到三维世界	周　勤
案例 13：数学助我做"预言家"	金家利
案例 14：玩转七巧板	汤家乐
案例 15：时间小当家	曹　烨
案例 16：毛线的游戏——有关长度和面积的量感的体验活动	张安奇
第四章　实践反思	穆晓东

（说明：本书编写过程中，陈建豪副校长负责领导组织和协调，穆晓东老师负责内容策划、案例撰写模板的设计修改和全书统稿。为了既保留各学段的特色，也体现综合与实践活动的共性，穆晓东老师对每一篇案例做了局部的微调并提出建议，与各位作者商讨进一步的修改情况）

在学校全力支持与保障下，加之专家悉心指导和 18 位教师的共同努力，我们终于完成了这本书。我们希望书中内容能够体现对新课标中数学综合与实践活动的深刻理解，同时呼吁核心素养的落实和学科育人的实践。

新课标下数学综合与实践探索是一项新的课题，拥有广阔的探讨空间，我们衷心希望此书能为数学同行在数学综合与实践领域的教学与设计中带来一些启发和思考。

本书的撰写都是各位老师在日常繁重工作之余，加班加点完成的，时间仓促，水平有限，缺点和不足之处还望各位同仁不吝指正！敬请各位同仁提出宝贵意见与建议。

穆晓东

2023.3.14

目　录

绪　　论

一、背景

本研究旨在践行 2022 年 4 月颁布的新的义务教育阶段数学课程标准的理念。

2022 年 4 月,新的义务教育阶段课程标准颁布,相较于之前的课程标准,新课标首先是以习近平新时代中国特色社会主义思想为统领,强化了课程育人导向,将党的教育方针具体细化为本课程应着力培养的核心素养。体现正确价值观、必备品格和关键能力的培养要求,基于核心素养发展要求,增强内容与育人目标的联系;其次一个重要变化就是设立跨学科主题学习活动,加强了学科间相互关联,带动课程综合化实施,强化实践性要求;课程标准的变化还体现在研制了学业质量标准,刻画不同学段学生学业成就的具体表现特征,为教材编写、教学实施和考试评价等提供依据,增强了指导性,引导和帮助教师把握教学深度与广度,同时加强了学段衔接。

2022 年 4 月,教育部颁布新的课程标准,基础教育课程改革拉开了新的序幕,新课标将义务教育阶段数学课程内容划分为四个领域:数与代数、图形与几何、统计与概率、综合与实践。前三个领域是上一期课程标准的继承与发展,而第四个领域则是一个创新与实践的领域。当前,知识更新速度空前加快,数学已不再是一门独立的科学,而是渗透到物质世界的各个领域,成为表现各门学科理想形态的最好方式之一。因此,初中数学的"综合与实践"领域,与现实生活紧密联系,能够为其他学科构造数学模型,是学生形成辩证唯物主义的观点、提高实践能力和创新能力的重要内容。

二、简介

本研究旨在面向数学教师,通过案例设计、交流研讨等方式让教师亲身实践并设计一个与综合实践相关的案例,以探索新课标中的"综合与实践"领域的教学意义和价值。

本研究旨在帮助数学教师全面理解新课程标准中"综合与实践"领域的编写理念和意图,引导他们从现象思考出发,学习相关理论,本研究再通过若干个案例的设计与实施,阐释"综合与实践"这一部分内容的教学价值和意义,梳理综合与实践领域的设计方法和实践操作路径。

本研究的关注点在于,引导教师树立立德树人、学科育人的教育观念,以综合与实践为载体开展行动研究,践行新课程标准的理念。

三、目标

（一）通过理论学习，正确理解与把握2022版义务教育课程标准，理解"综合与实践"领域是学科育人的有效载体，强化立德树人的教育观念。

（二）解读新课程标准中"综合与实践"这一部分内容的编写背景和意图，理解其教学价值和意义。

（三）通过对若干个案例的解读，梳理综合与实践活动的类型，总结设计策略和实施路径，帮助教师了解如何设计综合与实践活动的主题、综合与实践活动的跨学科特征，怎样规划活动方案、设计作业成果和评价方案，等等。

第一章

现象思考

一、问题与需求

"综合与实践"是上海数学教学即将面临的一个新挑战,虽然在过去的教学中,也曾做过个别化、零星的项目和探究,但作为课程的四大领域之一,系统地进行教学是所有数学教师即将面临的新任务,这对于每位教师来说都是一个新的领域。

2015 年,PISA 测试显示,在通过合作解决综合问题的能力测试方面,上海、北京、江苏及广东地区参加测试的学生表现都不尽如人意。这些现象和困境必须在新课程目标的引领下得到突破和解决。

本研究的设计旨在践行新课标理念,在综合与实践的教学设计与实施方面作出实质性的行动,迈出有前瞻性的一步。

二、调查问卷

(一) 教师问卷

问卷涉及以下内容:

0. 基本信息　性别/教龄/职称/任教年级;

1. 您认为您的学生喜欢数学这门课吗?

2. 您认为自己目前的教学状态怎样?

3. 您的学生对数学课的感受如何?

4. 您采用的教学过程有以下哪几种形式?

5. 关于主题学习,您的认识程度有多少?

6. 您在教学中设计实施过跨学科项目化学习吗?

7. 近三年,您布置过的数学作业,除了日常练习题(每课时作业)之外,还有以下哪种形式?

8. 在教学过程中,如果学生遇到困难,您是如何处理的?

9. 在 2022 版新课标的学习中,从实践的角度谈谈对"综合与实践"的认识与理解。

问卷结果如下:

数学学习调查问卷结果(教师)

您的性别[单选题]

选项	小计	比例
男	85	24.57%
女	261	75.43%
本题有效填写人次	346	

说明:本次问卷填写教师一共 346 人,涉及超过 8 个区县的教师。

您的教龄[单选题]

选项	小计	比例	
0—5 年	79		22.83%
6—10 年	66		19.08%
11—15 年	62		17.92%
16—20 年	61		17.63%
21 年及以上	78		22.54%
本题有效填写人次	346		

说明:填写问卷的教师教龄分布比较均衡。

您的职称[单选题]

选项	小计	比例	
见习期	18		5.20%
二级教师	103		29.77%
一级教师	186		53.76%
高级教师	39		11.27%
正高级教师	0		0%
本题有效填写人次	346		

说明:其中一级教师占到一半以上,其次是二级教师,说明中青年教师比较关心本次问卷设计的问题。

您目前任教的年级[多选题]

选项	小计	比例	
六年级	143		41.33%
七年级	49		14.16%
八年级	125		36.13%
九年级	29		8.38%
本题有效填写人次	346		

说明:六年级和八年级教师是填写本次问卷的主力,其次是七年级。

1. 您认为您的学生喜欢数学这门课吗？〔单选题〕

选项	小计	比例
喜欢	216	62.43%
一般	128	36.99%
不喜欢	2	0.58%
本题有效填写人次	346	

说明：填写问卷的教师认为，超过半数的学生喜欢数学课。

2. 您认为自己目前的教学状态怎样？〔单选题〕

选项	小计	比例
有困惑，需要帮助	23	6.65%
一般，但自己能应付	111	32.08%
比较好，能适应学生的发展需要	195	56.36%
很好，能紧跟教育发展趋势	17	4.91%
本题有效填写人次	346	

说明：超过50%的教师对自己的教学状态充满自信。

3. 您的学生对数学课的感受如何？〔多选题〕

选项	小计	比例
很想学好数学，但是有困难	267	77.17%
很享受数学学习的快乐	147	42.49%
数学就是一些概念、公式、定理的组合	35	10.12%
学好数学就是刷题目	66	19.08%
数学很枯燥难懂	60	17.34%
数学知识没什么用，学不好也不影响日常生活	29	8.38%
数学知识很有用，但是与日常生活没什么关系	55	15.90%
学数学就是为了中考能考个高分	90	26.01%
数学和其他学科有很紧密的关系	145	41.91%
数学和实际生活、社会生产、高科技有密切联系	133	38.44%
其他	2	0.58%
本题有效填写人次	346	

说明：有77%左右的教师选择了学生学习数学有困难，有26%左右的教师选择了学数学就是为了中考能考个高分。有42%左右的教师选择了数学和其他学科有很紧密的关系，数学和实际生活、社会生产、高科技有密切联系，很享受数学学习的快乐。

4. 您采用的教学过程有以下哪几种形式？[矩阵单选题]

选项 题目	总是这样	经常	有时	偶尔	从不
上课讲练结合	195 (56.36%)	142 (41.04%)	8 (2.31%)	1 (0.29%)	0 (0%)
布置回家作业以常规练习题为主	105 (30.35%)	210 (60.69%)	28 (8.09%)	2 (0.58%)	1 (0.29%)
让学生记忆公式、背诵概念定理	30 (8.67%)	77 (22.25%)	117 (33.82%)	101 (29.19%)	21 (6.07%)
讲授式教学，多举例题、仔细讲解	106 (30.64%)	173 (50%)	60 (17.34%)	6 (1.73%)	1 (0.29%)
熟能生巧，鼓励学生多刷题目	40 (11.56%)	104 (30.06%)	148 (42.77%)	39 (11.27%)	15 (4.34%)
培养学生主动探究新知识的意识	128 (36.99%)	163 (47.11%)	52 (15.03%)	2 (0.58%)	1 (0.29%)
鼓励从实际生活中发现问题、探究解决方案	107 (30.92%)	167 (48.27%)	59 (17.05%)	11 (3.18%)	2 (0.58%)
其他	54 (15.61%)	54 (15.61%)	74 (21.39%)	39 (11.27%)	125 (36.12%)

📱 说明：填写问卷的教师们的教育观念和教学方式都比较符合现代的教育理念，注重以学生发展为本，关注学生的数学理解和数学与现实生活的联系，致力于提高学生的学科素养。

5. 关于主题学习，您的认识程度有多少？[单选题]

选项	小计	比例
理解主题学习的价值，每学期设计 1—2 个主题组织学生进行主题学习	43	12.43%
了解主题学习的意义，曾经尝试设计 1 个主题组织学生进行主题学习	58	16.76%
学习过相关的内容，并没有实践	188	54.34%
只是听说过	47	13.58%
完全不了解	10	2.89%
本题有效填写人次	346	

📱 说明：超过半数的教师对于主题学习只了解过相关的一些理论或者概念并没有实际的行动。

6. 您在教学中设计实施过跨学科项目化学习吗？[单选题]

选项	小计	比例
理解项目化学习的价值，每学期设计 1—2 个主题组织学生进行项目化学习	17	4.91%
了解项目化学习的意义，曾经尝试设计 1 个主题组织学生进行项目化学习	43	12.43%
学习过相关的内容，并没有实践	223	64.45%
只是听说过	53	15.32%
完全不了解	10	2.89%
本题有效填写人次	346	

说明：超过 60% 的教师学习过与项目化学习相关的内容，并没有实践。

7. 近三年，您布置过的数学作业，除了日常练习题（每课时作业）之外，还有以下哪种形式？[矩阵单选题]

选项 题目	每周 1 次	每月 1 次	每学期/学年 1—2 次	尝试过 1 次	没有
周末练习卷	212 (61.27%)	94 (27.17%)	21 (6.07%)	4 (1.16%)	15 (4.33%)
数学游戏	27 (7.80%)	44 (12.72%)	134 (38.73%)	75 (21.68%)	66 (19.07%)
数学阅读（文本、视频、多媒体等）	31 (8.96%)	73 (21.10%)	146 (42.20%)	58 (16.76%)	38 (10.98%)
数学写作（思维导图、周记、笔记、小报等）	31 (8.96%)	104 (30.06%)	136 (39.31%)	44 (12.71%)	31 (8.96%)
调查报告	7 (2.02%)	14 (4.05%)	64 (18.50%)	76 (21.96%)	185 (53.47%)
数学实验	9 (2.60%)	14 (4.05%)	71 (20.52%)	78 (22.54%)	174 (50.29%)
项目研究	4 (1.16%)	10 (2.89%)	51 (14.74%)	76 (21.96%)	205 (59.25%)
小论文	4 (1.16%)	9 (2.60%)	44 (12.71%)	84 (24.28%)	205 (59.25%)

说明：在一些新型的作业中，教师们在：数学游戏，数学阅读，数学写作，调查报告，数学实验项目研究等方面并没有很多实践经验。

8. 在教学过程中,如果学生遇到困难,您是如何处理的?[单选题]

选项	小计	比例	
鼓励学生反复思考,不轻言放弃,直到弄懂为止	241		69.65%
支持学生马上询问或求助于周围的同学、老师或家长	35		10.12%
及时给学生提供建议、支持和帮助	69		19.94%
其他	1		0.29%
本题有效填写人次	346		

说明:教师对学生在学习数学中的困难或者障碍,总是鼓励和支持的。

9. 根据对课标的学习和理解,教师们普遍认识到综合与实践活动对学生能力的培养具有重要的作用,如帮助学生更好地理解数学与现实生活的联系,应用数学知识解决实际问题,进行科学研究和工程设计等。这些活动有助于培养学生的核心素养。然而,教师们的认识尚停留在表面,实际行动却有限,甚至未开始。

（二）学生问卷

问卷涉及以下内容:

0. 基本信息　性别/年级

1. 你喜欢数学这门学科吗?

2. 你认为自己的数学学习的状态怎样?

3. 你对数学学科的认识是什么?

4. 你所经历的数学学习有以下哪几种形式?

5. 到现在为止,你遇到的数学作业形式,除了日常练习题(每课时作业)之外,还有哪种形式?

6. 你参加过数学活动吗?(数学活动举例,如:测量校园平面图、生活中用水情况的调查方案、体育中的数学、温度的计量、一次性纸杯叠放的高度等等)
你参加过的数学活动有哪些? 请列举一些＿＿＿＿＿＿＿＿＿＿＿

7. 在数学学习时,如果遇到困难,你是如何处理的?

8. 说一说你最喜欢的一节数学课,简单描述一下这节数学课的内容和喜欢这节课的理由。

9. 你最期待的数学课是什么样的? 简单描述一下。

问卷结果如下:

数学学习调查问卷(学生)

基本信息

你的性别[单选题]

选项	小计	比例	
男	2 581		51.92%
女	2 390		48.08%
本题有效填写人次	4 971		

💬 说明:本次问卷涉及超过 8 个区县的 4 971 名学生,男女生比例基本相当。

你所在的年级[单选题]

选项	小计	比例	
六年级	3 475		69.91%
七年级	473		9.52%
八年级	918		18.47%
九年级	105		2.11%
本题有效填写人次	4 971		

💬 说明:将近 70% 的填写问卷的学生是六年级学生,而只有 2.11% 是九年级学生。

1. 你喜欢数学这门学科吗?[单选题]

选项	小计	比例	
喜欢	3 721		74.85%
一般	1 164		23.42%
不喜欢	86		1.73%
本题有效填写人次	4 971		

💬 说明:在 4 971 名学生中,喜欢数学的占到了 74.85%。

2. 你认为自己的数学学习的状态怎样?[单选题]

选项	小计	比例	
有困难,需要帮助	626		12.59%
一般,但自己能应付	1 375		27.66%
比较好,只要认真学就能提高	2 162		43.49%
很好,学有余力	808		16.25%
本题有效填写人次	4 971		

💬 说明:43.49% 的学生认为只要认真学就能提高。只有 12.59% 的学生认为自己需要帮助。和前面的教师问卷中,教师认为 77% 左右的学生需要帮助形成了较大的反差。

3. 你对数学学科的认识是什么？[多选题]

选项	小计	比例
很享受数学学习的快乐	2 540	51.10%
数学是很有趣的一门课	3 400	68.40%
很想学好数学，但是有困难	1 949	39.21%
数学就是一些概念、公式、定理的组合	994	20.00%
学好数学就是刷题目	640	12.87%
数学很枯燥难懂	314	6.32%
数学知识没什么用，学不好也不影响日常生活	89	1.79%
数学知识很有用，但是与日常生活没什么关系	632	12.71%
学数学就是为了中考能考个高分	384	7.72%
数学和其他学科有很紧密的关系	2 754	55.40%
数学和实际生活、社会生产、高科技都有密切的联系	3 271	65.80%
本题有效填写人次	4 971	

📖 说明：有一半的同学能够享受数学学习的快乐。有 68.40% 的学生认为数学是一门有趣的课。但同时又有接近 40% 的学生认为学好数学有困难，还有 20% 的学生认为数学就是一些概念、公式、定理的组合。

4. 你所经历的数学学习有以下哪几种形式？[矩阵量表题]

题目 ＼ 选项	总是这样	经常	有时	偶尔	从不
记笔记、做课堂练习题	2 676 (53.83%)	1 586 (31.91%)	539 (10.84%)	147 (2.96%)	23 (0.46%)
回家作业以解题为主	2 242 (45.10%)	2 002 (40.27%)	530 (10.66%)	149 (3.00%)	48 (0.97%)
记忆公式、背诵概念定理	1 574 (31.66%)	1 674 (33.68%)	1 190 (23.94%)	448 (9.01%)	85 (1.71%)
多学多看例题、刷题目	1 545 (31.08%)	1 600 (32.19%)	1 267 (25.49%)	475 (9.56%)	84 (1.69%)
探究来自实际生活的问题	1 380 (27.76%)	1 298 (26.11%)	1 394 (28.04%)	713 (14.34%)	186 (3.74%)
听老师讲解为主	2 158 (43.41%)	2 022 (40.68%)	586 (11.79%)	140 (2.82%)	65 (1.31%)
很少主动回答问题和提问	511 (10.28%)	739 (14.87%)	1 408 (28.32%)	1 245 (25.05%)	1 068 (21.48%)

题目 \ 选项	总是这样	经常	有时	偶尔	从不
喜欢探究新知识	1 789 (35.99%)	1 390 (27.96%)	1 158 (23.3%)	510 (10.26%)	124 (2.49%)
其他	1 183 (23.8%)	745 (14.99%)	859 (17.28%)	503 (10.12%)	1 681 (33.82%)
小计	15 058 (33.66%)	13 056 (29.18%)	8 931 (19.96%)	4 330 (9.68%)	3 364 (7.52%)

说明:有将近88%的学生经历的数学的学习形式主要就是记笔记、做课堂练习,回家作业以解题为主;还有65%左右的学生依靠记忆公式,背诵概念、定理来学习数学;63%的学生认为多看例题、刷题目是提高学习成绩的方式;听老师讲解为主的学习方式超过了80%;但是同时可以看出喜欢探究新知识的学生超过了60%;探究来自实际生活中的问题的学生超过了50%。

5. 到现在为止,你遇到的数学作业形式,除了日常练习题(每课时作业)之外,还有哪种形式? [矩阵多选题]

题目 \ 选项	每周1次	每月1次	做过1次	没有
周末练习卷	3 791 (76.26%)	639 (12.85%)	238 (4.79%)	303 (6.1%)
数学游戏	1 105 (22.23%)	981 (19.73%)	1 083 (21.79%)	1 802 (36.25%)
数学阅读 (文本、视频、多媒体等)	1 217 (24.48%)	980 (19.71%)	1 184 (23.82%)	1 590 (31.99%)
数学写作(单元思维导图、周记、笔记、小报等)	1 148 (23.09%)	1 188 (23.91%)	1 618 (32.55%)	1 017 (20.46%)
调查报告	635 (12.77%)	800 (16.09%)	1 649 (33.17%)	1 887 (37.96%)
数学实验	684 (13.76%)	696 (14%)	1 367 (27.50%)	2 224 (44.74%)
项目研究	603 (12.13%)	608 (12.23%)	1 270 (25.55%)	2 490 (50.09%)
小论文	349 (7.02%)	371 (7.46%)	1 034 (20.80%)	3 217 (64.72%)

说明:在这个问题中可以看到有44.74%的学生从来没有做过数学实验,有64.72%的学生从来没有写过小论文,有37.96%的学生从来没有参加过或者写过调查报告,有20.46%的学生从来没有写过没有经历过数学写作这样的作业,有31.99%的学生从来没有数学阅读这样的作业,有36.25%的学生从来没有做过数学游戏。

6. 你参加过数学活动吗？（数学活动举例,如:测量校园平面图,生活中用水情况的调查方案、体育中的数学、温度的测量、一次性纸杯叠放的高度等等,不限于这些)[单选题]

选项	小计	比例	
经常参加	571		11.49%
偶尔参与	1 239		24.92%
听说过	1 608		32.35%
没有	1 553		31.24%
本题有效填写人次	4 971		

📋 说明:在这个问题中,有 32% 左右的学生只是听说过有数学活动,没有参加过的学生有 31.24%,经常参加的学生只占 11.50% 左右。

7. 在数学学习时,如果遇到困难,你是如何处理的?[单选题]

选项	小计	比例	
反复思考,不轻言放弃,直到弄懂为止	2 284		45.95%
马上询问或求助于周围的同学、老师或家长	1 768		35.57%
觉得自己不可能解答出,放弃	56		1.13%
上网求助	214		4.30%
遇到难题,选择先跳过,等老师上课时讲解	529		10.64%
直接放弃,不做任何努力	21		0.42%
其他	99		1.99%
本题有效填写人次	4 971		

📋 说明:在数学学习中遇到了困难,同学们总是能够努力探究或者向周围的同学、老师或家长求助,不轻易放弃。

8. 说一说你最喜欢的一节数学课,简单描述一下这节数学课的内容和喜欢这节课的理由。

　　学生最喜欢的一节数学课,其中被频繁提及的一个词是"很有趣"。其他学生提到的理由依次是:"老师很耐心,老师很好,上课讲得清晰、实用,上课的氛围好,有一定难度等等。"统计结果还显示,学生们提到了以下内容:"有时老师会让我们讲题,我们自己解题时感觉更加透彻,印象深刻;课堂氛围良好,通过生动形象的举例和动画来理解一些数学原理,将知识与题目结合。"此外,一些学生表示:"数学课堂充满了妙趣横生的氛围,有讨论和游戏参与。喜欢在老师指导下,与同学们一起分享数学课堂的感受,互相帮助和提问,非常愉快。"还有学生提道:"喜欢老师让同学上讲台解题的环节,可以学习其他同学的解题方法。"令人惊讶的是,公开课也是学生最喜欢的一节课,这表明老师在准备公开课时所付出的心思和创意能够深深打动学生。

学生还提到了一堂关于圆的特别具体的课程。他们描述了在课堂上老师让学生亲自测量一元银币的周长,并讲解了有关圆的相关知识。学生们说:"这堂课让我们通过实际操作亲身体验了如何测量圆的周长,同时也使我们对圆有了深刻的印象。"

三、分析思考

根据上述问卷调查的结果,我们从教师和学生两个方面进行分析。

首先是教师方面,大部分教师对"综合与实践"有一定的认识,但是仍停留在理论层面。少数教师已经开始尝试数学活动和项目的教学,但基本上是十几年前的活动课形式,例如单一地测量某一个建筑的高度,缺少跨学科的综合性特征。因此,我们迫切需要提供综合与实践活动设计的样例、设计方法和实施路径等指导。

其次是学生方面,大部分学生对数学感兴趣,愿意挑战学习中的困难。同时,很多学生喜欢参与性强、互动性强、动手操作实践性强的实验活动课,渴望学习与生活实际问题联系更紧密。然而,在问卷中,只有很少的学生参加过这样的数学游戏、数学活动探究等,甚至有一部分学生认为刷题拿高分才是很重要的事。

学生希望教师开展各种类型的活动课,通过合作交流、探究和解决问题,增加学习体验,完善学习方式。同时,学生也希望教师在实践活动中给予具体的指导。然而,教师对综合与实践活动的目标认识不足,缺乏这方面的经验,活动开展比较少,或将活动课当成新知建构课来上,教师讲解过多。另外,缺乏这方面现成的教学案例,课标中一些综合与实践的素材操作性不强。在评价制度方面,教师认为当前教学仍应以常规教学与考试为主。

根据课程标准的理念和学习要求,实施数学综合与实践课程有利于培养学生的思想应用意识和创新意识。以跨学科问题、综合与实践活动为载体,以问题解决为导向,开展数学综合与实践教学,与物理、化学、生物、地理、信息科技、劳动教育等学科融合,可以帮助学生更好地理解数学与其他学科之间的联系。这种教学方法有助于培养学生在具体的情境中从数学的角度发现问题、提出问题、分析问题和解决问题的能力,实现学以致用,更加深刻地认识到运用知识服务经济建设和社会各项事业发展的重要性。

因此,数学学科开展综合与实践活动的设计与实施势在必行。

接下来,本研究将从与综合与实践活动相关的学习模式——主题学习和项目化学习开始,通过从理论到实践案例的分析,展示数学综合与实践活动的样例。

附件 1

数学学习调查问卷(教师)

尊敬的老师,您好!

为了更好地了解您对数学教学的认识和理解,以及您目前的教学现状和对数学学习活动的认识,我们希望您能填写以下调查问卷。这将有助于我们更好地帮助您理解 2022 版新课程标准,并更快地适应新课程标准在"综合与实践"领域的教学。感谢您的合作!

0. 基本信息

您的性别[单选题]

( )男 ( )女

您的教龄[单选题]

( )0—5年 ( )6—10年 ( )11—15年 ( )16—20年 ( )21年及以上

您的职称[单选题]

( )见习期 ( )二级教师 ( )一级教师 ( )高级教师 ( )正高级教师

您目前任教的年级[多选题]

( )六年级 ( )七年级 ( )八年级 ( )九年级

1. 您认为您的学生喜欢数学这门课吗?[单选题]

( )喜欢 ( )一般 ( )不喜欢

2. 您认为自己目前的教学状态怎样?[单选题]

( )有困惑,需要帮助 ( )一般,但自己能应付

( )比较好,能适应学生的发展需要 ( )很好,能紧跟教育发展趋势

3. 您的学生对数学课的感受如何?[多选题]

( )很想学好数学,但是有困难

( )很享受数学学习的快乐

( )数学就是一些概念、公式、定理的组合

( )学好数学就是刷题目

( )数学很枯燥难懂

( )数学知识没什么用,学不好也不影响日常生活

( )数学知识很有用,但是与日常生活没什么关系

( )学数学就是为了中考能考个高分

( )数学和其他学科有很紧密的关系

( )数学和实际生活、社会生产、高科技有密切联系

其他_____

4. 您采用的教学过程有以下哪几种形式?[矩阵单选题]

① 上课讲练结合

( )总是这样 ( )经常 ( )有时 ( )偶尔 ( )从不

② 布置回家作业以常规练习题为主

( )总是这样 ( )经常 ( )有时 ( )偶尔 ( )从不

③ 让学生记忆公式、背诵概念定理

( )总是这样 ( )经常 ( )有时 ( )偶尔 ( )从不

④ 讲授式教学,多举例题、仔细讲解

（　）总是这样　（　）经常　（　）有时　（　）偶尔　（　）从不

⑤ 熟能生巧,鼓励学生多刷题目

（　）总是这样　（　）经常　（　）有时　（　）偶尔　（　）从不

⑥ 培养学生主动探究新知识的意识

（　）总是这样　（　）经常　（　）有时　（　）偶尔　（　）从不

⑦ 鼓励从实际生活中发现问题、探究解决方案

（　）总是这样　（　）经常　（　）有时　（　）偶尔　（　）从不

其他_____

（　）总是这样　（　）经常　（　）有时　（　）偶尔　（　）从不

5. **关于主题学习,您的认识程度有多少?〔单选题〕**

（　）理解主题学习的价值,每学期设计 1—2 个主题组织学生进行主题学习

（　）了解主题学习的意义,曾经尝试设计 1 个主题组织学生进行主题学习

（　）学习过相关的内容,并没有实践

（　）只是听说过

（　）完全不了解

逻辑关联:如果选"理解……""了解……",就关联①,否则就直接进入下一个问题。

① 您设计实施过的主题有哪些? 请列举一二_____

6. **您在教学中设计实施过跨学科项目化学习吗?〔单选题〕**

（　）理解项目化学习的价值,每学期设计 1—2 个主题组织学生进行项目化学习

（　）了解项目化学习的意义,曾经尝试设计 1 个主题组织学生进行项目化学习

（　）学习过相关的内容,并没有实践

（　）只是听说过

（　）完全不了解

逻辑关联:如果选"理解……""了解……",就关联②,否则就直接进入下一个问题。

② 您设计实施过的跨学科项目有哪些? 请列举一二_____

7. **近三年,您布置过的数学作业,除了日常练习题(每课时作业)之外,还有以下哪种形式?
〔矩阵单选题〕**

① 周末练习卷

（　）每周 1 次　（　）每月 1 次　（　）每学期/学年 1—2 次

（　）尝试过 1 次　（　）没有

② 数学游戏

（　）每周 1 次　（　）每月 1 次　（　）每学期/学年 1—2 次

（　）尝试过 1 次　（　）没有

③ 数学阅读(文本、视频、多媒体等)

　(　　)每周1次　　　(　　)每月1次　　　(　　)每学期/学年1—2次

　(　　)尝试过1次　　(　　)没有

④ 数学写作(单元思维导图、周记、笔记、小报等)

　(　　)每周1次　　　(　　)每月1次　　　(　　)每学期/学年1—2次

　(　　)尝试过1次　　(　　)没有

⑤ 调查报告

　(　　)每周1次　　　(　　)每月1次　　　(　　)每学期/学年1—2次

　(　　)尝试过1次　　(　　)没有

⑥ 数学实验

　(　　)每周1次　　　(　　)每月1次　　　(　　)每学期/学年1—2次

　(　　)尝试过1次　　(　　)没有

⑦ 项目研究

　(　　)每周1次　　　(　　)每月1次　　　(　　)每学期/学年1—2次

　(　　)尝试过1次　　(　　)没有

⑧ 小论文

　(　　)每周1次　　　(　　)每月1次　　　(　　)每学期/学年1—2次

　(　　)尝试过1次　　(　　)没有

8. 在教学过程中,如果学生遇到困难,您是如何处理的?〔单选题〕

　(　　)鼓励学生反复思考,不轻言放弃,直到弄懂为止

　(　　)支持学生马上询问或求助于周围的同学、老师或家长

　(　　)及时给学生提供建议、支持和帮助

　其他_____

9. 在2022版新课标的学习中,从实践的角度谈谈对"综合与实践"的认识与理解。

_____

附件2

数学学习调查问卷(学生)

亲爱的同学,你好!

　　为了更好地了解你对数学学科的认识和理解,了解你目前的数学学习现状以及数学学习的经历,以便更好地帮助你学习数学,我们希望你能按照题目的要求填写自己的真实想法。你的回答对于我们的调查结果将十分重要。感谢你的合作!

0. 基本信息

　你的性别〔单选题〕

　(　　)男　　(　　)女

你所在的年级［单选题］

（　　）六年级　　（　　）七年级　　（　　）八年级　　（　　）九年级

1. 你喜欢数学这门学科吗？［单选题］

（　　）喜欢　　　　（　　）一般　　　　（　　）不喜欢

2. 你认为自己数学学习的状态怎样？［单选题］

（　　）有困难，需要帮助　　　　　　　　（　　）一般，但自己能应付

（　　）比较好，只要认真学就能提高　　　（　　）很好，学有余力

3. 你对数学学科的认识是什么？［多选题］

（　　）很享受数学学习的快乐

（　　）数学是很有趣的一门课

（　　）很想学好数学，但是有困难

（　　）数学就是一些概念、公式、定理的组合

（　　）学好数学就是刷题目

（　　）数学很枯燥难懂

（　　）数学知识没什么用，学不好也不影响日常生活

（　　）数学知识很有用，但是与日常生活没什么关系

（　　）学数学就是为了中考能考个高分

（　　）数学和其他学科有很紧密的关系

（　　）数学和实际生活、社会生产、高科技有密切的联系

4. 你所经历的数学学习有以下哪几种形式？［矩阵单选题］

① 记笔记、做课堂练习题

（　　）总是这样　（　　）经常　（　　）有时　（　　）偶尔　（　　）从不

② 回家作业以解题为主

（　　）总是这样　（　　）经常　（　　）有时　（　　）偶尔　（　　）从不

③ 记忆公式、背诵概念定理

（　　）总是这样　（　　）经常　（　　）有时　（　　）偶尔　（　　）从不

④ 多学多看例题、刷题目

（　　）总是这样　（　　）经常　（　　）有时　（　　）偶尔　（　　）从不

⑤ 探究来自实际生活的问题

（　　）总是这样　（　　）经常　（　　）有时　（　　）偶尔　（　　）从不

⑥ 听老师讲解为主

（　　）总是这样　（　　）经常　（　　）有时　（　　）偶尔　（　　）从不

⑦ 很少主动回答问题和提问

（　　）总是这样　（　　）经常　（　　）有时　（　　）偶尔　（　　）从不

⑧ 喜欢探究新知识

（　　）总是这样　（　　）经常　（　　）有时　（　　）偶尔　（　　）从不

其他＿＿＿＿＿＿＿＿＿＿＿＿＿＿＿＿＿＿＿＿＿＿＿＿＿＿＿＿＿＿＿＿＿＿＿

5. 到现在为止,你遇到的数学作业形式,除了日常练习题(每课时作业)之外,还有哪种形式?［矩阵单选题］

① 周末练习卷

（　　）每周 1 次　　（　　）每月 1 次　　（　　）每学期/学年 1—2 次

（　　）做过 1 次　　（　　）没有

② 数学游戏

（　　）每周 1 次　　（　　）每月 1 次　　（　　）每学期/学年 1—2 次

（　　）做过 1 次　　（　　）没有

③ 数学阅读(文本、视频、多媒体等)

（　　）每周 1 次　　（　　）每月 1 次　　（　　）每学期/学年 1—2 次

（　　）做过 1 次　　（　　）没有

④ 数学写作(单元思维导图、周记、笔记、小报等)

（　　）每周 1 次　　（　　）每月 1 次　　（　　）每学期/学年 1—2 次

（　　）做过 1 次　　（　　）没有

⑤ 调查报告

（　　）每周 1 次　　（　　）每月 1 次　　（　　）每学期/学年 1—2 次

（　　）做过 1 次　　（　　）没有

⑥ 数学实验

（　　）每周 1 次　　（　　）每月 1 次　　（　　）每学期/学年 1—2 次

（　　）做过 1 次　　（　　）没有

⑦ 项目研究

（　　）每周 1 次　　（　　）每月 1 次　　（　　）每学期/学年 1—2 次

（　　）做过 1 次　　（　　）没有

⑧ 小论文

（　　）每周 1 次　　（　　）每月 1 次　　（　　）每学期/学年 1—2 次

（　　）做过 1 次　　（　　）没有

6. 你参加过数学活动吗?(数学活动举例,如:测量校园平面图,生活中用水情况的调查方案、体育中的数学、温度的测量、一次性纸杯叠放的高度等等)［单选题］

（　　）经常参加　　（　　）偶尔参与　　（　　）听说过　　（　　）没有

逻辑关联:如果选"经常""偶尔",就关联①,否则就直接进入下一个问题。

① 你参加过的数学活动有哪些? 请列举一些＿＿＿＿＿＿＿＿＿＿＿＿＿＿＿＿＿

7. 在数学学习时,如果遇到困难,你是如何处理的?［单选题］

(   )反复思考,不轻言放弃,直到弄懂为止

(   )马上询问或求助于周围的同学、老师或家长

(   )觉得自己不可能解答出,放弃

(   )上网求助

(   )遇到难题,选择先跳过,等老师上课时讲解

(   )直接放弃,不做任何努力

其他＿＿＿＿＿＿＿＿＿＿＿＿＿＿＿＿＿＿＿＿＿＿＿＿＿

8. 说一说你最喜欢的一节数学课,简单描述一下这节数学课的内容和喜欢这节课的理由。

＿＿＿＿＿＿＿＿＿＿＿＿＿＿＿＿＿＿＿＿＿＿＿＿＿＿＿＿＿＿＿＿

＿＿＿＿＿＿＿＿＿＿＿＿＿＿＿＿＿＿＿＿＿＿＿＿＿＿＿＿＿＿＿＿

9. 你最期待的数学课是什么样的? 简单描述一下。

＿＿＿＿＿＿＿＿＿＿＿＿＿＿＿＿＿＿＿＿＿＿＿＿＿＿＿＿＿＿＿＿

＿＿＿＿＿＿＿＿＿＿＿＿＿＿＿＿＿＿＿＿＿＿＿＿＿＿＿＿＿＿＿＿

第二章

理论学习

一、新课标解读

2022年,教育部制定和颁布了新的义务教育课程方案和《义务教育数学课程标准(2022版)》(以下简称"数学新课标"),对教育教学提出了新的方向与要求。这一轮义务教育的新课程改革尤其强调了时代新人培养目标与具体要求。义务教育课程方案作为国家课程的宏观政策导向,"是指导学校课程转化的基础依据和根本出发点,学校课程规划、教师领悟以及实施的课程等都要体现国家课程方案的总体要求"。而"义务教育课程标准则是国家管理和评价义务教育阶段课程的基础,是教材编写、教学质量评估、课程资源开发应用和考试命题的重要依据,从'目标'期待到'内容'选择、组织,再到'质量标准'刻画的逻辑环使得'课程目标'转化为可测可评的'学业质量标准'"。

对数学新课标综合与实践部分内容的解读,是教师更好理解综合与实践的前提基础。教师们理解得越深入,就越容易找到开展的精髓与要义。

本次课程方案中有一个亮点,即在分科设置课程的背景下,设立了跨学科主题学习活动。旨在加强学科间关联,带动课程综合化实施,强化实践性要求,落实对学生核心素养培养的要求。因此,各学科新义务教育课程标准中,都专门设置了跨学科主题学习内容。但不同学科间在命名上存在细微差别,比如语文和物理课标中叫作"跨学科实践",而在数学新课标中叫作"综合与实践"。方案要求,各门课程要使用本学科不少于10%的课时开展跨学科主题学习活动。

然而,跨学科主题学习部分也会是教师实际实施中的相对难点。尤其对于上海数学老师来说,更是一个新挑战。之前仅有过个别的、零星的项目活动和探究,而现在它作为课程四大领域之一,要系统地开展教学,这也是数学教师要面临的一项新任务。因此,我们的研究希望在综合与实践的教学设计与实施方面进行前期探索,为数学新课标的实施,特别是其中的综合与实践领域的思考、设计和教学做出一些探索和实践。

在数学跨学科主题学习中,我们需要了解和认识"综合与实践"的逻辑架构。

在课程方案中,综合与实践统一称为跨学科主题学习,而跨学科主题学习的上位是综合学习。综合学习是深化教学改革的路径,是对"加强课程综合,注重关联"和"变革育人方式,突出实践"这两条基本原则的具体回应。综合学习的学理内在逻辑为"素养说",其实质就是"联结",强调建立知识与知识之间、知识与生活之间、知识与自我之间的三重"联结",它是"整体性"思维下的历史选择与回归。这种联结的内核,会导向学习方式的变革,强调以学生为中心,注重学科知识的整合,注重学用结合,注重学思结合,建构学习反思框架。

为推进综合学习,新课程方案构建了三条具体路径:学科内整合学习、跨学科主题学习以及综合课程的学习。在本研究中,我们着重探索第二条路径——数学综合与实践活动设计。

综合与实践的核心要义是强调在数学知识与其他学科知识综合融通的基础上进行主题

学习或项目学习。这种学习方式强调活动的开展必须在真实的、情境化的实践活动中进行。跨学科的主题指的是围绕学生核心素养,基于本学科内容与目标,综合多学科内容而设计的综合性主题,具有教育性、可操作性,能够体现多学科知识的综合运用与探索,以及育人的价值。主题的重要性已经显而易见,但如何设计主题则是教师们必然要面临的一项任务。数学新课标文本中提供了小学与初中学段的综合与实践活动的主题示例,同时也有对主题学习目的、设计要求、教学实施等事项的说明。然而,由于各地、各校、各生实际情况不同,这些示例不能直接照搬。教师们需要根据课程内容的要求、学生的特点以及当地或学校所具备的资源,进行综合考量,设计更具个性化、凸显地域特征、符合时代特点的主题。这是教师开展数学综合与实践活动时面临的一项挑战。

在数学新课标中,对综合与实践活动究竟是如何定义的呢? 小学与初中部分有较为明显的差异,但是都使用了描述性定义的方式进行适当解释,或对如何使用作了适当说明。"小学阶段综合与实践领域,主要是以主题学习的方式,让学生感悟自然界和生活中的数学,在获取知识的同时,激发学习数学的兴趣。"而初中阶段的综合与实践领域,则采用项目式学习的方式,以问题解决为导向,整合数学与其他学科的知识与思想方法,让学生从数学的角度观察与分析、思考与表达、解决与阐释社会生活以及科学技术中遇到的现实问题,感受数学与科学、技术、经济、金融、地理、艺术等学科领域的融合,积累数学经验,体会数学的科学价值,提高发现与提出问题、分析与解决问题的能力,发展应用意识、创新意识和实践能力。

通过这两段的描述,我们可以发现小学阶段的综合与实践活动强调以主题式学习的方式开展,主题式学习的本质仍是学科课程。例如,示例中的量、方向、位置等,它们的标题一般具有明显的数学特征,如"年、月、日的秘密""身体上的尺子""时间在哪里""欢乐购物街"等。

但是,初中阶段的综合与实践活动则强调采用项目式学习的方式,以问题解决为导向,整合数学与其他学科的知识和思想方法,让学生从数学的角度"发现问题、提出问题、分析问题、解决问题"。我们可以发现在小学和初中阶段,因为学生实际情况的差异,综合与实践活动开展的方式各有侧重,我们不能完全割裂主题式学习与项目式学习,在实际开展中可以适当结合。

基于以上的内容,我们再回顾一下综合与实践的逻辑架构。综合与实践在课程方案中统称为跨学科主题学习,其上位是综合学习,除了它之外还有两条基本路径。综合与实践可根据学段实际情况,分为小学第一和第二段的主题式学习和第三段的项目式学习;初中段则主要以项目式学习的方式开展活动。我们以项目式学习为例,进一步探究综合与实践活动的实施。

二、项目式学习

在前一节对新课标的解读中,我们已经初步了解了综合与实践活动。本节将重点围绕项目式学习的内涵与定义、特征以及具体实施路径与方法等内容开展。

项目式学习是促进课程与教学改革的重要方式,它是以真实情境中的问题为驱动,以学生自主探究为基础,通过计划明确的学习过程,获得真实、具体的学习成果的一种学习方式。项目式学习强调调动学生的自主性,指导他们综合运用知识,开展有目的、有设计、有步骤、有合作、有反思的实践活动,培养学生解决实际问题的兴趣和能力,发展模型意识。

在实际教学中,可以采用灵活的方式,比如"课内+课外""校内+校外"以及"集中+分散"等形式。对于数学学科,则强调以解决现实问题为重点,综合应用数学和其他学科知识解决问题,体会数学知识的价值,以及感受数学与其他学科的关联。最后,期望学生在项目式学习中,能形成物化的成果,包括项目产品、小论文或研究报告等。

项目式学习有很多特征,其中五项比较突出。第一,自主性,项目式学习强调以学生为中心。学生可以提出要研究的问题,确定分组或分工任务,制定组内实施方案,自主决策。第二,开放性,基于项目关注实际问题,因此,问题的解决方法以及实施路径必定是多元与开放的。第三,实践性,在项目式学习中,学生可以参与其中,通过观察、操作等方式,对实际问题进行思考与交流。第四,合作性,学生在项目中需要做到较好地分工协作、交流与沟通,之后走向更大的团队,一定也能完成得非常出色,这也是教育目标所强调的一点。第五,综合性,项目的真实性决定了问题的复杂性,因此需要综合学科之间、知识与经验之间、知识与能力之间的融合与联结。

数学新课标指出,项目式学习的关键是发掘合适的项目。合适的项目应该关注现实问题,包括生活现实、自然和社会中的现象和问题。此外,还应该关注问题是否具有跨学科性质,以及学生是否能够提出问题和解决问题。在解决问题过程中,还应该注重数学计算和数学表达。这在现阶段的数学教学改革中是一项新的课题。

合适的项目应该注重引导学生通过独立思考或小组合作,经历发现和提出问题的过程。其中,提出问题是指提出合适的数学问题,并经历从语言表达到数学表达的过程。其中,语言表达不仅包括日常生活语言,还包括其他学科的语言。教师应该帮助学生从数学的角度审视问题,引导他们用数学的眼光观察现实世界。

合适的项目还应该注重引导学生经历分析和解决问题的过程。问题由学生自己或在与他人交流中提出,解决问题的过程应与提出问题的过程有机结合,积累解决实际问题的经验。教师应该帮助学生感悟解决现实问题不仅要关注数学的知识,更要关注问题的背景知识,发现问题的本质与规律,然后用数学的概念、定理或公式予以表达。在建立数学模型的过程中,引导学生会用数学的思维思考现实世界。

合适的项目最终要引导学生解释数学结论中的现实意义,进而解决问题。在许多情况下,模型中的参数或重要指标与所要解决问题的背景资料有关,往往需要分析结论是否与现实吻合。如果有悖于现实,就需要调整模型直至合理。在这样的过程中,让学生感悟重现实、讲道理的科学精神,体会数学表达的简洁与精确,引导学生会用数学的语言表达现实世界。

我们以"水是生命之源"项目为例,来感受一下项目式设计的思路。在这个项目中,我们至少要回应以下 8 个主要问题。

1. 项目安排几个学习课时?各课时教学目标如何确定?

2. 如何体现项目学习的特点?设计哪些活动?学生获得了什么样的体验,积累了哪些基本活动经验?

3. 涉及哪些综合性、实践性强的跨学科内容?

4. 怎样引导学生进行交流,描述感受,表达收获和总结发现?

5. 怎样鼓励学生个体和小组在解决问题过程中提出独特的策略和方法,以激发创造热情,形成创新意识?

6. 如何指导学生的反思与交流活动?

7. 在哪些环节给予学生怎样的鼓励?

8. 采取什么样的评价方式?确定哪些评价内容?

要想回应以上 8 个主要问题,我们要呈现出以下项目内容。

第一,前言。它是对项目式学习内容进行必要的概括,包括背景、任务、跨学科特征以及适用对象。"背景"阐述选择该主题的原因或其影响;"任务"简述实施这个主题学习或者项目,学生要完成的任务是什么;"跨学科特征"说明这一主题在数学知识的基础上,还涉及哪些学科;"适用对象"说明这个主题适用于哪一个年级或哪一类学生参与学习实践。以此引出要解决的问题,明确项目式学习是"问题导向"的学习方式。

第二,问题。项目式学习中一定要有问题,以"问题串"的形式出现,落实"学习任务"以及预设的"学生活动"和"教师组织","发现问题、提出问题、分析问题、解决问题"的过程要完整,特别是"发现问题"环节,要有必要的语言叙述,说明由已具有的信息,学生能够提出什么数学问题。

第三,提示。教师对难点、关键点要进行必要的表述,帮助学生克服难点,突破关键点。要提供"学习任务、学生活动、教师组织、活动意图"的表格,并能按照表格内容落实推进。

整体的线索逻辑为:主题、说明、育人价值、活动目标、设计思路、实施过程以及学习结果与评价。尤其在评价上,新课标强调基于证据的过程性评价与结果性评价的结合。这一点会在后面再具体讨论。

三、数学综合与实践活动案例设计模版

在设计思路以及呈现方式的基础上,我们梳理了一套开展综合与实践活动设计的模板,并且在后面提供了具体案例来呈现依据该模板如何具体展开一项综合与实践活动,为要开展综合与实践活动的教师们提供一种通用的设计模板与具体操作路径。

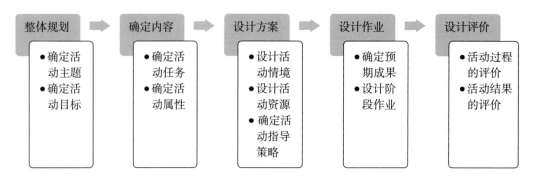

数学综合与实践活动设计流程图

上图为综合与实践活动设计流程图,该流程图适用一般的数学综合与实践活动的设计流程,教师们可以依据该图开展设计。具体包括五项流程内容:

(1) 整体规划:确定活动主题;确定活动目标。

(2) 确定内容:确定活动任务;确定活动属性。

(3) 设计方案:设计活动情境;设计活动资源;确定活动指导策略。

(4) 设计作业:确定预期成果;设计阶段作业。

(5) 设计评价:活动过程的评价;活动结果的评价。

下面围绕这五项设计流程展开具体介绍。

(一) 确定活动主题

教师在确定活动主题时可以从以下四个方面入手:一是选择数学新课标中提供的案例;二是从教材中的课题,或由学生提出的问题延伸出来;例如后面具体提供的案例中,则有一项便是由学生提出的问题作为项目主题的;三是对教材课本上的活动内容进行适切的改编;四是从围绕学生身边的活动入手,例如由学生提出的问题作为项目主题。在选择项目主题时,可以考虑外部的资源、条件等因素,以及结合项目式学习的特征和项目挖掘的六个方面进行综合考虑。如下图所示:

课标或教材

围绕学生身边的活动 ← → 学生提出的问题

改编课本习题或例题

(二) 确定活动目标

活动目标一般 3—4 条,每条目标内容不需要过于烦琐,只需包含 1—2 个核心点即可。然而,活动目标必须能够体现新课标数学核心素养的要求,并与三维目标结构进行融合。在描述目标时,应该侧重于以下三个方面:

（1）知识技能方面，包括数学基础知识、基本方法、基本经验等。这些目标应该与四基相关，即基本知识技能、基本方法、基本经验和基本数学思想。基本数学思想常常放在下一条目标中。

（2）与数学思想、"四能"相关的目标。"四能"包括发现问题、提出问题、分析问题、解决问题的四个能力。此外，还应强调数学的核心素养要求，如运算能力、推理能力、模型意识、空间观念等（详见2022年版数学新课标）。这些目标应该根据不同年段进行具体描述。

（3）与关键能力、必备品格、核心素养相关的目标。例如，合作意识、探究能力、理性精神、严谨的思维品质等。

每一条目标结束用"；"，最后一条目标结束用"。"。

（三）设计活动情境

在前面，我们提到数学新课标对综合与实践活动的特征强调真实性与综合性。真实性是指在现实生活中存在的问题；综合性则来源于现实生活中问题的复杂性，其并不是单一的设定。所以真实情境本身必然是综合性的。创设情境的过程，类似于在白纸上作画。即便是同一个主题，不同的教师描绘出的画面也会不同。但要符合一些要求，这种真实综合的情境，必须能引发学生的认知冲突、引起学生思考，甚或激发他们的兴趣。情境创设非常重要，只有先搭建好故事的背景，故事的展开才会符合逻辑。

例如，学生们经过问题情境引发的讨论，确定项目的预期成果，即该项目活动最后要做出一个什么样的产品，如设计一个校园景观图或自制一个乐器演奏一段乐曲给大家听等。

（四）单元活动规划

对应第一环节整体规划，我们设计了一份活动单元规划表。教师可以通过该表梳理主题下具体的任务、活动以及相应环节的结构关系。活动属性可以根据主题来选择，如偏重于主题学习，则可勾选主题学习与长周期；如偏重于项目化学习，则可勾选项目化学习与跨学科和长周期。每项任务对应一项活动，每项活动下可以具体设计多个环节具体落实。

活动单元规划表

活动主题					
活动属性	☐ 主题学习	☐ 项目化学习	☐ 跨学科	☐ 长周期	
预期成果					
任务清单	任务1	任务2	任务3	……	任务n
任务名称					
活动分解	活动1	活动2	活动3		活动n
活动内容					
活动空间	☐课内 ☐课外	☐课内 ☐课外	☐课内 ☐课外		☐课内 ☐课外
课时划分					

（五）分解任务，制定流程

在整体规划的基础上，要确定活动的具体内容与属性。我们设计了一份活动任务清单表，帮助教师与学生一起分解任务，明确学生要开展哪些事情，事情间的流程如何。任务清单表具体如下：

任务清单

序号	任务名称	活动名称	活动空间	活动形式	课时
1					
2					
3					
…					
n					

在确定了任务清单后，教师可以将每一个活动具体化，分解成若干环节实施，梳理活动流程，确定每个活动需要几个环节完成。

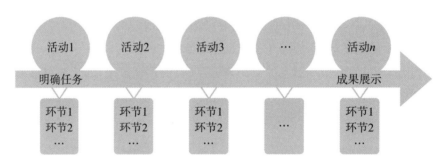

如上图所示，每一项活动可能会对应多项环节，那么每一个环节需要明确学习任务内容、学生活动内容、教师组织要求以及活动意图。有几项活动则需提供几份设计表，每份设计表中可以有多个环节，具体依活动而定。

活动：活动名称

环节	学习任务	学生活动	教师组织	活动意图
环节 1	对设计要素论证这个任务进一步分解，如果是一课时，就设计一课时，如果两课时，就分别设计两课时，依次类推	学生对设计进行要素论证：设计理念是什么？选取何种建造材质？建造成本估算等	根据学生需求与相关学科教师协调沟通	学生能够聚焦任务实施论证
环节 2				
…				

（六）设计活动资源

　　资源，是为教师与学生在实际推进项目过程中提供支持的内容。我们梳理了六大类资源，包括文本、动画、程序、实物、场地以及人力。基本可以涵盖不同项目间的需求。

活动资源表

形式	资源名称	用途	使用说明
文本	活动过程中所需要的书籍、文章、图片等书面资料，包括电子文档、图片以及来整合文字与图片的 PPT。比如：书籍《数学家陈景润的故事》、24 点游戏规则的阅读材料等，根据实际情况填写	这些资源用在第几个活动中，起到什么样的作用	使用资源时需要说明的注意事项、要求等
动画	以动画形式呈现，包括视频、软件制作的动画等。比如用软件制作的设计动图、短视频和数学家有关的电影《美丽心灵》，根据实际情况填写		
程序	人机交互的指令性程序，包括各类数学软件、智能手机的第三方应用程序（APP），还有进行计算统计、画图的软件等，根据实际情况填写		
实物	教具、学具、校园中的物品，以及活动中需要用到的物品，比如：卷尺、钢琴、校园的旗杆、植物等，根据实际情况填写		
场地	活动中可能涉及的除本班级上课教室以外的其他场地，比如操场、图书馆、博物馆等，根据实际情况填写		
人力	支持本项目活动的人员，比如：实验室老师、相关学科教师以及校外专业人士等		

　　教师可以根据自己选择的项目实际情况选择不同的资源形式，用于相应的活动之中，并填写资源属性表。

资源属性表

主题				
序号	资源形式	资源名称	用途	使用说明
1	☐文本　☐动画　☐程序 ☐实物　☐场地　☐人力	举例：网站		
2	☐文本　☐动画　☐程序 ☐实物　☐场地　☐人力	举例：博物馆		
…				

（七）梳理活动方法

　　活动的具体开展需要相应的方法与手段。我们梳理了七种活动形式供教师与学生们选取。具体包括实验操作、探究规律、调查统计、设计制作、数学建模、主题阅读和论文报告。在此，我们提供了该活动形式的内容以及适用情况的说明，有助于师生更便捷地选取与使用。

活动形式界定表

活动方式	解释	举例说明
实验操作	在活动中应用信息技术、计算机软件等作为实验工具,将数学基本理论、知识运用到解决实际问题的过程中	例如,正方体平面展开图利用几何画板。动画功能可以直观、清晰、动态地显示各种变化过程
探究规律	学生围绕某个主题运用数学方法自主探究、探索,发现一个规律和数学特征的过程	例如,多边形的镶嵌。学生可围绕什么是镶嵌,用什么多边形镶嵌,镶嵌的条件,怎么镶嵌等问题开展自主研究
调查统计	选择某个具有生活实际意义的主题,指导学生实施调查,获取原始数据,对数据进行科学处理,从而得到一些推断,用以指导实践活动	例如,了解全班同学的健康状况。学生需要测量身高、体重等数据进行汇总,作出统计图,感受统计在生活中的应用
设计制作	具有开放性和多样性的特点,学生利用给定的材料,通过对材料的观察、分析获得设计物中蕴含的某些数学规律,并根据探索后得到的数学规律进行设计和制作	例如,通过剪纸等感受轴对称在生活中的应用,发现其中的原理,设计出更丰富的作品,另外运用平移、旋转等知识,也可以进行类似的设计
数学建模	通过将实际问题转化成一个数学问题,以此来建立数学模型。然后进行求解,最后再进行解释、验证,及经历建模解模的过程,从而解决实际问题	例如,建筑物测高问题就属于典型的数学建模类问题
主题阅读	通过阅读数学书籍、撰写交流体会或阅读相关材料等方式,用数学思维、数学语言进行表达和解释	例如,通过阅读数学类书籍,了解数学家的故事,数学知识的发生、发展过程等,阅读相关材料,了解挖掘其中的数学事实,用数学语言表达、解释等
论文报告	通过调查研究、探究规律、设计制作等各种方式获得一个数学结果或规律,以呈现研究方案、研究过程、研究结果和思考的文本(论文或报告)	例如,高中学生对一个高架道路(单向三车道)上一条车道发生交通事故后对车速影响的研究,形成论文《交通事故对三车道影响的建模及仿真分析》等

在确定了活动方式之后,教师需要提供一份活动方式设计表给学生。依据学生任务活动的设计,确定选取哪一种活动形式,梳理该形式在具体活动中的用途,切实推进项目活动的展开。举例如下:

活动形式设计表

主题	动态几何软件辅助下的简单几何体研究		
序号	活动方式	用途	说明
1	☑实验操作　☑探究规律 ☐调查统计　☐设计制作 ☐数学建模　☐主题阅读 ☐论文报告　☐其他_____	活动1	学生使用老师制作的动态几何软件交互演示文件,观察操作,探究给定课题

序号	活动方式		用途	说明
2	☑实验操作 ☐调查统计 ☐数学建模 ☐论文报告	☐探究规律 ☑设计制作 ☐主题阅读 ☐其他_____	活动2	学生用动态几何软件软件自主设计制作动态交互的几何体
3	☐实验操作 ☐调查统计 ☑数学建模 ☐论文报告	☑探究规律 ☑设计制作 ☐主题阅读 ☐其他_____	活动3	小组合作提出研究的问题,然后进行数学建模,通过动态几何软件软件探究相关课题
4	☐实验操作 ☐调查统计 ☐数学建模 ☑论文报告	☐探究规律 ☐设计制作 ☐主题阅读 ☐其他_____	活动4	总结课题研究成果,以论文的形式呈现

(八) 创新评价方式

数学新课标与之前相比,特别突出了评价的地位,既增加了"学业质量"内容,又在"课程实施"的"评价建议"部分对日常教学评价和学业水平考试作了详细阐释与说明。新课标提出三种评价,强调基于证据的评价、探索增值评价以及倡导协商式评价,这也是评价方式的创新与改革。

尤其是基于证据的评价,这是核心素养落地与否的重要考量。以前的评价侧重于目标作为判断的依据,但是对具体的描述等证据不够关注,会出现较为空洞的情况。而基于证据的评价,能够使核心素养的培养不再停留在空洞的口号,而是成为看得见的内容以及变化。

常见的评价方法有纸笔测验、表现性评价、口头问题以及档案袋。其中表现性评价是评价一个领域中的深入思考,或者评价所获得的技能及所创造的产品,这些都非常适用于项目式学习的开展,也能体现基于证据的评价转变。

评价方法表

评价方法	最适当的用途
纸笔测验	评价一个内容领域的知识和技能,或评价心向和兴趣
表现性评价	评价一个领域中的深入思考,或评价所获得的技能及所创造的产品
口头问题	在教学过程中评价知识和思考,或评价心向和兴趣
档案袋	记录进步或发展,展示一系列技能的复杂成就

我们设计了几份评价量表,可以帮助教师以及学生在项目开展过程中进行过程性评价。具体如下:

活动过程观察评价表(学生个体)

活动主题					
学生姓名		评价结果	☐很好 ☐较好	☐一般	☐需改进
分值 活动表现	4分	3分	2分	1分	得分
活动讨论参与情况	每次讨论都积极参与	大部分时间积极参与	时常参与	偶尔或很少参与	
完成分工任务情况	按要求完成分工任务	基本能完成分工任务	部分完成分工任务	很少完成分工任务	
小组合作沟通情况	沟通充分、合作积极主动	能较好地与组员沟通合作	能与组员沟通,但不主动	偶尔或很少与组员沟通合作	
遇到困难的态度及解决情况	不畏难,主动寻求帮助,认真思考解决	面对困难不放弃,能寻求同伴或老师的帮助	面对困难态度犹豫,有时会寻求帮助	很少寻求帮助,面对困难害怕或放弃解决	

活动成效评价表

活动主题				
活动评价	活动1	活动名称或内容	活动效果	☐很好 ☐较好 ☐一般 ☐需改进
	活动2	活动名称或内容	活动效果	☐很好 ☐较好 ☐一般 ☐需改进
	…	…	…	…
	活动n	活动名称或内容	活动效果	☐很好 ☐较好 ☐一般 ☐需改进
活动反思				

(九) 教学思考

在上述环节后,设置了教学思考环节。当教师与学生共同开展实践活动以及结束后,希望教师可以再对活动的整体内容进行反思。具体可从以下五点展开梳理。

第一,活动设计的理念。

理念梳理可以从选择主题背景入手,思考为什么会选择该主题。该主题对于课标、学生学习的意义何在。

第二,活动的实施。

在实际开展中存在什么问题,以及做了什么调整,需要注意的要点等都可以梳理成实践经验。

第三,活动主题的特色。

所选主题活动是否具有创意,是否有独特之处,是否可以引起学生的兴趣。

第四,活动的收获。

在实践活动中,教师可以观察学生参与情况,结合作业与评价判断学生的收获情况。如学生是否掌握了目标所预设的内容,是否在实践中运用内容。在小组合作中,学生是否能与成员开展团队合作、在合作中有哪些亮点,又有哪些可以完善的地方。在活动结束后,学生是否能够顺利向他人介绍与展示自己的成果。以及他们是否能够获得成就感与信心来开展新的实践活动等。讲述、报告、交流等都可以锻炼学生的综合能力,培养他们的综合素养。

第五,活动的思考与展望。

活动从设计、实施到展示,会经历相对长的时间,在这个过程中教师也会不断产生新的思考与想法。教师可以关注设计与目标间的关系,设计与实践间的关系,学生实践与学习效果间的关系以及教师在实践中与学生的关系等等。以上内容的思考能帮助教师将实践活动梳理成有效的、可分享的、可再加工的经验内容,以更好回应新活动与新课标下教育教学的变革要求。

最后,再回顾一下以上内容。数学综合与实践活动的设计一定要注意以下三点内容。

第一,"跨学科"定位。数学本身具备跨学科内涵,开展综合与实践要进一步提高数学品位——精确的定量描述,严密的逻辑推理。

第二,真实情境性。提供的情境要真实并开放,能引导学生发现和提出问题。

第三,问题解决性。提出的问题,学生能够进行合理假设并且预测大致的结果,不能提出最后无法解决的问题。要引导鼓励学生综合运用观察、猜测、实验、计算、推理、验证、数据分析、直观想象等方法。

在本章理论学习后,我们提供了具体的综合与实践的活动案例,教师们可以通过实际案例进一步感受并理解其内涵与设计的全部过程。

第三章

实践案例

案例 1：GeoGebra 辅助下的简单几何体研究

一、主题概述

1. 背景

在"互联网＋"迅速发展的今天，信息技术广泛应用于各行各业，取得了巨大的经济和社会效益。教育当然也不例外。随着"互联网＋教育"的不断推进和发展，以计算机技术和网络技术为核心的现代信息技术已广泛应用于课堂教学中。计算机辅助教学能方便地创设生动丰富的情境，提供研究探索的平台，弥补传统教学方式的不足。对于教学重点和难点，计算机辅助教学提供了更多呈现和解决的途径。同时，计算机辅助教学易于分享和传播，不断迭代优化，从而提升教学效率，达到事半功倍的效果。作为一名数学老师，"互联网＋数学教育"毫无疑问也是我们改进教学的方向。《普通高中数学课程标准(2017 年版 2020 修订)》也给教师提出了明确的建议，"在数学教学中，信息技术是学生学习和教师教学的重要辅助手段，为师生交流、生生交流、人机交流搭建了平台，为学习和教学提供了丰富的资源。因此，教师应重视信息技术的运用，优化课堂教学，转变教学与学习方式。例如，为学生理解概念创设背景，为学生探索规律启发思路，为学生解决问题提供直观，引导学生自主获取资源。在这个过程中，教师要有意识地积累数学活动案例，总结出生动、自主、有效的教学方式和学习方式。"

"工欲善其事，必先利其器"，选用一款合适的计算机软件来辅助教学是非常重要的。经过对几何画板类软件平台的深入研究和比较，我们最终采用了 GeoGebra 这款免费使用且可在不同平台下操作的动态数学软件。GeoGebra 是免费的，意味着学生和教师没有任何经济负担，谁都可以自由使用。GeoGebra 是跨平台的，意味着它可以在不同操作系统之间自由切换，比如在 Windows 操作系统上制作的文件可以很方便地让使用苹果电脑的用户正常操作和使用。另外，GeoGebra 还有在线网站，除了可以通过下载软件在本地计算机上使用，它还可以让用户直接在网站上进行图形的创作和分享，演示已制作的动画文件。

对于立体几何这个单元，我们主要使用 GeoGebra 的几何模块来辅助教学。但其实 GeoGebra 本身包括了几何、代数、表格、图形、统计和微积分等多个模块，所以在整个高中数学的学习中，GeoGebra 都可以用来辅助我们的教学设计。在 GeoGebra 的官网上提供了丰富的教程和实例来方便教师和学生自学。软件本身支持中文，但英文版的教学资源会更丰富，如果用户具备一定的英语水平，可以更高效地学习和使用这款软件。当然，互联网上中文的教程现在也有很多，比如中国大学慕课平台上，有免费的"动态几何画板 GeoGebra 教学应用"课程可供大家学习。对于高中学生来说，大部分的内容都是可以掌握的。

2. 任务

（1）通过教师制作的 GeoGebra 交互动态演示课件，学生动手操作和使用 GeoGebra 软件，探究给定的立体几何研究课题；

（2）利用课上和课后时间，学习 GeoGebra 的基本操作和指令，学会自己制作简单的几何体，辅助立体几何的学习；

（3）通过小组合作的形式，自主选定探究课题，制作 GeoGebra 交互动态演示文件来研究相关问题，培养自学和合作探究的能力；

（4）总结归纳研究成果，以小组为单位撰写科学论文，并进行交流分享。

3. 跨学科特征

信息技术：GeoGebra 软件的学习和使用。

4. 适用对象

高二学生或者正在学习立体几何的学生。

二、内容说明

1. 知识

（1）数学学科中已经储备的知识。

该主题主要以沪教版《普通高中教科书数学必修第三册》第 11 章"简单几何体"为载体。高中立体几何的知识由必修课程第 10 章和第 11 章两部分内容构成。第 10 章"空间直线与平面"讨论了空间中点、线及面的位置关系和一些性质。在此基础上，第 11 章"简单几何体"讨论柱体、锥体及球体等常见的空间几何体的形状、性质和度量。具体内容包括：

① 利用实物、计算机软件等观察空间图形，认识柱、锥、台、球及简单组合体的结构特征，能运用这些特征描述现实生活中简单物体的结构。

② 知道球、棱柱、棱锥、棱台的表面积和体积的计算公式，能用公式解决简单的实际问题。

（2）学习 GeoGebra 这款软件的使用方法和编写指令，完成相应的课题研究设计。其中软件相关的知识主要通过学生课后自主学习完成。

2. 工具

（1）活动流程：

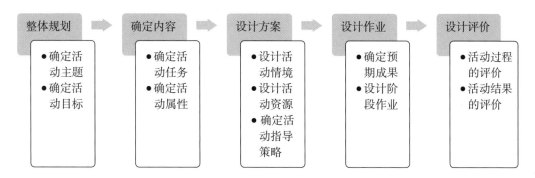

（2）活动规划：

活动单元规划表

活动主题	GeoGebra 辅助下的简单几何体研究			
活动属性	☐ 主题学习　☑ 项目化学习　☑ 跨学科　☑ 长周期			
预期成果	学会制作 GeoGebra 交互演示动画，通过小组合作完成自主选定的探究课题，并总结成果，撰写学术报告			
任务清单	任务 1	任务 2	任务 3	任务 4
任务名称	演示 GeoGebra 动画文件，探究给定的立体几何课题	学习 GeoGebra 的基本操作和指令	小组合作的形式，选定探究课题，制作 GeoGebra 交互动态演示文件来研究课题	总结归纳研究成果，以小组为单位撰写科学论文，并进行交流分享
活动分解	活动 1	活动 2	活动 3	活动 4
活动内容	通过三个具体的实例，初步感受到用 GeoGebra 研究立体几何问题的方便和直观	配合互联网上 MOOC 课程，以自学为主，熟悉简单几何体的制作，学习 GeoGebra 的基本操作和指令	以 3—4 人为一个小组，选定立体几何的探究课题，通过制作 GeoGebra 交互动态演示文件来研究课题	学习撰写学术论文的基本规范，总结归纳研究成果，以小组为单位撰写科学论文，并进行交流分享
活动空间	☑ 课内　☐ 课外	☑ 课内　☑ 课外	☑ 课内　☑ 课外	☑ 课内　☑ 课外
课时划分	3 课时	5 课时	5 课时	5 课时

（3）评价量表：

活动过程观察评价表（学生个体）

活动主题	GeoGebra 辅助下的简单几何体研究				
学生姓名		评价结果	☐ 很好　☐ 较好　☐ 一般　☐ 需改进		
分值　活动表现	4分	3分	2分	1分	得分
活动讨论参与情况	每次讨论都积极参与	大部分时间积极参与	时常参与	偶尔或很少参与	
完成分工任务情况	按要求完成分工任务	基本能完成分工任务	部分完成分工任务	很少完成分工任务	
小组合作沟通情况	沟通充分、合作积极主动	能较好地与组员沟通合作	能与组员沟通，但不主动	偶尔或很少与组员沟通合作	
遇到困难的态度及解决情况	不畏难，主动寻求帮助，认真思考解决	面对困难不放弃，能寻求同伴或老师的帮助	面对困难态度犹豫，有时会寻求帮助	很少寻求帮助，面对困难害怕或放弃解决	

活动成效评价表

活动主题	GeoGebra 辅助下的简单几何体研究						
活动评价	活动1	通过教师制作的 GeoGebra 动画演示的 3 个实例,在观察和操作中探究给定的立体几何课题	活动效果	☐很好	☐较好	☐一般	☐需改进
	活动2	学习 GeoGebra 的基本操作和指令	活动效果	☐很好	☐较好	☐一般	☐需改进
	活动3	小组合作的形式,自主选定探究课题,制作 GeoGebra 交互动态演示文件来研究相关问题	活动效果	☐很好	☐较好	☐一般	☐需改进
	活动4	总结归纳研究成果,以小组为单位撰写科学论文,并进行交流分享	活动效果	☐很好	☐较好	☐一般	☐需改进
活动反思							

3. 方法

活动方式设计表

主题	GeoGebra 辅助下的简单几何体研究			
序号	活动方式		用途	说明
1	☑实验操作 ☑探究规律 ☐调查统计 ☐设计制作 ☐数学建模 ☐主题阅读 ☐论文报告 ☐其他＿＿＿		活动1	学生使用教师制作的 GeoGebra 交互演示文件,观察操作,探究给定课题
2	☑实验操作 ☐探究规律 ☐调查统计 ☐设计制作 ☐数学建模 ☐主题阅读 ☐论文报告 ☐其他＿＿＿		活动2	学生用 GeoGebra 软件自主设计制作动态交互的几何体
3	☐实验操作 ☑探究规律 ☐调查统计 ☑设计制作 ☑数学建模 ☐主题阅读 ☐论文报告 ☐其他＿＿＿		活动3	小组合作提出研究的问题,然后进行数学建模,通过 GeoGebra 软件探究相关课题
4	☐实验操作 ☐探究规律 ☐调查统计 ☐设计制作 ☐数学建模 ☐主题阅读 ☑论文报告 ☑其他＿＿＿		活动4	总结课题研究成果,以论文的形式呈现

💡📝 三、活动目标

（1）GeoGebra 动画演示三个立体图形,通过观察立体图形的动态演示,在具体的情境中感悟事物的本质,增强运用几何直观和空间想象思考问题的意识,在培育直观想象的基础

上,发展空间观念;

（2）以 GeoGebra 软件为探究实验的平台,学生通过小组合作的形式,自主选定问题,制作 GeoGebra 动画文件来研究相关问题,培养自学和探究问题的能力;

（3）通过参与设计制作可动画展示的几何体,并研究其特点和规律,激发数学学习的兴趣,发展直观想象、空间观念、模型观念,树立研究意识,培养理性精神。

四、资源设计

主题	GeoGebra 辅助下的简单几何体研究			
序号	资源形式	资源名称	用途	使用说明
1	☐文本 ☐动画 ☑程序 ☐实物 ☐场地 ☐人力	GeoGebra 软件下载地址	为自主编写程序设计几何体做技术准备	https://www.GeoGebra.org/download
2	☑文本 ☐动画 ☐程序 ☐实物 ☐场地 ☐人力	GeoGebra 官方教程地址	在活动 2 中,作为参考资料供学生学习 GeoGebra 的基本操作	https://www.GeoGebra.org/materials
3	☑文本 ☑动画 ☐程序 ☐实物 ☐场地 ☐人力	GeoGebra 教学资源地址	丰富的交互动画演示文件,可以提供活动 3 自选课题的灵感	https://www.GeoGebra.org/a/14
4	☑文本 ☑动画 ☐程序 ☐实物 ☐场地 ☐人力	GeoGebra 中文慕课教程	非常好的 MOOC 课程,可以在活动 1 中作为教师的教学参考资料,在活动 2 中推荐作为学生的自学课程	https://www.icourse163.org/course/icourse－1002415002

五、活动设计

1. 创设情境,明确目的

问题思考:沪教版《普通高中教科书数学必修第三册》练习 11.1(1)第 3 题"一个水平放置的封闭圆柱形容器中装了部分的水,此时水面的形状是什么图形？ 如果把圆柱沿侧面放倒在水平的面上,那么水面的形状又会是什么图形？ 请分别画出以上两种情形的示意图。"

教材这个练习考查学生对于平面截圆柱横截面的简单认识。虽然难度不大,只限定在两个非常特殊的位置关系下探究横截面的形状,但对于学生的空间想象能力还是有一定要求的。从这个课后练习题出发,我们就很自然延伸出一个值得探究的一般性问题,一个平面截一个圆柱可以得到多少种不同的横截面,从定性甚至定量的角度系统研究这个课题。这对于学生来说,挑战就比较大了。再进一步,如果用平面截其他的任意几何体(比如正方体)又可以得到哪些不同的截面呢？ 诸如此类的课题,都可以从一些小的问题中引申出一个一般性的三维空间的探究课题,这对学生的空间直观想象能力有很高的要求。因为如果只是通过平面示意图来展现几何体,很难完整表示三维几何体的全部信息。如果制作实物模型来辅助思考又很费时费力,而且由于误差等原因很难定量研究问题。GeoGebra 这款交互性很强的几何画板软件,就很好地解决了以上痛点。它上手不难,而且功能强大,非常适合立体几何的教学和学生的自主探究学习。第一步,为了让学生快速上手这款软件,具体的 GeoGebra 课件设计由老师完成,学生从通过使用已有的 GeoGebra 动态交互课件,逐步熟悉软件功能和操作,并在这个过程中进行一定的探究;第二步,学生自主学习相关教程,逐步学习制作适合自己课题的 GeoGebra 动画课件;第三步,通过小组合作的形式,以研究小组为单位,研究自己感兴趣的立体几何课题,逐步培养学生独立研究问题的能力。

2. 分解任务,制定流程

讨论并填写任务清单。

序号	任务名称	活动名称	活动空间	课时
1	通过教师制作的 GeoGebra 动画演示文件,在观察和操作中探究给定的立体几何课题	教师提供平台学生探究问题	课内	3
2	学习 GeoGebra 的基本操作和指令	自主学习 GeoGebra	课内、课外	5
3	通过小组合作的形式,自主选定探究课题,制作 GeoGebra 交互动态演示文件来研究相关问题	小组合作,自主探究	课内、课外	5
4	总结归纳研究成果,以小组为单位撰写科学论文,并进行交流分享	总结成果,撰写报告	课内、课外	5

3. 开展活动,实践探究

活动 1:教师提供平台学生探究问题

环节 1:圆柱体的截面

环节 1 活动说明表

环节	学习任务	学生活动	教师组织	活动意图
环节 1	以图 1 为对象,研究截面是椭圆的情况	学生先观察动态演示,自主操作按钮感受动态变化,发现结论	教师事先用 GeoGebra 设计动画文件,即研究平台,示范演示动画	教师用 GeoGebra 设计直观展示问题的动画,先演示再让学生操作演示,观察变化规律
	以图 2 为对象,研究截面是圆(与圆柱底面全等)的情况	学生先观察动态演示,自主操作按钮感受动态变化,发现结论		
	以图 3 为对象,研究截面是矩形的情况	学生先观察动态演示,自主操作按钮感受动态变化,发现结论		
	以图 4 为对象,研究截面是曲边形的情况	学生先观察动态演示,自主操作按钮感受动态变化,发现结论		

▣ 活动说明:为了让学生迅速上手使用 GeoGebra,一开始由老师提供 GeoGebra 交互动画文件来探究简单课题。在环节 1 中,学生需要探究圆柱体的不同截面。老师可以把提前制作好的相关 GeoGebra 交互文件通过网页链接的形式分享给每一位学生。通过链接:https://www.GeoGebra.org/m/ryqefrqd,学生可以同步上手操作,观察并探究相关问题。图 1—图 4 是操作界面的截图,设计非常简洁,左侧设计了若干滑块,学生可以调节相应参数改变截面的位置和方向,中间是三维图形的显示区域,可以随着滑块的移动看到动态的调整效果。右侧窗口则显示了在平面上的视角,即可以看到截面的形状。

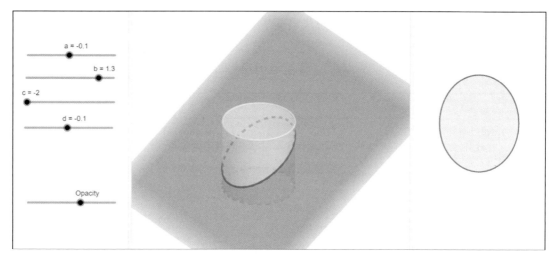

图 1

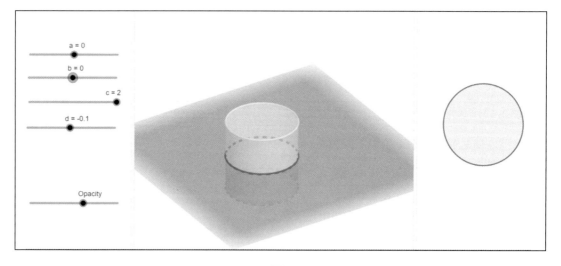

图 2

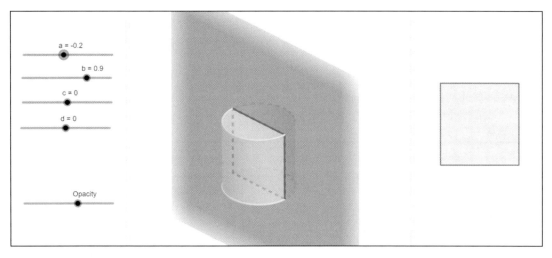

图 3

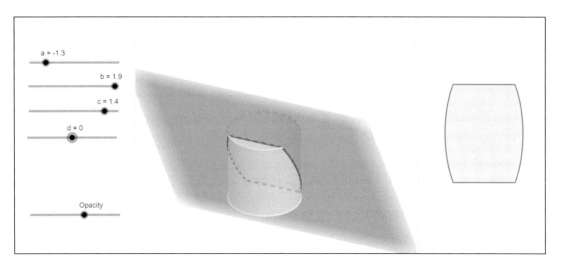

图 4

说明:图 1—4 是用来探究圆柱体不同横截面的 GeoGebra 动态交互课件的操作界面截图。每张图中,左侧为滑块区域,共有 5 个动态滑块,其中上方 4 个滑块控制参数 a、b、c、d,从而改变空间平面(图中绿色图形)的位置和方向(平面的方程为:$ax+by+cz=d$),下方的 Opacity 滑块可以控制圆柱体(图中黄色图形)的不透明度,便于观察横截面细节。中间区域是三维显示区域,显示一个可以随着左侧滑块拖动改变位置和方向的空间平面截一固定圆柱体的三维动态模型,鼠标拖动此区域,可以任意改变观察者视角。右侧区域显示的是在绿色平面上的二维视角,其中可以看到该平面截圆柱体所得横截面的实时变化。

反思总结:一开始的探究活动,以方便学生操作为主,更多的准备工作需要教师提前完成。借助 GeoGebra 激发学生研究立体图形的兴趣,也逐步学习使用 GeoGebra 这款软件。在简单的操作中,能非常容易理解很多的几何性质,比如圆柱与底面平行的横截面都是与底面全等的圆,这个结论通过实际操作让学生一目了然。同时,部分学生会对与椭圆相关的截面的几何性质提出进一步研究的方案。这虽然超出了课程内容的框架,但教师可以单独指导,鼓励学生自主探究,学习相关的背景知识,帮助学生成为主动学习者。另外,这个课题可以引申很多相关的课题,如圆锥的横截面、正方体的横截面等,给学生自主选题提供思路。

环节2:几何体的体积

环节2 活动说明表

环节	学习任务	学生活动	教师组织	活动意图
环节2	以图5为对象,设计方法,计算几何体的体积	学生先通过鼠标拖拽图形,观察几何体的对称性和相关的位置和长度关系	教师事先用 GeoGebra 设计动画文件,即研究平台,示范演示动画	教师用 GeoGebra 设计直观展示问题的动画,先演示再让学生操作演示,观察变化规律
	以图6-图8为对象,研究用割补法求几何体的体积	学生勾选页面的分割选项框,几何体就可以分割成两个四棱锥和一个直三棱柱。通过平移滑块,还可以更加清楚地分离三个几何体,通过旋转不同的视角,方便观察每一个几何体的具体参数和几何性质		

■ 活动说明:问题来自沪教版《普通高中教科书数学必修第三册》习题11.3 A组第3题。题目原来的附图视角是固定的平面示意图,不利于直观感受几何体的性质。利用 GeoGebra 设计的三维示意图,如图5右侧所示,通过鼠标拖拽图形,可以旋转任意视角,方便观察几何体的对称性和相关的位置和长度关系。动画网页地址为 https://www.GeoGebra.org/m/wks7vyvc。

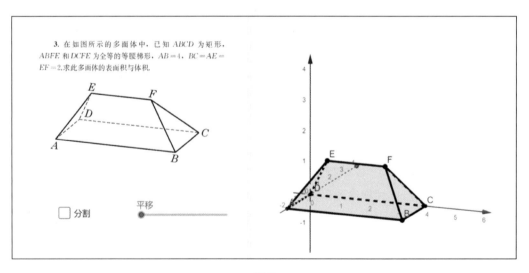

图5

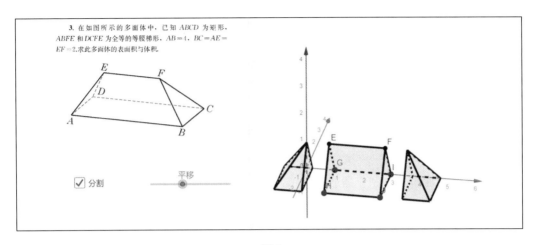

图 6

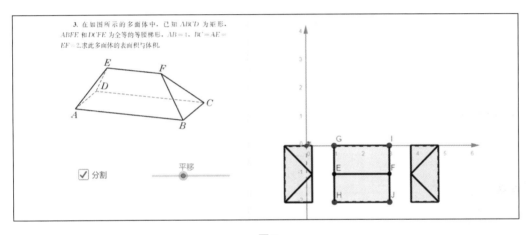

图 7

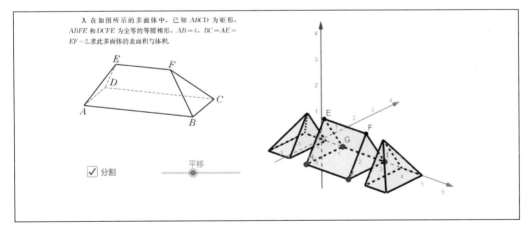

图 8

💾 说明:图 5—8 是用来探究用分割法求几何体体积的 GeoGebra 动态交互课件的操作界面截图。左侧区域上方为教材原题的文字和示意图,左侧区域下方为"分割"选项框和"平移"滑块。右侧区域为三维显示区域,显示的是题目中对应几何体的三维建模图形,通过鼠标拖动此区域,可以任意改变观察视角,多角度了解此几何体的全貌。当用户勾选左侧的"分割"选项框,原几何体就会自动分割成两个四棱锥和一个直三棱柱。当用户左右拖动"平移"滑块,上述三个几何体相应平移而分离一定距离,可以更方便地观察每一个几何体的具体参数和几何性质。

反思总结:基于教师给出的一种求体积的方法,启发学生,还能通过别的分割或者补形的方法计算上述多面体的体积吗?能否利用教师的 GeoGebra 文件,经过修改设计出自己的动画文件?同时,能否自己制作新的几何体,探究新的求体积的方法?

环节 3:曲面最短路径

环节 3　活动说明

环节	学习任务	学生活动	教师组织	活动意图
环节 3	以图 9 为对象,思考求曲面最短路径的方法	学生可以用鼠标拖拽右侧圆锥切换任意视角,用滚轮缩放观察圆锥的侧面	教师事先用 GeoGebra 设计动画文件,即研究平台,示范演示动画	教师用 GeoGebra 设计直观展示问题的动画,先演示再让学生操作演示,观察变化规律
	以图 10 为对象,研究用平面展开图,思考曲面上最短路径的问题	图 10 是动态轨迹的截图,红色的动点在右侧圆锥上沿着最短路径的轨迹绕侧面两周回到原点,左侧的平面展开图中,可以看到红色的动点沿着直线在运动。具体的动画轨迹可以通过网页动画观看,在圆锥上真实的轨迹如果不借助计算机技术是很难想象的		

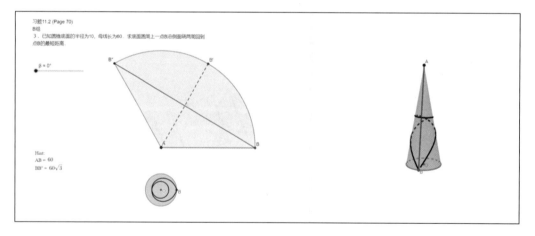

图 9

活动说明：题目来自沪教版《普通高中教科书数学必修第三册》习题 11.2 B 组第 3 题，"已知圆锥底面的半径为 10，母线长为 60.求底面圆周上一点 B 沿侧面绕两周回到点 B 的最短距离."原题没有示意图，对于部分同学，把题目意思想明白就有一定的难度，要想象出在曲面上的运动轨迹有很大的挑战。其次，题目中还是绕侧面两周的问题，一部分学生大致知道这类题目的方法，但只是生搬硬套公式，所给出的解是用绕一圈的最短距离乘以 2 得到绕两圈的最短距离。归根到底，大部分学生是没有真正理解在曲面上的运动如何对应到展开平面上。为了让学生理解题意，也让会做题的学生更直观地体会曲面运动的具体过程，制作了如图 9 所示的动画网页（地址为 https://www.GeoGebra.org/m/rpes8ebc）。

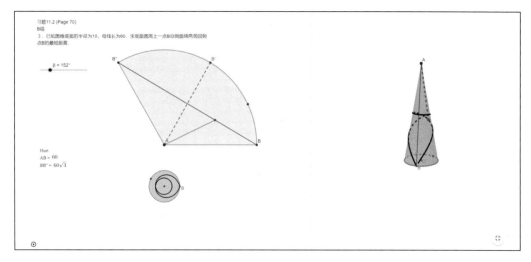

图 10

说明：图 9—10 是用来探究圆锥侧面最短路径的 GeoGebra 动态交互课件的操作界面截图。左侧区域上方为题目文字"已知圆锥底面的半径为 10，母线长为 60。求底面圆周上一点 B 沿侧面绕两周回到点 B 的最短距离。"原题本没有示意图，图中示意图均由 GeoGebra 绘制。左侧中间的扇形为题目中所涉及圆锥的侧面展开图（展开了两次）。左侧下方为此圆锥的俯视图，其中黑色曲线为侧面最短轨迹的投影。右侧区域为三维图形区域，显示了该圆锥的三维模型和侧面的轨迹线。通过鼠标拖动可以任意角度观察此几何体。在操作窗口的左下角有一播放按钮，点击按钮，圆锥底面上一个红色的动点会沿着最短路径出发，绕侧面两周后回到出发点。在圆锥侧面展开图、俯视图和三维模型中会同步显示实时的运动轨迹。

反思总结：通过这个问题的深入理解，引导学生研究其他相关问题，比如圆柱形容器表面运动轨迹问题，蚂蚁在长方体盒子表面运动最短路径等其他类似问题，可以作为下一阶段小组合作的探究课题。

活动2：自主学习 GeoGebra

自主学习 GeoGebra 表

环节	学习任务	学生活动	教师组织	活动意图
环节1	学习 GeoGebra 的基本操作和指令	1. 学习网上的慕课； 2. 互相之间交流学习； 3. 通过 GeoGebra 社区学习	教师提供学习资源并予以及时指导	发挥学生的学习能动性
环节2	制作简单的几何体	学生可以通过 GeoGebra 制作简单的几何体来了解其的基本功能和操作		

📖 活动说明：

1. 学习网上的慕课

GeoGebra 官方平台提供了大量的慕课视频和教程。对于中国学生，中文版的慕课《动态几何画板 GeoGebra 教学应用》也是非常不错的学习资源。学生可以通过这些资源来学习 GeoGebra 的使用技巧和知识。在学习过程中，学生可以按照自己的节奏来学习，反复观看视频和教程，掌握 GeoGebra 的使用方法。

2. 互相之间交流学习

学生可以利用社交网络、在线论坛等方式与其他 GeoGebra 用户进行交流和学习。通过与其他用户交流，学生可以了解 GeoGebra 的不同应用和实践案例，学习如何使用 GeoGebra 解决实际问题，并获得其他用户的建议和支持。

3. 通过 GeoGebra 社区学习

GeoGebra 社区是一个由 GeoGebra 用户组成的社区，在这里，学生可以与其他用户交流学习经验、分享作品，并获取来自 GeoGebra 专家的建议和支持。社区成员可以相互解答疑惑、分享创意、探究数学问题，这样有助于学生更好地掌握 GeoGebra 的使用技巧和知识。

4. 利用 GeoGebra 官方博客

GeoGebra 官方博客是一个包含了各种教程和新功能介绍的博客。学生可以通过阅读这些文章来了解 GeoGebra 的最新动态和使用技巧，以及通过实践案例来学习如何使用 GeoGebra 解决实际问题。

5. 制作简单的几何体

学生可以通过 GeoGebra 制作简单的几何体来了解其基本功能和操作。例如，制作一个立方体或圆锥体等几何体，可以帮助学生了解如何使用 GeoGebra 的工具，使用点、线、面、体等工具来构建几何体。

学习 GeoGebra 不是一朝一夕就能完成的，需要学生循序渐进，教师可以提供好的方法和资源。课上有限的时间里，教师可以做一些必要的指导和资源的推荐，更多的学习时间需要课后完成。

活动3：小组合作，自主探究

环节1　自主探究表

环节	学习任务	学生活动	教师组织	活动意图
环节1	小组合作自主选定探究课题，制作 GeoGebra 交互动态演示文件，开展研究	在小组合作活动中，学生可以探究一个自主选定的立体几何问题，通过 GeoGebra 来进行探究	教师提供及时指导与帮助，以及协调各组之间的进展	培养学生的合作意识、研究方法和探究能力

活动说明：在选择课题时，学生可以从之前课上的小问题中引申出来，或者通过 GeoGebra 论坛分享的课题中获取灵感。在探究过程中，学生可以根据自己的兴趣和擅长，分工合作，负责数学证明、GeoGebra 制作、文字撰写、资料搜集等。例如，有些学生擅长使用 GeoGebra 制作模型，他们可以负责制作立体几何模型，帮助组内其他成员更好地理解问题；有些学生擅长数学证明，他们可以负责证明立体几何性质，帮助组内其他成员更好地理解问题的本质。

另外，在探究过程中，学生可以利用 GeoGebra 论坛这个宝贵的资源，与其他用户交流经验和建议，获取灵感和思路。在论坛中，学生可以浏览其他用户分享的课题和模型，了解不同的解题方法和思路，从而更好地理解立体几何的概念和性质。通过利用论坛资源，学生可以更好地探究立体几何问题，从而提高他们的数学素养和解题能力。

活动4：总结成果，撰写报告

环节1　总结成果表

环节	学习任务	学生活动	教师组织	活动意图
环节1	总结归纳研究成果，撰写科学论文	各小组总结归纳研究成果，以小组为单位撰写科学论文，并进行集体交流分享	教师提供及时指导与帮助，组织交流分享活动	提供学生交流分享平台，指导学生倾听别人的想法和观点

活动说明：学术小论文是一种结构严谨、内容全面、论证充分的学术性文本，要求对研究领域进行全面、系统的概括和总结。因此，通过学术小论文的形式形成总结性报告可以帮助学生更好地总结之前的研究成果，形成全面系统的研究成果报告。学术小论文要求学生对已有的研究成果进行分析和综合，提出自己的研究结论和贡献，因此要求学生具有独立思考的能力。通过学术小论文的形式形成总结性报告，可以帮助学生培养独立思考的能力，提高创新能力。

由于学术小论文是一种具有较高要求的写作形式，教师需要对论文写作规范作必要的指导。这些规范包括：文献引用和参考文献格式；正文结构和格式；使用语言的准确性和简洁性等。学生需要花时间研究和理解这些规范，并确保在撰写学术报告时严格遵守这些规范。学术报告应包括摘要、引言、文献综述、研究方法、结果和讨论、结论和参考文献等部分。学生需要思考自己的研究内容如何更好地组织，并按照逻辑顺序来呈现研究内容。

六、作业成果

1. 作业内容

结合具体的探究问题,以及学生对相关知识和 GeoGebra 软件的了解,让学生自主选择题目,个人独立完成或以不超过 4 人的小组合作形式,制作 GeoGebra 动画,研究自己选定的问题。然后撰写相应的探究报告。

2. 作业形式

作业以 GeoGebra 动画文件(分享网页)和文字报告相结合的形式,也可以都整合到 GeoGebra 网页中,分享给其他的学生。最终,将完成后的作业分享给所有使用 GeoGebra 的用户,以此参与到教育资源共享的队伍中。

3. 作业分享

个人或者小组合作的探究报告完成后,进行展示、分享和演讲,帮助其他成员了解创作的过程,其间遇到的问题,以及解决的方法。其他同学和教师提出修改意见,完善后,作为共享资源,上传分享给所有用户。秉持开源共享精神,实现教学资源的互惠互利。

七、评价方案

1. 活动过程评价

活动过程观察评价表(学生个体)

活动主题	GeoGebra 辅助下的简单几何体研究				
学生姓名	王同学	评价结果	✓很好　□较好	□一般　□需改进	
分值　活动表现	4分	3分	2分	1分	得分
活动讨论参与情况	每次讨论都积极参与	大部分时间积极参与	时常参与	偶尔或很少参与	4
完成分工任务情况	按要求完成分工任务	基本能完成分工任务	部分完成分工任务	很少完成分工任务	4
小组合作沟通情况	沟通充分、合作积极主动	能较好地与组员沟通合作	能与组员沟通,但不主动	偶尔或很少与组员沟通合作	3
遇到困难的态度及解决情况	不畏难,主动寻求帮助,认真思考解决	面对困难不放弃,能寻求同伴或老师的帮助	面对困难态度犹豫,有时会寻求帮助	很少寻求帮助,面对困难害怕或放弃解决	4

说明:王同学在活动过程中始终积极参与,在学习软件和制作动画的过程中发挥了积极的作用,就是在和同学们的充分沟通中还可以再充分一点,因此小组成员给予王同学上述评价结果。

2. 活动成效评价

活动效果评价表

活动主题		GeoGebra 辅助下的简单几何体研究					
活动评价	活动 1	通过老师制作的 GeoGebra 动画演示的 3 个实例,在观察和操作中探究给定的立体几何课题	活动效果	☑很好	☐较好	☐一般	☐需改进
	活动 2	学习 GeoGebra 的基本操作和指令	活动效果	☑很好	☐较好	☐一般	☐需改进
	活动 3	小组合作,自主选定探究课题,制作 GeoGebra 交互动态演示文件开展研究	活动效果	☑很好	☐较好	☐一般	☐需改进
	活动 4	总结归纳研究成果,以小组为单位撰写科学论文,并进行交流分享	活动效果	☑很好	☐较好	☐一般	☐需改进
活动反思							

举例:将王同学等 4 人组成小组。王同学和张同学信息技术能力较强,可以编程,李同学和赵同学撰写报告,分工合作,活动成效比较好。

3. 作品成果评价

在利用 GeoGebra 研究立体几何问题并撰写探究小论文时,评价方案需要考虑以下几个方面:

(1)立体几何问题的深度和广度。

评价探究小论文时需要考虑探究问题的深度和广度,即研究问题是否有针对性,是否充分深入,是否具有学术价值和创新性。

(2)使用 GeoGebra 的程度。

使用 GeoGebra 探究立体几何问题,需要一定的技术储备和应用能力,因此需要评价学生对于 GeoGebra 软件的掌握程度以及在探究过程中的应用能力和创新性。

(3)数据分析和结果呈现。

探究小论文的评价还需考虑数据分析和结果呈现方面,即学生是否能够对所得数据进行分析,是否能够总结并呈现出较为清晰、恰当的结果。

(4)学术论文规范。

探究小论文需要遵循学术论文的规范,包括论文的结构、用词规范、参考文献的格式等方面。因此,评价方案还需要考虑学术论文规范方面的要求。

基于以上考虑,可以设计如下的评价方案:

立体几何问题探究的深度和广度占总分的 50%。其中探究问题的针对性和深入度占 30%,学术价值和创新性占 20%。

使用 GeoGebra 的程度占总分的 30%。其中 GeoGebra 应用能力占 20%，创新性占 10%。

数据分析和结果呈现占总分的 15%。其中数据分析和总结占 10%，结果呈现占 5%。

学术论文规范占总分的 5%。其中论文结构、用词规范占 3%，参考文献格式占 2%。

此外，还可以根据不同的探究问题，设计特定的评价要点，以保证评价的全面性和科学性。

八、教学思考

1. 理念

高中数学教学以发展学生数学学科核心素养为导向，创设合适的教学情境，启发学生思考，引导学生把握数学内容的本质。提倡独立思考、自主学习、合作交流等多种学习方式，激发学习数学的兴趣，养成良好的学习习惯，促进学生实践能力和创新意识的发展。注重信息技术与数学课程的深度融合，提高教学的实效性。不断引导学生感悟数学的科学价值、应用价值、文化价值和审美价值。

2. 实施

活动设计的各个环节整体循序渐进，难度由浅入深。但每个环节可以独立展开，可以在对应的知识点教学中融合；也可以通过专门的时间探究来整体开展，从 GeoGebra 的入门演示，带着学生从软件下载，操作演示，到如何自学相关教程。对于计算机基础比较好的同学，可以鼓励独立创作新的 GeoGebra 动画。

3. 特色

教师用 GeoGebra 软件设计制作呈现问题情境，使课本、练习册中用平面二维的图形呈现的内容展现出其原有的立体形象。通过动态演示更加深刻地认识立体图形和一个平面截立体图形的结果。由此吸引学生自主学习软件制作、自主选择问题、制作探究形成论文，这给学生提供了不一样的学习经验和体会，由此掌握的技术和能力可以迁移衍生到其他问题的学习和探究上。

制作的动态文件，通过官方的分享平台，让更多的用户使用收益，也可以得到反馈意见，在不断的完善过程中提升自己的综合能力。

4. 收获

GeoGebra 辅助下的简单几何体研究有如下几点收获：

（1）建立直观的立体几何图形：GeoGebra 可以绘制三维几何图形，使得学生可以通过旋转、缩放、移动等操作，直观地感受立体几何图形的性质和关系。这样可以帮助学生更好地理解和记忆立体几何概念和定理。

（2）建立动态的立体几何模型：GeoGebra 可以绘制动态的立体几何模型，教师和学生可以通过模拟运动过程来深入理解几何性质和关系，如点、线、面的相互位置关系、变化过程等。

（3）帮助学生进行立体几何计算：GeoGebra 可以通过其强大的计算功能，帮助学生进行各种立体几何计算，如计算立体体积、表面积、几何中心等。这不仅提高了学生的计算能力，还可以帮助学生理解几何图形的数学性质。

（4）提供互动学习环境：GeoGebra 可以建立互动学习环境，包括课件、练习、演示等，可以激发学生的学习兴趣，提高学生的参与度和思考能力。同时，GeoGebra 还可以通过网上社区等方式，与其他学生或教师进行交流和学习。

通过利用 GeoGebra 软件辅助立体几何教学，可以帮助学生更好地理解和掌握立体几何概念和定理，提高学生的直观想象能力，培养学生的数学核心素养。同时，利用 GeoGebra 还可以提高学生的计算能力、创造力、解决问题的能力和表达能力，为学生的未来发展打下坚实的数学基础。

5. 思考

GeoGebra 软件在高中立体几何学习中的应用，给学生的学习带来了很大的变革。传统的立体几何学习往往需要通过手工制作模型，或者使用几何工具进行绘制，这样的学习方式费时费力，难度较大，而且可能由于制作过程中的误差导致结果不准确。而 GeoGebra 软件则可以通过三维图形绘制功能，快速绘制出各种三维几何图形，甚至可以进行旋转、平移、伸缩等变换，方便快捷地完成立体几何学习任务。

同时，GeoGebra 软件可以将数学公式与图形紧密结合，使得学生更加直观地理解几何概念，并且可以通过调整参数来探索各种几何性质。此外，GeoGebra 软件还可以实现动态演示，让学生通过观察动态过程来更深入地理解几何概念，例如旋转体的生成过程等。

使用 GeoGebra 软件不仅可以大大提高学生的学习效率，也更加符合当今数字化、信息化的教育发展趋势。通过应用这一工具，学生可以更加深入地理解立体几何知识，掌握更多的数学学科核心素养，包括直观想象能力、数学建模能力和创新思维等。因此，广泛应用 GeoGebra 软件，对提高学生的数学素养、促进数学教学改革等方面都具有重要意义。

（潘赛杰　上海宋庆龄学校）

案例2:验证和应用正、余弦定理

一、主题概述

1. 背景

正弦定理和余弦定理是三角形中边角关系的定量刻画。应用正弦定理和余弦定理求解斜三角形是高中数学教学的重点。此部分内容看起来不难,记住公式即可求解问题。然而在教学实践中发现,学生记忆正弦定理和余弦定理公式较为容易,但遇到三角形的求解问题,往往试图将其转化为直角三角形求解,难以想到运用新的工具直接求解三角形,说明学生的思维还停留在初中阶段,对三角形问题的解决方法还是特殊的直角三角形解法没有理解,正弦定理和余弦定理是揭示了一般三角形边角关系的内在规律这一内涵。解三角形的问题从特殊情况(即直角三角形)推广到一般情况(即任意三角形)这一过程,学生并不能很好地过渡。此外,在具体的求解三角形问题情境中,如何选择合适的定理对学生来说也是一个棘手的问题,且运算过程一般需要借助计算器。正、余弦定理在天文测量、航海测量和地理测量等方面有重要应用,但在相关应用题中,实际背景相对简化和抽象,学生难以真切感受到正、余弦定理与实际生活的联系,从而难以真正运用所学解决实际问题。

为了帮助学生更好地理解三角形问题以及正余弦定理的应用,我们选择了"验证和应用正余弦定理"作为主题,通过实验操作验证的活动开展,学生可以从"特殊"到"一般",应用定理来解决实际问题,感受数学与实际生活的联系。

2. 任务

(1)加强对正弦定理和余弦定理的认识和体会,以"验证正、余弦定理"为主题,学生进行验证实验设计和操作,进行误差分析,撰写实验报告。报告包括实验设计思路、实验材料、实验步骤、数据分析、误差分析和结论。

(2)理清三角形求解问题的不同情形,以及如何根据条件选择最优求解算法,学生自主设计并开发"三角形计算器":要求输入已知边和角的条件后能得到其余边和角的所有解,且同步显示对应的三角形图形。

(3)提高应用正、余弦定理解决实际问题的能力,以"应用正、余弦定理"为主题,学生自主发现生活中的问题,设计方案,开展实践,收集数据,提取关键信息,运用上一步自行设计的"三角形计算器"求解问题,完成交流和汇报。

3. 跨学科特征

信息学科:"三角形计算器"的设计需要借助基本数据处理工具 Excel 或编程实现。在"应用正、余弦定理"的实际操作中,一些测量工具可以借助智能 App 实现。

4. 适用对象

适合学习完沪教版《普通高中教科书数学必修第二册》第六章"三角"后的所有学生参加。

 **二、内容说明**

1. 知识

(1) 数学学科中已经储备的知识。

该主题主要以沪教版《普通高中教科书数学必修第二册》第六章"三角"为载体。

本章共有三节内容。其中 6.1 正弦、余弦、正切、余切,包含以下五个部分:① 锐角的正弦、余弦、正切、余切;② 任意角及其度量;③ 任意角的正弦、余弦、正切、余切;④ 诱导公式;⑤ 已知正弦、余弦或正切值求角。6.2 常用三角公式,包含以下三个部分:① 两角和与差的正弦、余弦、正切公式;② 二倍角公式;③ 三角变换的应用。6.3 解三角形,包含以下两个部分:① 正弦定理;② 余弦定理。本课题主要围绕"6.3 解三角形"的内容展开,同时需要 6.1 中任意角的度量和三角比、已知正弦、余弦值求角和 6.2 中两角和与差的正弦、余弦的知识作为铺垫。学生在做此课题前已经在课堂上完成第六章的学习,已掌握(1) 正、余弦定理的内容和推导;(2) 利用正、余弦定理通过"知三求三"来解三角形,根据不同的已知条件,结合"SSS、ASA(AAS)、SAS、SSA"四种情形,选择合适的定理,用准确简洁的语言求解三角形;(3) 利用正、余弦定理计算难以直接测量的高度、距离和角度问题。本章综合了几何与代数的方法,强调和突出了数与形的结合,对学生抽象思维的要求较高,培养学生观察问题、分析问题和解决问题的能力,帮助学生充分体会数形结合和化归等数学思想方法,体会数学知识与现实世界的密切联系。

(2) 与活动相关的信息学科编程知识。

学生在信息技术课程及日常学习中,运用过 Excel 工具插入函数、画折线图等功能。在高中数学函数和几何教学部分日常渗入 Desmos 和 GeoGebra 在线图形计算器的使用。高一信息技术课程学习了编程知识,部分学生自学并掌握了编程方法。课题开展过程如遇到具体问题,学生也具备网上检索和学习的能力。

(3) 与问题情境或生活相关的经验、常识等。

学生在应用"正、余弦定理"解决实际问题中,需要应用到生活和工业中一些测量工具,如卷尺、经纬仪等。其中经纬仪可能学生并不熟悉,但可以思考如何借助身边熟悉的工具来替代,这需要学生具备一定的生活经验。

2. 工具

（1）活动流程：

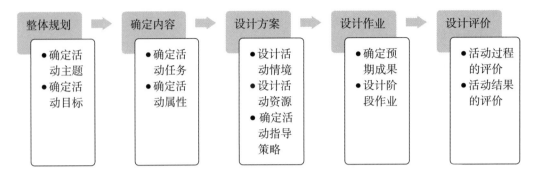

（2）活动规划：

活动单元规划表

活动主题	验证和应用正、余弦定理		
活动属性	☐ 主题学习　☑ 项目化学习　☑ 跨学科　☑ 长周期		
预期成果	（1）"验证正、余弦定理"实验报告； （2）"三角形计算器"应用程序； （3）"应用正、余弦定理"实践成果展示与交流汇报		
任务清单	任务1	任务2	任务3
任务名称	验证正、余弦定理	开发三角形计算器	应用正、余弦定理
活动分解	活动1	活动2	活动3
活动内容	"验证正、余弦定理"实验设计、操作和报告	"三角形计算器"的设计和开发	"应用正、余弦定理"实践设计和实施
活动空间	☑ 课内　☑ 课外	☑ 课内　☑ 课外	☑ 课内　☑ 课外
课时划分	3	2	3

（3）评价量表：

活动过程观察评价表（学生个体）

活动主题	验证和应用正、余弦定理				
学生姓名		评价结果	☐ 很好　☐ 较好　☐ 一般　☐ 需改进		
分值 活动表现	4分	3分	2分	1分	得分
活动讨论参与情况	每次讨论都积极参与	大部分时间积极参与	时常参与	偶尔或很少参与	
完成分工任务情况	按要求完成分工任务	基本能完成分工任务	部分完成分工任务	很少完成分工任务	

续表

活动表现＼分值	4分	3分	2分	1分	得分
小组合作沟通情况	沟通充分、合作积极主动	能较好地与组员沟通合作	能与组员沟通，但不主动	偶尔或很少与组员沟通合作	
遇到困难的态度及解决情况	不畏难，主动寻求帮助，认真思考解决	面对困难不放弃，能寻求同伴或老师的帮助	面对困难态度犹豫，有时会寻求帮助	很少寻求帮助，面对困难害怕或放弃解决	

活动成效评价表

活动主题		验证和应用正、余弦定理		
活动评价	活动1	"验证正、余弦定理"实验设计、操作和报告	活动效果	☐很好　☐较好　☐一般　☐需改进
	活动2	"三角形计算器"的设计和开发	活动效果	☐很好　☐较好　☐一般　☐需改进
	活动3	"应用正、余弦定理"实践设计和实施	活动效果	☐很好　☐较好　☐一般　☐需改进
活动反思				

3. 方法

活动方式设计表

主题		验证和应用正、余弦定理		
序号		活动方式	用途	说明
1	☑实验操作　☐探究规律　☐调查统计 ☐设计制作　☐数学建模　☐主题阅读 ☐论文报告　☐其他_____		活动1、活动3	在活动1中借助实验验证定理，在活动3中运用定理解决实际问题
2	☐实验操作　☐探究规律　☐调查统计 ☑设计制作　☐数学建模　☐主题阅读 ☐论文报告　☐其他_____		活动2	在活动2中与信息技术学科交叉融合开发"三角形计算器"
3	☐实验操作　☐探究规律　☐调查统计 ☐设计制作　☑数学建模　☐主题阅读 ☐论文报告　☐其他_____		活动3	在活动3中将实际问题转化为数学问题，运用定理求解

三、活动目标

（1）通过实验操作，将对三角形边角关系的认识从特殊的直角三角形扩展到一般三角

形,加深对正弦定理和余弦定理的理解。

（2）应用计算机程序编写包含应用正、余弦定理算法的"解三角形计算器"程序,进而解决一些简单的实际问题。

（3）在实验和实践应用中充分体会数形结合、分类讨论和化归等数学思想方法。在试验和应用中,发展学生数学抽象、数学建模和数据分析的核心素养,提高学生实验设计、操作、结果分析和表达的能力。帮助学生体会数学的学习价值,感受数学知识与现实世界的密切联系,形成勇于探索、严谨求实的学习态度和与同伴沟通合作的意识。

四、资源设计

主题	验证和应用正、余弦定理			
序号	资源形式	资源名称	用途	使用说明
1	☑文本 ☐动画 ☐程序 ☐实物 ☐场地 ☐人力	教材、讲义、网站	活动1、活动2、活动3	无
2	☐文本 ☐动画 ☑程序 ☐实物 ☐场地 ☐人力	Excel,Desmos,GeoGebra,Python 等	活动2、活动3	无
3	☐文本 ☐动画 ☐程序 ☑实物 ☐场地 ☐人力	计算机、卷尺等	活动1、活动3	根据学生活动1的实验设计和活动3的实际问题而定
4	☐文本 ☐动画 ☐程序 ☐实物 ☑场地 ☐人力	教室和室外建筑物或植物周边	活动1、活动2、活动3	根据学生活动1的实验设计和活动3的实际问题而定
5	☐文本 ☐动画 ☐程序 ☐实物 ☐场地 ☑人力	信息科学老师	活动2	在学生编程过程中提供技术支持

五、活动设计

1. 创设情境,明确目的

我国古代就有嫦娥奔月的神话故事。明月高悬,我们仰望星空,会有无限遐想,不禁会问:月球与地球的距离有多远?第一位尝试测量月球距离的人是公元前2世纪的喜帕恰斯。他只是简单地使用三角学原理,测量出的距离与实际距离的误差大约是 26,000 公里,误差约为 13%。在数学发展史上,随着天文测量、航海测量和地理测量等实践活动的不断发展,解三角形的理论也在不断发展与完善,现代科学已经可以准确地测量得出月球与地球之间的距离。现在,我们已经学习了"三角"相关知识,是否已经真正获得了新的"装备"并能利用其解决生活中的问题呢?

我们可以尝试如下探索:(1) 验证正、余弦定理;(2) 开发三角形计算器;(3) 应用正、余弦定理。

2. 分解任务,制订流程

制作分解任务表,讨论并填写任务清单。

分解任务表

序号	任务名称	活动名称	活动空间	活动形式	课时
1	验证正、余弦定理	"验证正、余弦定理"实验设计、操作和报告	课内和课外	实验操作	3
2	开发三角形计算器	"三角形计算器"的设计和开发	课内和课外	设计开发	2
3	应用正、余弦定理	"应用正、余弦定理"实践设计和实施	课内和课外	实验操作和数学建模	3

制订活动流程图,如下图所示。

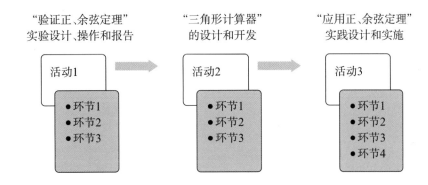

3. 开展活动,实践探究

活动 1:"验证正、余弦定理"的实验

环节	学习任务	学生活动	教师组织	活动意图
环节 1	实验设计	小组成员讨论,确定验证实验的思路和具体的方法步骤,列出所需的材料	(1) 引导学生思考验证的逻辑;(2) 引导学生考虑不同形状的三角形;(3) 引导学生重复实验;(4) 检查学生的实验设计并提出建议	培养学生实验设计能力和逻辑分析能力
环节 2	实验操作	小组成员合作完成三角形的搭建、测量、计算、验证和误差分析	(1) 指导学生如何记录、处理和分析实验数据;(2) 指导学生如何进行误差分析	培养学生实验操作和数据分析能力
环节 3	撰写实验报告	小组成员各自完成实验的梳理,形成规范的书面报告	(1) 介绍实验报告所包含的内容:设计思路、实验材料、实验步骤、数据分析、误差分析和结论;(2) 指导学生用规范的语言完成实验报告	培养学生实验结果表达能力

活动 2："三角形计算器"的设计和开发

环节	学习任务	学生活动	教师组织	活动意图
环节 1	选择开发工具	小组成员调研并讨论选用何种开发工具	介绍可供选择的工具和特点	培养学生多学科交叉解决问题的能力
环节 2	编写开发程序	小组成员讨论编写设计的思路和原理，分工完成具体的公式或代码，遇到技术和知识问题自行查阅资料或交流讨论解决	(1) 在"三角形计算器"中输入已知边和角的条件后能得到其余边和角的所有解，且同步显示对应的三角形图形；(2) 教师在学生自行查阅和相互交流都无法解决问题的时给予具体的指导意见	培养学生多学科交叉解决问题的能力，自我学习、反思和纠正的能力
环节 3	检验能否正常运行	小组成员代入不同问题情形下的已知条件，检验计算器是否能正常运行，遇到问题自主分析原因并改进，有兴趣也可做进一步的优化	鼓励学生做进一步的优化	使学生在检验中获得成就感，激发进一步学习的兴趣

活动 3："应用正、余弦定理"实践设计和实施

环节	学习任务	学生活动	教师组织	活动意图
环节 1	实际问题提出	小组成员讨论，提出有待解决的实际问题，提取关键信息，理清已知和求解，将实际问题转化为数学问题	引导学生思考有哪些难以直接测量却很感兴趣或很重要的物理量	培养学生在生活中善于观察并提出问题的能力
环节 2	实践方案设计	小组成员讨论，确定具体的实践方案，列出详细流程，准备所需的材料和工具	(1) 检查学生方案的合理性、准确性和简洁性，和学生交流讨论；(2) 引导学生选择合适的简便的测量工具	培养学生实践设计能力
环节 3	实践实施	小组成员合作完成实践，完成数据的采集和分析，画出示意图，运用上一步自行设计的"三角形计算器"求解问题，通过查阅资料检验自己求解的答案是否合理和准确	(1) 提醒学生多次测量以减小误差；(2) 提醒学生多观察和使用生活中的测量工具	培养学生实践操作能力、数据分析能力和数学建模的核心素养
环节 4	实践展示	小组成员分工完成实践成果的展示，就实践过程中的问题进行交流和反思	(1) 在学生集中交流汇报前检查各小组的成果展示并提出意见；(2) 与每个小组讨论他们遇到的问题和反思	培养学生文字和口头表达能力以及反思的习惯

六、作业成果

1. 设计作业

活动	作业	要求	说明
活动1	实验报告	学生各自完成实验的梳理,形成规范的书面报告,内容包括:实验设计思路、实验材料、实验步骤、数据分析、误差分析和结论	培养写作技能和学术意识,提高科学探究能力
活动2	"三角形计算器"程序	小组成员合作开发各自的计算器,需要实现的功能:输入已知边和角的条件后能得到其余边和角的所有解,且同步显示对应的三角形图形	多学科交叉,应用所学知识设计数学工具,有助于学生获得成就感,体验学习的乐趣,从而激发进一步学习的兴趣
活动3	实践结果汇报与交流	小组成员分工合作完成实践成果的汇报,可采用PPT、动画、视频等方式,汇报内容包括:实际问题提出、实践方案设计、实践过程、自行设计的计算器运行结果展示、论证结果的合理性和准确性、实践过程的问题和反思	培养科学探究所需的口头表达能力

2. 作业说明

【示例1】 实验报告

"验证正、余弦定理"实验报告示例

实验设计思路

思路示例1:利用废旧布条或纸张分别搭建锐角三角形和钝角三角形,通过测量三角形的边角数据,直接代入正、余弦定理公式中进行验证。如验证正弦定理,可以通过分别测量三角形三条边的边长及其对角角度,计算边长与对角的正弦值之比来验证。

思路示例2:利用废旧布条或纸张分别搭建锐角三角形和钝角三角形,测量能确定三角形的三个边角数据,然后根据正、余弦定理计算出剩余三个边角数据,进而通过测量验证答案。如验证余弦定理,可以通过分别测量三角形任意两条边的边长及其夹角的角度,然后通过余弦定理计算出第三边的长度和剩余两个角的角度,进而将测量值与计算值进行比较,验证其是否相等。

实验材料

材料示例:做三角形的物品,如废纸、废弃布条等,卷尺、量角器、计算器等

实验步骤

说明:详细列出三角形搭建、测量和计算的步骤。

数据分析

说明:需要列出(1) 实验照片,(2) 三角形示意图,(3) 测量值和计算值,(4) 测量值与计算值的对比和分析。

误差分析

说明:分析测量值与计算值之间的误差,并分析原因。

结论

📖 说明:阐明验证实验的结论。

【示例2】 "三角形计算器"程序

例1: Excel

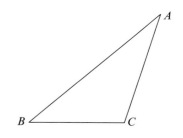

输入三条边值:AB,AC,BC			
$BC=$	2	$A(°)=$	28.96
$AC=$	3	$B(°)=$	46.57
$AB=$	4	$C(°)=$	104.48

📖 说明:根据已知边角条件,将三角形求解问题分为"SSS,SAS,AAS"等,分别创建不同的Excel页面,输入三个已知边和角的条件后能得到其余边和角的所有解,且同步显示对应的三角形图形。如上图所示输入三角形三条边值后,可自动计算得到三个角度值,且同步显示对应的三角形图形。

例2: Python

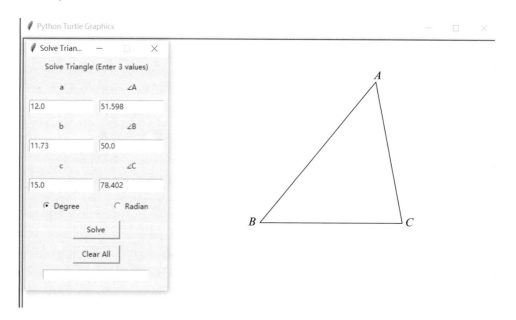

📖 说明:编写Python程序,实现输入三个已知边和角的条件后得到其余边和角的所有解,且同步显示对应的三角形图形。其中三个角的值可以选择角度制或弧度制。如上图所示输入三角形边和夹角的值后,可自动计算得到边和角的值,且同步显示对应的三角形图形。

【示例3】 实践结果汇报与交流

📖 说明:可采用PPT、视频等方式,汇报实践全过程,内容包括:实际问题提出、实践方案设计、实践过程、自行设计的计算器运行结果展示、实践过程的问题和反思。

实践结果汇报与交流内容示例:

提出问题示例

位于学校不远的佘山天文馆,历时两年的大规模修缮,焕然一新,即将面向公众开放。试问:如何估算位于上海佘山之巅的上海佘山天文台的高度呢?

方案设计示例

实践步骤:在与佘山底部同一水平线上的位置 A 处测佘山山顶的仰角 α,向佘山前进一定距离后到达新的位置 B 处,测量佘山山顶的仰角 β。根据测量的数据估算佘山天文台的高度。更换不同的位置进行多次实验。

数学建模分析:画出示意图,说明求解方法。

所需工具:卷尺,经纬仪(或角度测量仪、手机 APP 等)。

实践过程展示

说明:实践现场照片展示。

数据分析

说明:将测量数据代入小组开发的"三角形计算器"中求解展示。分析多次实验的数据的平均值和标准差。通过查阅资料检验自己求解的答案是否合理和准确。

问题及反思

说明:总结实验设计、实践、计算求解过程遇到的问题和思考。

七、评价方案

1. 活动过程评价

活动过程观察评价表(学生个体)

活动主题	验证和应用正、余弦定理				
学生姓名	李同学	评价结果	☑ 很好	☐ 较好　☐ 一般	☐ 需改进
分值＼活动表现	4分	3分	2分	1分	得分
活动讨论参与情况	每次讨论都积极参与	大部分时间积极参与	时常参与	偶尔或很少参与	4
完成分工任务情况	按要求完成分工任务	基本能完成分工任务	部分完成分工任务	很少完成分工任务	4
小组合作沟通情况	沟通充分、合作积极主动	能较好地与组员沟通合作	能与组员沟通,但不主动	偶尔或很少与组员沟通合作	4
遇到困难的态度及解决情况	不畏难主动寻求帮助,认真思考解决	面对困难不放弃,能寻求同伴或老师的帮助	面对困难态度犹豫,有时会寻求帮助	很少寻求帮助,面对困难害怕或放弃解决	4

说明:李同学讨论前充分准备,讨论中提供了多种思路,不仅能高标准完成自己负责的任务,还主动帮团队成员答疑解惑,任务完成后还会不断反思并改善,因此给予李同学上述评价结果。

2. 活动成效评价

活动效果评价表

活动主题		验证和应用正、余弦定理		
活动评价	活动1	以"验证正、余弦定理"为主题，学生验证实验设计和操作，进行误差分析，撰写实验报告	活动效果	☑很好 ☐较好 ☐一般 ☐需改进
	活动2	学生自主设计并开发"三角形计算器"；要求输入已知边和角的条件后能得到其余边和角的所有解，且同步显示对应的三角形图形	活动效果	☑很好 ☐较好 ☐一般 ☐需改进
	活动3	以"应用正、余弦定理"为主题，学生自主发现生活中的问题，设计方案，开展实践，收集数据，提取关键信息，运用上一步自行设计的"三角形计算器"求解问题，完成交流和汇报	活动效果	☑很好 ☐较好 ☐一般 ☐需改进
活动反思		编辑和实践活动对学生来讲有些难度，需要教师较多地参与交流和讨论，实验报告的撰写和PPT汇报呈现对学生也是一个难点，需要教师多次指导反复修改，以提高书面写作和表达能力		

说明：小组成员的构成中，建议分别包含擅长逻辑分析和计算、计算机编程、动手操作和论文组织与写作的同学。

3. 作品成果评价

活动1作业：实验报告

验证思路合理，实验设计准确，测量和计算无误，误差合理，结果分析清晰，报告完整，可获"优秀"；

验证思路合理，测量和计算无误，结果分析不够清晰，可获"良好"；

验证思路合理，计算有误，可获"合格"。

活动2作业："三角形计算器"程序

计算器可准确完整求解不同问题情形中的三角形，同步显示正确的图形，可获"优秀"；

计算器可准确求解部分问题情形中的三角形，同步显示正确的图形，可获"良好"；

计算器可准确求解部分问题情形中的三角形，无法同步显示正确的图形，可获"合格"。

活动3作业：实践结果汇报与交流

问题提出清晰，实践方案合理，测量和计算无误，思路清晰，表达简洁清楚，可获"优秀"；

问题提出清晰，实践方案合理，测量和计算无误，思路不够清晰，可获"良好"；

问题提出清晰，实践方案合理，计算有误，思路不清晰，可获"合格"。

八、教学思考

1. 理念

数学学科的教学过程更多时候是学生们进行的一套思维体操，尤其是高中数学课，以思辨性的内容为主,需要动手操作实践和体验的内容并不多。然而,在实践中运用所学知识提高学生对知识的理解和认识,是有效且有趣的方法。我们可以将部分习题讲解课交给学生,耐心地指导他们开展知识的实践和应用探究。这也许能够有更好的效果,同时也与我们课程标准以及学科素养的要求一脉相承。我们应该建立更多维的科学的评价体系,这有利于开展更多主题活动。

此外,现在高中生的信息技术水平已经不亚于很多教师,我们应该在教学中充分融入信息技术的应用。这个过程能让学生体会到,在掌握了一般原理与方法后,可以通过程序化快速解决一系列相关问题,这也是数学学习中由一般到特殊思想的运用。

2. 实施

解三角形问题的一个难点是计算问题,在实际解决问题的过程中,获得的数据大都是近似值,计算过程比较复杂,往往需要使用计算器。使用计算器听起来很简单,但实际上学生的数学工具使用水平还需要加强和提高,如:输入角度值时注意角度制和弧度制的设置,已知三角函数值求解角度时注意反函数的值域等。因此,在给学生讲解设计"三角形计算器"课程的时候,要预设许多学生意想不到的问题,通过解决这些问题帮助他们对数学知识和数学表达有更深刻的体会。

3. 特色

这个主题是沪教版《普通高中教科书数学必修第二册》6.3节解三角形的主要内容。要求学生能灵活运用这两个定理处理不同条件下的三角形问题,进而利用这些知识解决一些简单的实际问题。该课题与众不同的地方在于引导学生通过实验,动手操作验证正弦定理和余弦定理,在此过程中提高学生运用这两个定理求解问题的能力,建立三角形边角关系的经验和直观体会,同时培养学生勇于探索、严谨求实的学习态度。该课题的另一个特色是通过与信息技术交叉融合,使学生自主设计"三角形计算器",应用所学知识设计数学工具,有助于学生获得成就感,体验学习的乐趣和意义,从而激发进一步学习的兴趣。

4. 收获

通过这个主题的学习,学生将充分体会数形结合、分类讨论和化归等数学思想方法,培养学生发现问题、提出问题、分析问题和解决问题的能力,培养学生数学抽象、数学建模和数据分析的核心素养,培养学生实验设计、操作、结果分析和表达的能力,体会数学知识与现实世界的密切联系和多学科的交叉融合,培养勇于探索、严谨求实的学习态度。老师在这个过程中,将有充分的机会与学生交流和探讨,可以了解学生更广泛的思考问题的视角,向学生学习信息技术的应用,实现教学相长。

5. 思考

在合适的教学主题部分,可适当地加入引导学生动手实践的活动,加深学生对知识的理解、认识和体会,同时感受数学知识和现实世界的密切联系。

（胡蕊蕊　上海宋庆龄学校）

案例3：三角钢琴的造型为什么这么特别？

——基于反比例函数的乐器探究

一、主题概述

1. 背景

该主题来源于一位七年级学生的奇思妙想。这位同学在基于问题的学习实践中提出了这样一个问题：为什么很多正式演奏场合的钢琴都是三角造型的？起初，这位同学想从三角形的角度进行研究，但并没有得出相关结论。后来，一位初三学生进行了跨学科案例研究，将研究视角聚焦在数学与音律上，并分享了她的研究成果。学生学习了物理，知道振动物体发出声音的频率与振动物体的长度有一定的关系，即振动的弦越长，发出声音频率越低。这个过程中涉及不少物理学中关于振动和频率等方面的知识。因此，以反比例函数为载体，开展实践应用，创设单元主题活动的设想应运而生。该活动旨在初步探究乐器制作中的数学原理，并进行实践利用，进行一个长周期的合作学习。

2. 任务

在本主题学习中，学生将初步探究乐器制作中的数学原理。在实验过程中，学生将增强数据意识，尝试分析数据并解释结果。在前期探究的基础上，学生将实践利用所发现的数学原理，制作简易乐器，并尝试较准确地发声。整个学习经历将包括从生活中找寻问题、分析问题、抽象归纳，最终在生活中实践应用的数学建模过程，以解决问题。具体如下：

（1）从生活经验（多种乐器的独特造型）中提出问题假设，进行实验，得到数据并进行简单拟合分析，抽象归纳出反比例函数，完成课堂学习报告。

（2）根据得到的反比例函数关系，找寻根据相关原理制作的其他乐器，并作简单验证，完成课后研究报告。

（3）根据整个经验获得及验证过程得到的学习经历，最终通过小组合作制作一个简单发声乐器，并能较准确地演奏一段音乐，完成视频或现场演示。

3. 跨学科特征

（1）物理学科：学生需要掌握一定的声学知识，另外，实验过程借鉴物理实验的方式，并有物理教师参与进行演示实验。

（2）信息学科：主题活动中学生需要应用声音采集软（硬）件完成音频原始数据的采集，利用 Excel 等软件完成数据可视化和函数拟合，以验证数据是否满足实验目的。在作品呈现方式上，学生需要以小组为单位进行视频剪辑制作，并最终使用投票软件进行评选。

（3）劳动课程：主题活动制作发声小装置、小乐器的过程，需要学生动手利用家庭常见材料和工具制作完成,在制作过程中会涉及常用工具的使用。

4. 适用对象

该活动适合所有八年级学生参与学习实践,特别是在反比例函数单元教学完成后。虽然活动涉及反比例函数,但与其他学科的关联也不会造成太大的困难。对于八年级的学生而言,更重要的是经历一个函数关系的得到、验证和应用的完整数学建模过程。这个过程可以提高学生发现问题、提出问题、分析问题和解决问题的能力,增强抽象归纳的能力,发展理性精神,体会数学与实际生活的联系。

二、内容说明

1. 知识

(1) 数学学科中已经储备的知识。

函数是“数与代数”领域的重要内容,初中数学中函数知识包括:平面直角坐标系(函数学习的准备)、一次(正比例)函数(形成研究函数的模式)、反比例函数、二次函数。

作为函数起始章节的学习,上海教育出版社《数学教学参考资料 八年级 第一学期》(以下简称:《教参》)给出的教学建议摘选如下:“创设实际问题情境,由具体到抽象逐步认识函数,在应用中逐步加深理解。函数与现代生活的联系非常密切,本章以实际问题贯穿始终,有些问题为引出或解说函数的有关概念,有些问题是作为函数应用的实例。在教学中,要提供充分的具体事例引导学生进行分析和讨论。通过数学的抽象,逐步形成函数的有关概念;要提供多样的实际问题鼓励学生进行探索和研究。在解决问题的过程中,加深对函数知识的理解,体会函数的应用,领会函数的思想和方法;要提供机会和条件,让学生进行实践和思考,促使学生关心并探究周围事物中存在的函数关系,体验表示函数的方法和获取信息的途径,初步认识到函数是从数量关系的角度刻画客观事物运动变化规律的工具。有关实际问题的选取,要尽量贴近学生的生活,注意与其他学科知识结合,但必须符合学生的知识经验和认知基础。”

对于评价,《教参》给出的建议是“鼓励学生进行探究学习和开展实践活动”。本章的学习内容中,设计了一些探究活动,例如观察和发现“身边的函数”,探索和研究正比例函数、反比例函数的性质,分析和解决一些实际问题等;还安排了画图象的操作活动以及在章末的数学实践活动。要鼓励学生积极探究,大胆发表意见,认真参加操作实践活动,完成数学实践作业。对学生在探究、实践活动中的表现和显示的成效,要给予积极的评价。

义务教育课程方案和课程标准(2022 年版)对这一部分的要求如下:“能识别简单实际问题中的常量、变量及其意义,并能找出变量之间的数量关系及变化规律,形成初步的抽象能力;了解函数的概念和表示法,能举出函数的实例,初步形成模型观念;能用适当的函数表示法刻画简单实际问题中变量之间的关系,理解函数值的意义;能确定简单实际问题中函数自变量的取值范围,并会求函数值;能根据函数图象分析出实际问题中变量的信息,发现变量间的变化规律;能结合函数图象对简单实际问题中的函数关系进行分析,结合对函数关系的分析,能对变量的变化趋势进行初步推测。”

这一部分的教学提示也说到:"函数的教学,要通过对现实问题中变量的分析,建立两个变量之间变化的依赖关系,让学生理解用函数表达变化关系的实际意义;要引导学生借助平面直角坐标系中的描点,理解函数图象与表达式的对应关系,理解函数与对应的方程、不等式的关系,增强几何直观;会用函数表达现实世界事物的简单规律,经历用数学的语言表达现实世界的过程,提升学习数学的兴趣,进一步发展应用意识。"

在教学过程中,要关注数学知识与实际的结合,让学生在实际背景中理解数量关系和变化规律,经历从实际问题中建立数学模型、求解模型、验证反思的过程,形成模型观念;要关注基于代数的逻辑推理,如代数运算规律的论证(例 66)、韦达定理的论证(例 67)、基于图象的函数想象(例 68);能在比较复杂的情境中,提升学生发现问题、提出问题、分析问题和解决问题的能力,以及有逻辑地表达与交流的能力。

(2) 与活动相关的信息学科知识:声音频率采集软(硬)件,视频剪辑制作,投票软件应用等。

(3) 与活动相关的物理学科的声学知识:音频、音调、振动等。

2. 工具

(1) 综合与实践活动设计流程图:

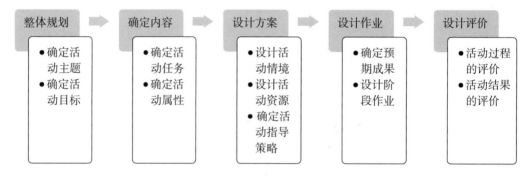

(2) 活动规划:

活动单元规划表

活动主题	基于反比例函数的乐器探究				
活动属性	☐主题学习 ✓项目化学习 ✓跨学科 ✓长周期				
预期成果	频率与弦长研究实验报告一份;乐器发声规律的研究小报;自制一个音调较准的乐器并完成演奏一小段音乐的视频				
任务清单	任务1	任务2	任务3	任务4	任务5
任务名称	提出问题	实验探究	实验汇报	实践应用	总结反馈
活动分解	活动1	活动2	活动3	活动4	活动5
活动内容	头脑风暴	采集分析数据	交流实验报告	小组制作	作品展示互评
活动空间	✓课内 ☐课外	✓课内 ✓课外	✓课内 ☐课外	☐课内 ✓课外	✓课内 ✓课外
课时划分	1课时	2课时	1课时	2课时	3课时

（3）评价量表：

活动过程观察评价表(学生个体)

活动主题	基于反比例函数的乐器探究				
学生姓名		评价结果	☐ 很好 ☐ 较好	☐ 一般	☐ 需改进
分值　　活动表现	4分	3分	2分	1分	得分
活动讨论参与情况	每次讨论都积极参与	大部分时间积极参与	时常参与	偶尔或很少参与	
完成分工任务情况	按要求完成分工任务	基本能完成分工任务	部分完成分工任务	很少完成分工任务	
小组合作沟通情况	沟通充分、合作积极主动	能较好地与组员沟通合作	能与组员沟通，但不主动	偶尔或很少与组员沟通合作	
遇到困难的态度及解决情况	不畏难，主动寻求帮助，认真思考解决	面对困难不放弃，能寻求同伴或老师的帮助	面对困难态度犹豫，有时会寻求帮助	很少寻求帮助，面对困难害怕或放弃解决	

活动成效评价表

活动主题			基于反比例函数的乐器探究			
活动评价	活动1	头脑风暴	活动效果	☐ 很好 ☐ 较好	☐ 一般	☐ 需改进
	活动2	采集分析数据	活动效果	☐ 很好 ☐ 较好	☐ 一般	☐ 需改进
	活动3	课堂交流	活动效果	☐ 很好 ☐ 较好	☐ 一般	☐ 需改进
	活动4	小组制作	活动效果	☐ 很好 ☐ 较好	☐ 一般	☐ 需改进
	活动5	作品展示互评	活动效果	☐ 很好 ☐ 较好	☐ 一般	☐ 需改进
活动反思						

3. 方法

活动方式设计表

主题	基于反比例函数的乐器探究		
序号	活动方式	用途	说明
1	☑实验操作　☐探究规律　☐调查统计 ☐设计制作　☐数学建模　☐主题阅读 ☐论文报告　☐其他＿＿＿＿	该活动方式应用在第2个活动中	验证猜想，收集数据
2	☐实验操作　☑探究规律　☐调查统计 ☐设计制作　☐数学建模　☐主题阅读 ☐论文报告　☐其他＿＿＿＿	该活动方式应用在第2个活动中	通过数据，探寻两个量之间是否成反比例关系

...

序号	活动方式			用途	说明
3	☐实验操作 ☑设计制作 ☐论文报告	☐探究规律 ☐数学建模 ☐其他_____	☐调查统计 ☐主题阅读	该活动方式应用在第4个活动中	运用找寻的规律,制作发声器
4	☐实验操作 ☐设计制作 ☐论文报告	☐探究规律 ☐数学建模 ☐其他_____	☑调查统计 ☐主题阅读	该活动方式应用在第5个活动中	各小组收集他人评价和反馈

三、活动目标

（1）通过观察乐器造型,结合反比例函数图象特征,猜测弦长与音频成反比,并通过数据采集、分析、拟合,以及变量分析和声学知识,最终转化到弦长和发音频率成反比例关系,感知反比例函数在生活中尤其是乐器上的应用。

（2）从部分乐器的特殊造型的共性中发现问题,激发认知冲突,引起兴趣;然后进一步探究,将造型与反比例函数联系并最终用数据得到验证。在探究过程中发展空间观念、模型意识、应用意识和创新意识,感受数学的应用价值。

（3）应用探究成果,进一步验证其他乐器有无这一特征,最后利用此原理小组合作,制作小乐器,并进行音乐片段演奏。这一活动过程,可以提高学生的反思能力,增强他们能用数学语言表达世界的能力,并能感受到数学与音乐的关系。

四、资源设计

基于反比例函数的乐器探究表

主题			基于反比例函数的乐器探究		
序号	资源形式		资源名称	用途	使用说明
1	☐文本 ☐动画 ☐程序 ☑实物 ☐场地 ☐人力		乐器	观察测量	观察部分乐器的特殊曲线构造,测量对象
2	☐文本 ☐动画 ☐程序 ☐实物 ☑场地 ☐人力		博物馆	了解更多乐器发声方式	对比已经研究的乐器,了解其他乐器的发声原理
3	☐文本 ☐动画 ☐程序 ☑实物 ☐场地 ☐人力		软(硬)件	测频率	测量乐器发出的频率
4	☐文本 ☐动画 ☐程序 ☑实物 ☐场地 ☐人力		卷尺	测量	测量琴弦等的长度
5	☐文本 ☐动画 ☐程序 ☑实物 ☐场地 ☐人力		剪刀等制作工具	制作发声装置	测量琴弦等的长度

续表

序号	资源形式			资源名称	用途	使用说明
6	☐文本 ☐实物	☐动画 ☐场地	☐程序 ☑人力	物理教师	演示实验	演示测试频率过程中如何控制变量,减少误差

五、活动设计

1. 创设情景,明确目的

大家熟悉的钢琴为什么很多是类似三角形的? 排箫、马林巴琴、古筝上琴码的位置等为什么排成一条曲线? 这背后有什么数学原理吗? 如果把这个问题弄清楚了,我们能否自制一个简易发声器,也来试试演奏一曲?

(1)问题联想:排箫、琴码的这条曲线让你联系到什么数学知识?（与反比例函数图象的一支曲线相关）

如果是反比例函数图象的一支曲线,那哪两个量可能成反比例关系?

(2)引出问题:琴弦长或者排箫管长是否和其发音频率成反比?

2. 分解任务,制定流程

讨论并填写任务清单:

任务清单表

序号	任务名称	活动名称	活动空间	活动形式	课时
1	提出问题	头脑风暴	课内	师生互动	1
2	实验探究	采集分析数据	课内、课外	小组合作	1+1
3	实验汇报	交流实验报告	课内	代表汇报	1
4	经验应用(一)	了解其他乐器发声原理,完成小报	课外	制作小报	1
5	经验应用(二)	制作简单发声乐器	课外	自制乐器	1
6	总结反馈	作品展示交流	课内、课外	小报、视频等展示	3

制定活动流程图如下:

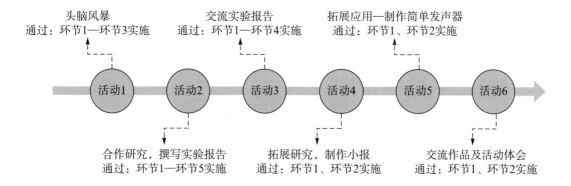

3. 开展活动,实践探究

活动 1:头脑风暴

环节	学习任务	学生活动	教师组织	活动意图
环节 1	问题引入,观察思考	观察乐器图片和相关视频,发现部分乐器的结构共性	准备实物、图片和视频资料	发现结构共性,为提出问题作准备
环节 2	问题联想,聚焦核心	关联和运用多学科知识,并解释这个共性	适当引导,启发	聚焦核心问题
环节 3	引出主题,明确进程	明确研究对象和活动进程,讨论主题活动任务	鼓励学生开展研究,梳理活动进程	学生能够聚焦任务实施论证,并明确活动进程

活动 2:实验探究

环节	学习任务	学生活动	教师组织	活动意图
环节 1	收集数据	(1) 收集音频数据(测量工具选择);(2) 收集琴弦长等数据(变量控制);(3) 确定数据采集量	(1) 提供音频测量软件供选择;(2) 过程指导学生遇到的问题	学会采集数据,学会分析控制误差,发展数据意识
环节 2	数据处理	(1) 将数据输入 Excel,利用函数拟合工具,以音频和弦长数据进行图象拟合;(2) 从拟合的函数图象中,将表达式与熟悉的反比例函数进行比对	介绍最简单的函数拟合工具 Excel	知道可以通过有限的点,借助软件拟合函数,会用信息技术支持学习
环节 3	数据验证	如何处理差异很大或没有规律的数据	组织学生分析讨论,分析可能原因:(1) 数据采集环境有噪音干扰;(2) 琴弦粗细有一定差异;(3) 测量有误差	尝试分析数据,解释结果
环节 4	数据再处理	(1) 去除噪音干扰数据;(2) 记录琴弦粗细一样的数据;(3) 在保证前两项的情况下,核实数据误差;(4) 在数据再处理后,继续函数拟合	提醒:要注意数据的真实性和合理性	通过反思,增强数据意识和模型观念
环节 5	完成实验报告	小组完成实验报告撰写	收集学生的实验报告	完成阶段任务

活动 3:实验汇报

环节	学习任务	学生活动	教师组织	活动意图
环节 1	各小组进行实验报告汇报	每个小组派代表汇报实验报告	安排汇报顺序	分享经验,从同伴中学习经验
环节 2	各小组进行互评	各小组完成互评	准备以及汇总互评表	通过互评,进行活动反思
环节 3	经验总结	得到经验:琴弦等的长与发音频率成反比例函数关系	汇总各小组实验结果,得到经验	完成之前对猜测的实验验证
环节 4	经验迁移	观察其他乐器,探究它们的发声原理	从这类发声乐器迁移到更多的发声乐器	探究更一般的结果

活动 4：经验应用（一）

环节	学习任务	学生活动	教师组织	活动意图
环节 1	收集其他乐器的发声资料，感知反比例函数在乐器上的应用	参观乐器博物馆或查询相关乐器资料，了解发声原理	提供乐器博物馆场馆参观预约信息以及学校乐队乐器信息	从单一弦乐器拓展到更多弦乐器甚至打击乐器、管乐器上，进行类比
环节 2	制作小报，展现不同乐器的发声原理的共性	独立完成小报制作，展示不同乐器的发声原理的共性、特性	小报展示（西洋乐器与民族乐器对比等）	通过小报展示，学生可以从自己研究的个别乐器转到更多的乐器，找共性

活动 5：经验应用（二）

环节	学习任务	学生活动	教师组织	活动意图
环节 1	根据琴弦长与发音频率的反比例函数关系，自制发声乐器	选择自制发声乐器材料并制定方案——用简单容易获得的器材甚至是废弃物品，制作发声装置	提醒：材料选择需以安全为主	对探究得到的数学原理加以实际应用
环节 2	演奏简单音乐	用自制乐器，演奏简单的音乐并录制视频	落实视频时长及文件大小等具体要求	增加学生活动体验感，让他们感受到数学与音乐的联系

活动 6：活动体会与作品交流

环节	学习任务	学生活动	教师组织	活动意图
环节 1	作品交流	观看各位同学录制的音乐演奏视频以及现场演示并评选	组织学生观看并评选	作品发布会
环节 2	活动体会交流	交流整个活动体会	收集学生活动体会，落实改进方案	反思整个活动

六、作业成果

1. 设计作业

作业设计

活动	作业	要求	说明
活动 2	实验报告	小组完成实验报告，自己设计实验过程，要求通过收集数据、分析数据、拟合函数的方式验证自己的猜测	通过实验收集数据，用数据验证自己的猜想
活动 3	收集整理资料，完成小报	将最初的研究推广到其他乐器，每位同学都可以选择自己感兴趣的乐器进行研究，如竖琴、古琴。有些同学可能会选择研究形状相似的打击乐器马林巴琴或吹奏乐器排箫等。通过制作小报的形式对比多种乐器的发声方式，让同学们有更多的切入点和研究角度	理解弦长与频率的关系，并学会转化成更核心的物理关系：波长与频率的反比例函数关系
活动 4	自制发声小装置，录制自制发声装置演奏的音乐小片段	以小组形式用简单且容易获得的器材甚至是废弃物品，制作发声装置，如吸管风琴、盛水玻璃瓶（杯、碗）组等，制作过程有照片或视频；利用信息技术支持，录制剪辑一段用自制发声小装置演奏的音乐小片段	应用掌握的弦长与频率成反比例函数这一规律，制作简易小乐器，注意音准的控制

2. 作业案例

【案例1】 实验报告

实验目的:探究古筝同一根琴弦振动部分长度是否与音调成反比。

实验器材:古筝、刻度尺、频率计、琴码。

实验操作:

① 用刻度尺分别测量琴码在同一根琴弦不同位置琴弦振动部分的长度,记录下 5 个数据;

② 用频率计分别测出所对应的频率,记录下 5 个数据;

③ 换另外 2 根琴弦测量,重复上述操作;

④ 比较长度和频率之间的关系。

琴弦	实验序号	长度(mm)	频率(Hz)
第 1 根弦	1	90	1 806
	2	110	1 432
	3	120	1 302
	4	140	1 077
	5	240	579
第 6 根弦	6	230	1 280
	7	250	1 160
	8	255	1 141
	9	260	1 097
	10	270	1 055
第 11 根弦	11	360	344
	12	380	323
	13	400	302
	14	420	290
	15	430	281

尝试得出结论,古筝同一根琴弦上振动部分的长度与音调是否成反比。

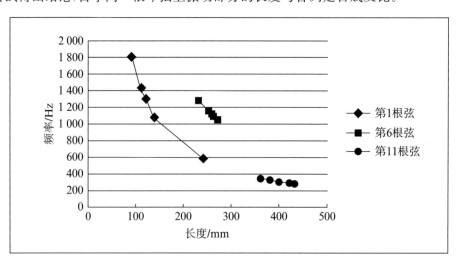

【案例2】 实验报告

实验目的:探究吉他同一根琴弦振动部分长度是否与音调成反比。

实验器材:吉他、刻度尺、频率计、品夹。

实验操作:

① 用刻度尺分别测量品夹在同一根琴弦不同位置琴弦振动部分的长度,记录下5个数据;

② 用频率计分别测出所对应的频率,记录下5个数据;

③ 换另外2根琴弦测量,重复上述操作;

④ 比较长度和频率之间的关系。

琴弦	实验序号	长度(mm)	频率(Hz)
第2根弦	1	515	323
	2	485	342
	3	460	358
	4	345	484
	5	205	818
第3根弦	6	575	226
	7	520	249
	8	460	280
	9	350	377
	10	220	603
第5根弦	11	615	118
	12	550	269
	13	490	301
	14	410	356
	15	365	399

尝试得出结论,吉他同一根琴弦上振动部分的长度与音调是否成反比。

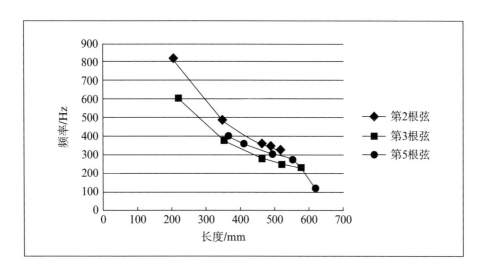

七、评价方案

1. 活动过程评价

活动过程观察评价表(学生个体)

活动主题	基于反比例函数的乐器探究				
学生姓名	郑同学	评价结果	☑很好 □较好	□一般	□需改进
活动表现　＼　分值	4分	3分	2分	1分	得分
活动讨论参与情况	每次讨论都积极参与	大部分时间积极参与	时常参与	偶尔或很少参与	4
完成分工任务情况	按要求完成分工任务	基本能完成分工任务	部分完成分工任务	很少完成分工任务	4
小组合作沟通情况	沟通充分、合作积极主动	能较好地与组员沟通合作	能与组员沟通,但不主动	偶尔或很少与组员沟通合作	4
遇到困难的态度及解决情况	不畏难,主动寻求帮助,认真思考解决	面对困难不放弃,能寻求同伴或老师的帮助	面对困难态度犹豫,有时会寻求帮助	很少寻求帮助,面对困难害怕或放弃解决	4

2. 活动成效评价

活动成效评价表

活动主题		基于反比例函数的乐器探究					
活动评价	活动1	头脑风暴	活动效果	☑很好	□较好	□一般	□需改进
	活动2	合作测量、采集拟合数据	活动效果	□很好	☑较好	□一般	□需改进
	活动3	课堂交流	活动效果	☑很好	□较好	□一般	□需改进
	活动4	小组制作	活动效果	□很好	☑较好	□一般	□需改进
	活动5	作品展示互评	活动效果	□很好	☑较好	□一般	□需改进
活动反思	在头脑风暴阶段,学生个体活跃,展开联想,聚焦问题;合作测量、采集拟合数据阶段各小组出现差异,主要是采集现场噪音处理和软件分析数据传输失真问题,这是出乎老师意料的。好在学生在后续小组交流过程中找到这个问题;小组制作阶段,各小组采用简单材料自制发声设备,但个别组员遇到困难后,积极性受挫,没有都完成作品;对于完成的作品,借助学校钉钉平台作了展示和互评,但网络投票发动还不足,仅限于本部门同学,有待再扩大影响						

3. 作品成果评价

从积极正面鼓励的角度进行阐述和说明。

(1)报告分享:

优秀——数据真实、数据量合理、误差处理合理、函数拟合后能得到近似反比例函数关系;

良好——数据真实、数据量合理、误差有处理、函数拟合后与反比例函数有一定差异;

合格——数据真实但数据量不够合理、误差过大、函数拟合后与反比例函数差异较大。

（2）小报上墙展示：

优秀——对比清晰，版面美观，找到乐器共同点，结论能有突破；

良好——对比明显，版面清楚，能注意到乐器共同点，结论正确；

合格——有对比，排版合理，关注到乐器的共同点。

（3）自制发声小装置，录制自制发声装置演奏的音乐小片段：

现场最佳人气奖——自制乐器到现场演奏的，得到最多同学认可的，现场最佳人气奖；

网络最佳人气奖——将录制的小视频发布到部门钉钉平台上，部门每位学生对自制乐器的演奏效果投票，每人一票，得票最高的就是网络最佳人气奖。

八、教学思考

1. 理念

在这个案例的设计之初，由于内容的跨学科性较强，过于直白地"给"学生不少预设的结论，总觉得这个跨学科的理解、解释值得呈现给学生，体现了数学的价值，学生也会体会数学应用之价值。但是，这个理念中忽略了最重要的人——学生，把学生当成"工具人"！我们所推崇的"把最宝贵的东西给予儿童"不能仅仅是为了展现数学之美而忽略学生的感受。否则，我们看似美的数学，学生还是会畏惧，甚至害怕！所以，在组内专家的建议下，逐步将预设的问题无痕化，相信学生的主动性，创设情景、适时启发，激发学生的兴趣和主动探究的愿望。我们要争取让学生主动提问，主动回答。

2. 实施

第一阶段，课堂头脑风暴。在聚焦研究问题和研究路径的时候，同学们展开了热烈的讨论。他们从乐器造型中，尤其是三角钢琴、古筝等造型中，提出了"音调与琴弦长度成反比"的大胆猜测。根据已有的逻辑经验，同学们提出了需要设计实验进行验证的想法。同时，也有同学认为我们的研究不能止于此。我适时提出了是否可以将实验结果应用到其他乐器的发声研究上的想法，同学们非常赞同，纷纷期待用实验获得的经验来观察其他乐器。尤其是部分自己有器乐表演特长的同学，表现得更加积极。这也为最后阶段我们再次提升应用价值，自制发声装置做好了准备。

第二阶段，学生自主设计实验。在验证猜想的过程中，同学们获得了非常有益的经验。绝大部分同学学会了数据的收集、整理以及函数拟合的方法。特别是，同学认识到直接画函数图象观察的直观方便和利用信息技术（Excel）进行函数图象拟合的强大误差处理和预测能力。有些同学在实验过程中，发现了数据收集存在的问题，同伴通过分析探讨，发现导致数据差异大的原因竟然是音频网络传输过程中的失真问题。这让所有小组都明确了数据测试必须在声音发声现场完成。更多的同学面对了数据误差分析和控制这一必不可少的过程，提升了这方面的能力。

后续由物理老师进行课堂演示实验，一位同学利用自身优势主动要求搭建教师演示实验用的教具。这一过程中，这位同学和物理老师充分沟通，探讨变量控制和数据采集等问题,最终演示效果非常出色。这位同学在后续的数学和物理学习中,也展现了极强的信心。

在实验汇报及知识迁移的小报制作环节,同学们分享了变量控制、缩小误差的经验,并探究了其他乐器发声原理。他们验证结果后去研究自己所擅长或选择的乐器发声方式,得到全新感受和体会。这些乐器包括民族乐器琵琶、西洋乐器黑管、古代编钟和现代玄空鼓。同学们克服时间和空间的限制,用数学的知识去探寻发声原理。

在最后的发声装置制作和演奏视频展示阶段,由于疫情原因,同学们进行了线上学习。然而,他们充分发挥了线上学习的优势,互相合作,确定了演奏曲目。有的同学自制竹排箫,吹奏出了《小星星》;有的则选择了家里的碗碟和水杯,利用调节水柱高低来控制音调,做到音调精准,弹奏的曲子也让同学们一致惊叹!最后的分享也在线上进行,同学们选出了自己心目中最棒的展示!

3. 特色

教材中的反比例函数应用案例,与正比例函数、一次函数及二次函数相比,不够生动贴近实际。我们可以通过数学与音乐艺术的跨学科融合,以及和物理、信息技术等学科结合,让学生亲自动手实践创作案例,来加深学生对反比例函数应用的认知。这样的案例不仅可以拓宽学生的视野,还可以继续深入,涉及多个学科的内容。

4. 收获

学生学习函数不应仅限于研究函数本身内部的性质和关联,比如增减性、奇偶性和对称性等。相反,应将函数与真实世界联系起来,探究函数与实际问题的关系,这样更符合函数本身的学科逻辑和学科价值。在学习中,我们需要形成一个主题,既涉及数学学科本体知识,又具有跨学科特征,集综合性与实践性于一体。这样可以很好地激发学生的学习兴趣、合作能力和探究意识,进而培养学生的理性思考能力和科学素养。通过真实的问题情境,我们引导学生用数学的眼光观察世界、用数学的思维思考世界、用数学的语言表达世界。

5. 思考

这样一个长周期的项目学习对一部分学生来说,是一个不小的挑战。由于实验数据分析和最后作品展示环节都是小组完成,如果个别组员参与度低,虽然在组内评价阶段可能会反映出来,但问题仍难以得到很好的解决。这可能导致一些学生承担了小组更多的工作,而另一些学生参与度较低。这也给后续的课题设计提出了改进方向,例如如何通过评价和活动预热来提升学生参与度和积极性。另外,由于展示阶段全在线上,缺少了现场的互动效果,我们需要思考在下一次实施中是否能够采用更好的展示方式,增强现场交流的效果。

无论如何,这次项目学习让同学们对函数与生活的结合,尤其是声学中的反比例函数关系有了充分的认识,走出了函数与真实世界结合的一大步。希望这些经验能给各位同行提供一点启示。

（陈建豪　上海宋庆龄学校）

案例 4：探寻二维码的"前世今生"

一、主题概述

1. 背景

数字化的学习与创新，是数字时代背景下成长起来的当代学生的必修课。在互联网世界，二维码已经成为重要的连接通道，特别是后疫情时代，学生每天都亲身感受着二维码在生活中的广泛应用。本课以探秘二维码为主题，引领学生深入探究信息科技背后的数学原理，激发学生的好奇心和创造力，逐步养成用数学的眼光观察现实世界的意识和习惯。

对比 2022 年最新发布的数学和信息科技课标，可以发现：《义务教育数学课程标准（2022 年版）》的课程理念第 5 条及《义务教育信息科技课程标准（2022 年版）》的课程理念第 4 条，均提到创新教学方式，以真实问题驱动，利用信息技术及数字化工具，提升学生的课堂参与度与积极性，这也是本主题的设计理念。

2. 任务

本主题以探究二维码的"前世今生"为任务驱动，从条形码（一维码）到二维码，学生经历观察比较、归纳猜想、科学探究的过程，认识数字编码图形的模型结构，学习十进制转化为二进制的计算方法，了解多项式除法在二维码校正中的应用，体验应用程序生成二维码的过程。将以上环节设置于真实的编码任务中，开展跨学科学习活动设计，激发学生的学习热情，培养学生的抽象能力、运算能力、推理能力和模型观念等数学素养，学会用数学的眼光观察现实世界。

3. 跨学科特征

（1）信息技术：二进制算法，二维码生成程序，Excel 软件数据整理。

（2）劳动技术：制作二维码明信片及活动小报。

4. 适用对象

义务教育阶段七年级学生。

二、内容说明

1. 知识

（1）数学学科中已经储备的知识。

本主题主要以沪教版《九年制义务教育课本数学七年级第一学期（试用本）》第九章"整式"单元的知识为载体，学生在此之前已学习了有关整数指数幂与多项式的概念及计算。这

为后续理解进制数的学习奠定了基础。

通过本课题学习,学生进一步理解十进制的计数原理,即了解到对于一个多位数,处在某一位上的"1"所表示的数值的大小,称为该位的位权。位权的大小是以基数为底,数字符号所处的位置的序号为指数的整数次幂。比如十进制第 2 位的位权为 10,第 3 位的位权为 100,百位、十位、个位、十分位的权分别是 10 的 2 次方、10 的 1 次方、10 的 0 次方、10 的 -1 次方。而二进制第 2 位的位权为 2,第 3 位的位权为 4,二进制数的位权就是 2 的 n 次幂。

具体计数原理及数值大小的计算,可利用多项式降幂排列后呈现如下:

十进制数 $A = a_0 \times 10^n + a_1 \times 10^{n-1} + a_2 \times 10^{n-2} + \cdots + a_{n-1} \times 10^1 + a_n \times 10^0$;

记数为 $\overline{a_0 a_1 \cdots a_n}$($n$ 为正整数)。

(其中 $a_0, a_1, a_2, \cdots, a_{n-1}, a_n$ 可取的值为 0 至 9 的整数,$a_0 \neq 0$,逢十进一)

二进制数 $A = a_0 \times 2^n + a_1 \times 2^{n-1} + a_2 \times 2^{n-2} + \cdots + a_{n-1} \times 2^1 + a_n \times 2^0$;

记数为 $\overline{a_0 a_1 \cdots a_n}$($n$ 为正整数)。

(其中 $a_0, a_1, a_2, \cdots, a_{n-1}, a_n$ 可取的值为 0 或 1,$a_0 \neq 0$,逢二进一)

从中也可以总结出其他进制数的计数原理,均可以类比十进制与二进制。即 x 进制数 $A = a_0 \cdot x^n + a_1 \cdot x^{n-1} + a_2 \cdot x^{n-2} + \cdots + a_{n-1} \cdot x^1 + a_n \cdot x^0$,记数为 $\overline{a_0 a_1 \cdots a_n}$($n$ 为正整数)(其中 $a_0, a_1, a_2, \cdots, a_{n-1}, a_n$ 可取的值为 0 至 $x-1$ 的整数,其中 $a_0 \neq 0$,逢 x 进一)。

通过类比归纳、提炼总结式的学习,提高学生数学抽象、数学运算、数学推理的能力,形成模型观念及转化的数学思想。

(2)与活动相关的信息学科知识。

十进制记数系统是人们最熟悉的数字系统,但是在数据转换和计算机处理中,使用十进制数据系统是很困难的,甚至是不现实的,这需要使用十个不同的电路状态分别表示十个数字符号。然而,可以采取许多方法使电路表示出两种不同的状态,于是,二进制数据系统得到了广泛的应用。

学生在六年级第二学期的信息课程中,已初步了解到二进制是计算机内部信息的表示方法,理解了位权的含义,掌握了二进制数及其与 10 以内(即 0~9)的十进制数之间的转换。本课题需要在此信息素养基础上,进一步对多位数的十进制数进行与二进制数之间的转化。

(3)与活动相关的劳动技术能力。

学生在完成本课题的学习后,写下表达自己对同伴或老师的话语。然后,通过查阅 ASCII 码对照表,找到相应的十进制数,并将其编译转化为二进制数。接着,将二进制数输入到对应程序中,生成专属的二维码。最后,学生将二维码制作成明信片,通过动手实践的过程,认识和使用工具,创造并制作自己的作品。

(4)与问题情境或生活相关的经验、常识。

① 现实世界中的信息呈现有各种形态,如文字、声音和图像等。计算机内部处理的信

息都是以二进制形式表示的。

② 生活中的数字编码、图形编码随处可见。数字编码如图书编号、身份证号码、公路路线编号、邮政编码、手机号码等;图形编码如条形码、二维码等。它们的出现,让我们更方便地整理及获取信息,同时也保障了信息的安全,防止了信息的泄露。

2. 工具

(1)活动流程:

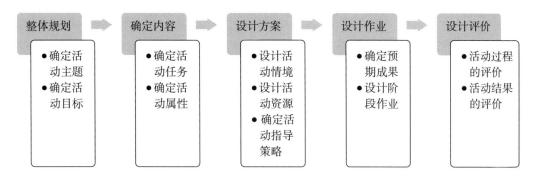

(2)活动规划:

活动单元规划表

活动主题	探寻二维码的"前世今生"					
活动属性	□主题学习　　☑项目化学习　　☑跨学科　　□长周期					
预期成果	1. 学生制作小报展示汉信码的研发背景、应用范围,探究汉信码的编码原理; 2. 制作二维码明信片,写一段给同伴、老师或父母的话					
任务清单	任务1	任务2	任务3	任务4	任务5	任务6
任务名称	提出问题,明确任务	了解条形码原理及结构	条形码信息区解码	了解二维码原理及结构	编译二进制编码,生成二维码	小报、二维码明信片制作
活动分解	活动1	活动2	活动3	活动4	活动5	活动6
活动内容	前期搜集不同类型的数字及图形编码,通过观察它们的特点,提出研究问题	自主查询资料,了解条形码的原理及结构,并进行交流分享	分组计算练习,将十进制数字转化为二进制数字,并尝试解码条形码	自主查询资料,了解二维码的原理及结构,并进行交流分享	将"I Love Math!"这句话编译成二进制码,储存在二维码里	了解汉信码的发展,制作小报,展示交流。表达想对他人说的话,制作二维码明信片
活动空间	☑课内 □课外	□课内 ☑课外	☑课内 □课外	□课内 ☑课外	☑课内 □课外	□课内 ☑课外
课时划分	1课时	1课时	1课时	1课时	1课时	1课时

（3）评价量表：

活动过程观察评价表（学生个体）

活动主题	探寻二维码的"前世今生"				
学生姓名		评价结果	□很好 □较好	□一般	□需改进
分值 活动表现	4分	3分	2分	1分	得分
活动讨论参与情况	每次讨论都积极参与	大部分时间积极参与	时常参与	偶尔或很少参与	
完成分工任务情况	按要求完成分工任务	基本能完成分工任务	部分完成分工任务	很少完成分工任务	
小组合作沟通情况	沟通充分、合作积极主动	能较好地与组员沟通合作	能与组员沟通，但不主动	偶尔或很少与组员沟通合作	
遇到困难的态度及解决情况	不畏难，主动寻求帮助，认真思考解决	面对困难不放弃，能寻求同伴或老师的帮助	面对困难态度犹豫，有时会寻求帮助	很少寻求帮助，面对困难害怕或放弃解决	

活动成效评价表

活动主题		探寻二维码的"前世今生"					
活动评价	活动1	提出问题，明确任务	活动效果	□很好	□较好	□一般	□需改进
	活动2	了解条形码原理及结构	活动效果	□很好	□较好	□一般	□需改进
	活动3	条形码信息区解码	活动效果	□很好	□较好	□一般	□需改进
	活动4	了解二维码原理及结构	活动效果	□很好	□较好	□一般	□需改进
	活动5	编译二进制编码，生成二维码	活动效果	□很好	□较好	□一般	□需改进
	活动6	小报、二维码明信片制作	活动效果	□很好	□较好	□一般	□需改进
活动反思							

3. 方法

活动方式设计表

主题		探寻二维码的"前世今生"		
序号	活动形式		用途	说明
1	□实验操作 □探究规律 ☑调查统计 □设计制作 □数学建模 □主题阅读 □论文报告 □其他____		活动1： 提出问题，明确任务	前期调查，搜集汇总资料，接下来探寻比对信息特点，找到规律，结合生活经验，以头脑风暴的形式提出问题，确定研究任务

续表

序号	活动形式	用途	说明
2	☐实验操作　☐探究规律 ☐调查统计　☐设计制作 ☐数学建模　☑主题阅读 ☐论文报告　☐其他_____	活动2: 了解条形码原理及结构 活动4: 了解二维码原理及结构 活动6: 制作小报	学生借助老师提供的文字资料、学习网站或微视频等,进行自主学习,结合自身情况,不同程度地了解条形码、二维码(QR码)、汉信码的结构、原理及其发展
3	☐实验操作　☑探究规律 ☐调查统计　☐设计制作 ☐数学建模　☐主题阅读 ☐论文报告　☐其他_____	活动2: 了解条形码原理及结构	类比十进制与二进制的计数方法,总结出其他进制数的计数原理
4	☑实验操作　☐探究规律 ☐调查统计　☐设计制作 ☐数学建模　☐主题阅读 ☐论文报告　☐其他_____	活动3: 条形码信息区解码 活动5: 编译二进制编码,生成二维码	通过实践操作,借助 Excel、Matlab 信息软件,直观展现二进制数据的计数原理与多项式的紧密联系,以及二进制数据生成二维码的动态过程
5	☐实验操作　☐探究规律 ☐调查统计　☑设计制作 ☐数学建模　☐主题阅读 ☐论文报告　☐其他_____	活动6: 小报、二维码明信片制作	制作小报交流展示,学生对汉信码的研发背景、应用范围、编码原理有更广泛深入的了解;二维码明信片的制作,将所学知识学以致用,增进同伴间交流表达,提升学生成就感

三、活动目标

（1）类比十进制探索二进制的计数原理,掌握十进制、二进制相互转化的方法,发展合情推理能力与运算能力;

（2）知道编码和解码是信息储存和传输的必要步骤,知道编码的目的是作为唯一标志建立数据间的内在联系,以便计算机识别和准确管理;

（3）经历类比迁移的探究过程,独立思考、认真计算,积极参与探究活动,形成严谨求实的科学态度,在活动中提升信息素养;

（4）体会数据与编码在真实情境中的应用,进一步理解编码对社会秩序的影响,尝试运用数学的眼光观察现实世界,增强应用意识。

四、资源设计

主题	探寻二维码的"前世今生"			
序号	资源形式	资源名称	用途	使用说明
1	☑文本 ☐动画 ☐程序 ☐实物 ☐场地 ☐人力	纸质阅读材料；电子文章；网站链接；ASCⅡ对照码。	活动2：了解条形码原理及结构 活动4：了解二维码原理及结构 活动6：小报、二维码明信片制作	教师提供文字资源给学生进行自主阅读学习，激发学生进一步探究的兴趣，满足不同能力学生的需要；利用ACSⅡ对照码，查阅字符、字母对应的十进制数字，将十进制数转化为二进制数
2	☐文本 ☐动画 ☐程序 ☑实物 ☐场地 ☐人力	印有条形码的图书、商品等；二维码图片。	活动1：提出问题，明确任务	小组成员在观察对比找到的条形码、二维码图片的过程中，发现二者结构的相同点和不同点，结合平时生活中的扫码经历，思考其中值得我们探究的问题有哪些
3	☐文本 ☐动画 ☑程序 ☐实物 ☐场地 ☐人力	Excel软件；二维码生成程序。	活动3：条形码信息区解码 活动5：编译二进制编码，生成二维码	活动3中借助Excel软件，将十进制数转化为2的n次幂的和的形式的式子，按照次数n的大小对应记录在表格中，直观展现二进制数据的计数原理与多项式的紧密联系。活动5中通过将转化后的二进制数输入程序代码，真实感受生成二维码的动态过程
4	☐文本 ☑动画 ☐程序 ☐实物 ☐场地 ☐人力	秒懂百科；公众号视频；哔哩哔哩网站视频。	活动2：了解条形码原理及结构 活动4：了解二维码原理及结构 活动6：小报、二维码明信片制作	活动2播放秒懂百科视频，主要内容为条形码的生成原理；活动4播放公众号视频，主要内容为解构二维码，科普二维码的生成原理；活动6提供更多有关图形编码的有趣视频，供有兴趣的学生进一步研究
5	☐文本 ☐动画 ☐程序 ☐实物 ☐场地 ☑人力	信息学科老师	活动5：编译二进制编码，生成二维码 活动6：小报、二维码明信片制作	前期向信息老师了解学生对于二进制的了解程度及信息学科教学要求，后续在二维码生成代码的编写、调试、运行的过程中提供专业支持
6	☐文本 ☐动画 ☐程序 ☐实物 ☑场地 ☐人力	计算机房	活动5：编译二进制编码，生成二维码 活动6：小报、二维码明信片制作	为学生实践操作提供场地支持

五、活动设计

1. 创设情境,明确目的

生活中的数字编码是只采用数字和有关特殊字符来表示数据和指令的编码。十进制数据系统是人们最熟悉的数字系统,但是在数据转换和计算机处理中,使用十进制数据系统是很困难的,甚至是不现实的,这需要使用十个不同的电路状态分别表示十个数字符号。然而,可以采取许多方法使电路表示出两种不同的状态,于是,二进制数据系统得到了广泛的应用。

常见的图形编码有条形码、二维码。

【说明】

条形码符号周围有两个安静区域(使扫描仪更容易读取条码的空白区域)。它们的颜色应与条码的背景颜色相同,通常为白色,以便扫描仪识别它。一般而言,安静区域应至少比窄条大十倍。符号本身以开始字符开始,以结束字符结束。这些值代表条码的开始和结束,并根据条码类型而有所不同。在此数据之后,制造商会包含一个校验位以确保成功读取。扫描条形码数字后,扫描仪执行检查并使用前面的数字计算校验位的值。最后,设备将计算出的校验位与条形码上的校验位进行比较。如果它们不匹配,则扫描仪无法读取条形码。条形码数据是起始字符后的字母或数字。这些数字包含有关产品本身的所有信息。

EAN 码的全称为 European Article Number(欧洲商品条码),是由欧洲十二个工业国家共同发展出来的一种条码。目前已成为一种国际性的条码系统。EAN 13 码共 13 位数,以条形码"6901234567892"为例,此条形码分为四个部分,从左到右分别为:1—3 位是中国的国家代码,由国际上分配。4—7 位是生产厂商编码,由国家分配。8—12 位是产品码,由厂商自行确定。最后一位是校验码,根据一定的算法,由前面 12 位数字计算得到。并且需要注意的是,在中间分隔符的两侧数据符,在进行编码时,为保证条形码不论正向扫描还是反向扫描,都能正确识别方向,左右两侧的二进制编码方式不同,左侧数据由 6 位字码组成,每个字码有 A 类及 B 类两种编码形式,具体选择哪一类编码方式取决于字码所处位序;右侧数据按 C 类编码模式。

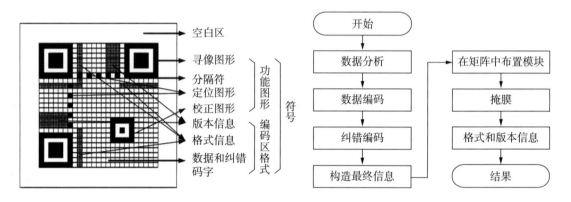

二维码的基本结构和编码流程：二维码中的黑色小方块代表 1，白色小方块代表 0，黑白相间的图案连起来就是一串编码。常见的二维码（QR 码）包括两大部分：功能图形和编码区格式，三个角上的"回"字形方框具有定位功能。具体的编码流程如下图所示：

2. 分解任务,制定流程

序号	任务名称	活动名称	活动空间	活动形式	课时
1	提出问题,明确任务	搜集资料,头脑风暴	课内	调查统计	1
2	了解条形码原理及结构	自主阅读,交流分享Ⅰ	课外	主题阅读	1
3	条形码信息区解码	学习新知,类比推理	课内	实践操作探究规律	1
4	了解二维码原理及结构	自主阅读,交流分享Ⅱ	课外	主题阅读	1
5	编译二进制编码,生成二维码	新知运用,学科融合	课内	实践操作	1
6	小报、二维码明信片制作	拓展延伸,设计制作	课外	设计制作主题阅读	1

3. 开展活动,实践探究

活动1:搜集资料,头脑风暴

环节	学习任务	学生活动	教师组织	活动意图
环节1	以小组为单位搜集生活中有关编码的实例,和其他小组同学交流分享	1. 学生搜集生活中的数字编码,如图书编号、身份证号码、公路路线编号、邮政编码、手机号码等;图形编码:条形码、二维码等; 2. 对生活中各类编码进行认识和分类,感受本课题与实际生活的联系	1. 引导学生从身边的生活中搜集实例; 2. 引导学生对搜集的例子进行分类汇总; 3. 引导学生思考数据编码与图形编码间的异同,比较它们的优势与不足,尝试探寻它们的发展历程	1. 学生能够从真实情境中出发,通过身边生活的实例,激发研究问题的兴趣; 2. 学生能够以积极的状态投入小组活动中,在合作交流中获取更广泛的知识
环节2	提出条形码、与二维码相关探究问题	小组成员在观察对比找到的条形码、二维码图片的过程中,发现图形码结构的相同点和不同点,结合平时生活中的扫码经历,思考其中值得我们探究的问题	教师引导学生思考: (1) 大家找到的条形码在结构上分别有什么相同之处? 同时类比分析二维码; (2) 这些相同的结构是否具备特殊的意义和作用? (3) 剩余部分又发挥了什么作用? (4) 为什么在扫描条形码和二维码时,尽管扫描的方式或角度不同,有时图形编码的大小也不同,但是依然可以得到我们需要的信息? (5) 为什么条形码和二维码图片信息丢失一小部分后,也能够扫描成功呢? (6) 条形码和二维码是如何存储信息的? 它们存储信息的方式可能与什么知识有关?	1. 学生能够提出有意义的主题,发展数学抽象与概括能力; 2. 学生能够在合作交流中探索问题解决的方法

活动2:自主阅读,交流分享Ⅰ

环节	学习任务	学生活动	教师组织	活动意图
环节1	小组成员搜集并阅读与条形码原理及结构有关的文献资料	1. 搜集并阅读与条形码原理及结构有关的文献资料,从中了解条形码信息存储与二进制的关系及编码原则; 2. 为后续条形码的解码探究作知识准备	引导学生理解条形的发展、结构、编码规则及实际应用价值	条形码工作原理中部分内容超出了初中生的知识基础,学生可以合作学习,拓宽知识领域,提升自主学习能力
环节2	整理重要信息,与其他小组成员分享交流	可通过阅读笔记、文档梳理、PPT制作等方式,与其他小组共同分享获得的信息	1. 指导学生对所获得的信息进行分类整理; 2. 指导学生总结、提炼、理解关键信息的基本方法	提升学生资料搜集与分析整理的能力,培养学生分工合作与交流表达的能力

活动 3:学习新知,学科融合

环节	学习任务	学生活动	教师组织	活动意图
环节 1	复习条形码编码原则	复习回顾条形码编码原则,利用手边现有的条形码验证规则的正确性	制作演示课件	为后续解码实践作好知识储备
环节 2	解码条形码图片存储的数码信息,分享交流得出的结论	1. 了解条形码的编码原理,以起始码所对应的黑色或白色长方形宽度为标准,黑色表示"1",白色表示"0"; 2. 通过测量条形码黑白长方形条块的宽度,与标准宽度作比较,可知其对应几个 1 或几个 0,七个二进制字符对应一个十进制字符,将条形码进行解码; 6 901443 267132 3. 了解条形码 13 位数对应的实际含义 	1. 指导学生了解条形码的编码原理; 2. 为避免学生在测量时出现较大测量误差,教师可绘宽度相等的条形方格,将条形码调整大小后,放置其上,便于学生观察测量,提高实验的准确性和可操作性; 6 ?????? ?????? 3. 指导学生了解条形码 13 位数对应的实际含义	1. 培养学生在复杂情境中,解决问题的能力; 2. 帮助学生经历实践测量解决问题的过程,提高学生分析、解决问题的能力

活动 4:自主阅读,交流分享Ⅱ

环节	学习任务	学生活动	教师组织	活动意图
环节 1	小组成员收集并阅读与二维码原理及结构有关的文献资料	1. 搜索并阅读文献资料,了解二维码信息存储与二进制的关系; 2. 为后续二维码的设计实践作知识准备	引导学生理解二维码的结构、原理及实际应用价值	二维码工作原理中部分内容超出了初中生的知识基础,学生可以合作学习,拓宽知识领域,提升自主学习能力
环节 2	整理重要信息,与其他小组分享交流	可通过阅读笔记、文档梳理、PPT 制作等方式,与其他小组共同分享获得的信息	1. 指导学生对所获得的信息进行分类整理; 2. 指导学生掌握总结、提炼、理解关键信息的基本方法	提升学生资料搜集与分析整理的能力,培养学生分工合作与交流表达的能力

活动 5:新知运用,类比推理

环节	学习任务	学生活动	教师组织	活动意图
环节 1	熟练掌握十进制数转化为二进制数的方法	学生分组计算,将十进制数转化为二进制数,并由组长汇总本组答案后,将二进制数字录入 Excel 表格,更直观地看出二进制计数原理与多项式的关系 表格: 5 ... 2^2 ... 2^0 13 ... 2^3 2^2 ... 2^0 73 2^6 ... 2^3 ... 2^0	提出问题,引发思考: 问题 1.十进制数 2 如何转化为二进制? (十进制数字 2 对应二进制的 2^1 位) 问题 2.十进制数 5 如何转化为二进制? ($5=2^2+2^0$) 问题 3.十进制数 13 如何转化为二进制? ($13=2^3+5=2^3+2^2+2^0$) 问题 4.十进制数 73 如何转化为二进制? ($73=2^6+9=2^6+2^3+2^0$)	通过层层递进的问题,经历十进制数转化为二进制数的过程,巩固熟练十进制数转化为二进制数的方法,在实践操作中感悟数学原理
环节 2	类比十进制转化为二进制的计数方法,总结不同进制数的转化原理	学生类比十进制转化为二进制数的计数原理,总结规律,归纳结论。 1. 对于一个多位数,处在某一位上的"1"所表示的数值的大小,为该位的位权,位权的大小是以基数为底,数字符号所处的位置的序号为指数的整数次幂; 2. 不同进制下的计数方法:可先将数值表示为多项式降幂排列后,取各项系数依次排列即可	1. 指导学生归纳十进制及二进制下数值计算的一般表达式,提高学生数学抽象的能力; 2. 类比归纳十进制数转化为其他进制数的方法原理,培养类比、转化的数学思想	通过类比归纳,探究规律,提高学生数学抽象、数学运算、数学推理的能力,形成模型观念及转化的数学思想
环节 3	查阅 ASCII 码对照表	通过查阅 ASCII 码对照表,找到"I Love Math!"这句话中的字母、空格、标点符号所对应的十进制数字	1. 介绍 ASCII 码对照表; 2. 指导学生查阅 ASCII 码对照表,准确找到对应信息	学生能够通过资料的查找对照,得到所需信息,为后续二进制的编译提供基础
环节 4	编译二进制编码	将字符通过十进制与二进制的转化,编译成二进制码	指导学生将上述字符编译成二进制码	新知运用,巩固十进制数转化为二进制数的原理及方法
环节 5	生成二维码	将编译完成的二进制码输入到 Matlab 程序中,生成二维码	1. 介绍使用 Matlab 生成二维码的程序步骤; 2. 指导学生将编译的二进制码输入到 Matlab 程序中,生成二维码	在实际问题解决中,创设合理的信息化学习环境,提升学生的探究热情,开阔学生的视野,激发学生的想象力,提高学生的信息素养

活动6:拓展延伸,设计制作

环节	学习任务	学生活动	教师组织	活动意图
环节1	了解汉信码的相关信息,制作小报	事实上,早在2003年,中国物品编码中心就开始研发我国具有自主知识产权的二维码—汉信码,2007年我国第一个自主的二维码国家标准—汉信码正式发布;2011年,国际AIM标准"HanXin Code"正式发布,标志着汉信码正式走上国际应用舞台。汉信码目前已经在我国的医疗、食品追溯、税务发票等领域实现规模化应用,比如,以汉信码为载体的新生儿疾病筛查管理系统储存的信息准确率达到100%	1. 提问学生:我们身边几乎人人都会用二维码,但生活中常用的却是日本发明的QR码,你知道哪些领域用到的是我们自己研发的二维码吗? 2. 鼓励学生通过查阅资料了解汉信码的研发背景、应用范围,探究汉信码的编码原理,并制作成小报展示	1. 了解我国研发的二维码及其在生活中的运用; 2. 会用数学的眼光观察现实世界,实现数学育人的目的
环节2	制作二维码明信片	表达你想对任意同学、老师、家人说的话,生成二维码,并打印好,贴在明信片上送给他们	教师将应用程序发送给家长,由学生回家后独立完成编码,或编码完成后利用学校计算机房,生成二维码并打印,形成二维码明信片	1. 运用所学知识独立完成设计,通过不同的作品形式能提升学生成就感,这一形式具有创新性; 2. 会用数学的语言表达现实世界,实现学科育人的目标

六、作业成果

1. 设计作业

活动	作业	要求	说明
课前准备	搜集生活中有关数字编码、图形编码的实物案例	先独立搜集后,小组汇总,并对大家搜集的案例进行分类整理,于下一次课上将实物案例带至学校	让学生感受问题研究的真实性生活背景,激发学生学习的兴趣,为课堂交流的展开提供物质资源做好前期准备
活动1	阅读有关条形码的文献资料,对内容进行梳理归纳,形成读书笔记	小组成员的读书笔记在组内共享,互相学习,并使用文字讲稿或PPT演示文稿,以小组为单位在课上向其他小组进行汇报交流(2组汇报)	1. 班级学生共分为四组,活动1、活动3中的主题阅读的任务每个小组均需要完成,并在组内进行交流; 2. 课上向其他小组进行汇报交流,需要撰写文字讲稿或制作PPT,每个小组只需选择一次活动参加即可,条形码及二维码两个主题的学习经验交流,每个主题由2个小组进行汇报介绍
活动3	阅读有关二维码的文献资料,对内容进行梳理归纳,形成读书笔记	小组成员的读书笔记在组内共享,互相学习,并使用文字讲稿或PPT演示文稿,以小组为单位在课上向其他小组进行汇报交流(2组汇报)	
活动5	了解汉信码的发展,制作小报,展示交流。或把想对他人说的话制作成二维码明信片	独立完成,两个内容可以任选一个,挑选自己感兴趣的内容进行设计	充分考虑学生的不同能力层次及兴趣爱好,设置两类可自主选择的作品设计作业,既满足不同学生的需要,又能够激发学生参与活动的积极性与主动性

2. 作业示例

【案例1】 二维码明信片

说明：学生进行排版构图，绘制鲜花、麦穗、爱心等图案，并将"I love you，Mom！"编译进右侧二维码中，表达孩子对妈妈的爱与感谢。

【案例2】 活动小报交流展示

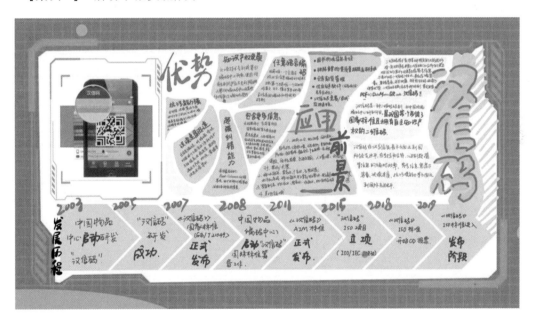

说明：学生结合插图及构图设计，在小报中展示了四部分内容，包括汉信码的背景、发展历程、优势及应用和前景，内容丰富、完整。可以看出学生在实践中能够了解到汉信码作为一种矩阵式二维条码，具有汉字编码能力强、抗污损、抗畸变、信息容量大等特点，是一种十分适合在我国广泛应用的二维条码，具有广阔的市场前景，这也是数学与信息技术、数学与生活紧密联系的体现。

七、评价方案

1. 活动过程评价

活动过程观察评价表（学生个体）

活动主题	探寻二维码的"前世今生"				
学生姓名	张同学	评价结果	☑很好　□较好	□一般　□需改进	
活动表现＼分值	4分	3分	2分	1分	得分
活动讨论参与情况	每次讨论都积极参与	大部分时间积极参与	时常参与	偶尔或很少参与	4分
完成分工任务情况	按要求完成分工任务	基本能完成分工任务	部分完成分工任务	很少完成分工任务	4分
小组合作沟通情况	沟通充分、合作积极主动	能较好地与组员沟通合作	能与组员沟通，但不主动	偶尔或很少与组员沟通合作	3分
遇到困难的态度及解决情况	不畏难，主动寻求帮助，认真思考解决	面对困难不放弃，能寻求同伴或老师的帮助	面对困难态度犹豫，有时会寻求帮助	很少寻求帮助，面对困难害怕或放弃解决	4分
活动反思	张同学在每次活动中能够积极参与小组讨论，提供新颖的想法，在与同伴的思维碰撞中，推进活动进程。能够按要求完成好分工任务，遇到困难的问题不轻言放弃，主动寻求老师和同学的帮助，努力思考解决问题。在小组合作中，能较好地与组员沟通。当小组内部意见不同时，有效地沟通与表达能力可以有进一步改进				

2. 活动成效评价

活动效果评价表

活动主题		探寻二维码的"前世今生"			
活动评价	活动1	提出问题，明确任务	活动效果	☑很好　□较好	□一般　□需改进
	活动2	了解条形码原理及结构	活动效果	☑很好　□较好	□一般　□需改进
	活动3	条形码信息区解码	活动效果	☑很好　□较好	□一般　□需改进
	活动4	了解二维码原理及结构	活动效果	☑很好　□较好	□一般　□需改进
	活动5	编译二进制编码	活动效果	☑很好　□较好	□一般　□需改进
	活动6	小报、二维码明信片制作	活动效果	☑很好　□较好	□一般　□需改进
活动反思	通过生活情境引导学生提出问题，学生能够产生对问题的好奇，积极思考，明确任务。在理论学习与实践操作中，学生互助合作，广泛搜集资料，并在老师的引导下对新知进行梳理整合，每位同学都能够在实践环节动手操作，感受数学在实际生活中的应用，活动成效很好地得以体现				

3. 作品成果评价

（1）活动小报评价

评价细则	等级标准				得分（100分）
	优秀（9—10分）	良好（7—8分）	合格（5—6分）	须努力（0—4分）	
整体要求	完全符合	较符合	基本符合	不太符合	10
内容选择	具备创新性、丰富性、科学性、知识性	具备丰富性、科学性、知识性	较具备丰富性、科学性、知识性	丰富性、科学性或知识性方面有欠缺	10
内容结构	逻辑清晰，内容完整	较为清晰、完整	较完整	不太清晰、完整	10
报头设计	创意美观	较有创意，较美观	较美观	美观性上有欠缺	10
构图排版	新颖规范	较新颖规范	较规范	有些凌乱	10
色彩搭配	配色协调	配色较协调	配色一般	配色较不协调	10
插图设计	艺术、活泼流畅、独创	艺术、活泼流畅	艺术、活泼	纯文字未有插图	10
创意新颖	非常符合	比较符合	一般符合	不太符合	10
版面书写	工整活泼有设计感	工整活泼	工整	有些凌乱	10
整体印象	优秀	良好	合格	须努力	10
评价人：喻老师		总得分：100			

（2）二维码明信片评价

评价细则	等级标准				得分（100分）
	优秀（18—20分）	良好（15—17分）	合格（11—14分）	须努力（0—10分）	
知识运用	方法运用准确，能够有创新想法	方法运用准确，能够独立完成	方法运用较准确，基本能够独立完成	方法运用较还不熟练，需要他人协助完成	20
内容选择	逻辑清晰、内容完整	较为清晰、完整	较完整	不太清晰、完整	20
封皮面美化	创意美观	较有创意，较美观	较美观	美观性上有欠缺	20
书信页排版	工整活泼有设计感	工整活泼	工整	有些凌乱	20
整体印象	优秀	良好	合格	须努力	20
评价人：喻老师		总得分：100			

八、教学思考

1. 理念

当前深化课程改革的目标指向是以学生发展为本，真正实现由知识传授向"学科育人"转化。为适应这一要求，数学教育除了要从整体上处理好社会、数学、学生之间的关系外，在课程内容设计和实施上也要注意运用好跨学科思维。新时代背景下，发展学生数学学科核心素养是贯穿整个数学课程的主线。而"数学学科核心素养"是数学思维、数学能力以及情感、态度、价值观的综合体现,具有整合性、综合性、交融性的特点,这就需要数学课程与教学克服过于封闭、碎片化的倾向。在课程教学中,更多地引导、渗透跨学科意识,主动地为学生发展数学核心素养构筑桥梁。

2. 实施

数学综合实践活动设计与实施的一般流程为:确定活动主题—创设活动情境—明确活动任务—分解活动任务—选择活动方式—开展实践研究—活动表现评价。其中,在确定活动主题后,活动实施环节的第一步,就是要创设一个综合的真实情境,从而激发学生进一步探究的兴趣。

接下来教师应组织学生讨论并填写任务清单,梳理、设计活动流程,明确任务阶段性目标达成的实施路径,具体活动设计流程图如下:

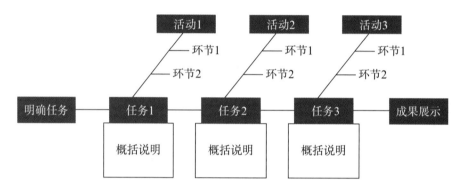

3. 特色

数学综合实践活动设计与实施,可以加强学科间相互关联,带动课程综合化实施,是强化实践性要求的载体和纽带。但是关于此类活动的开展,之前仅有过个别化的、零星的项目和探究,现在其作为数学新课程四大领域之一,要开展系统地教学,这是初中数学教学中的一个难点,也是初中数学教师要面临的一项新任务。本次活动结合美术、信息、劳动等学科,以生活中随处可见的信息编码问题为出发点,旨在帮助学生了解二维码背后的原理,感受数学与信息科技、数学与社会生活的紧密联系。这是以提升学生的学科素养为目的,开展的一次跨学科项目化学习,是跨学科项目化数学活动设计的一次新的尝试。

4. 收获

(1) 设计实施数学综合实践活动对学生的影响。

① 调动学生的主体性思维。数学综合实践活动能让学生在面对没有标准答案的实际问题时,认识到努力就有结果,感受到发挥主体力量的真实价值。

② 构建知识的关联性体系。数学综合实践活动能培养学生形成普遍联系的意识与能力,建立学习内容与生活经验之间有意义的联系。

③ 引导学生进行深度思考。数学综合实践活动能激活学生综合运用知识去解决真实问题的意愿,增强他们提出创新构想的信心。

④ 培养学生社会责任感。数学综合实践活动可以鼓励学生以社会成员的身份和心态主动参与社会生活,形成正确的价值观、责任感。

(2) 设计实施数学综合实践活动对教师的影响。

① 更新教师的教育理念。数学综合实践活动的设计与实践研究,需要教师把握好数学教育的核心,落实新课标的要求。在研究过程中,教师渐渐拥有了更宏大的教育视野,通过找到支点,实现学科之间的融合,进而拓展教育资源,促进数学与生活和社会的融合。

② 提高教师的教科研能力。数学综合实践活动的设计与实践研究,需要教师打破思维的局限性,探究可行的路径及有效的策略,学会现代化的教育工具做好教育资源的拓展和整合,让数学在学科交融中"活"起来,在实践中紧跟时代背景,提高新课程要求下自身的教育教学研究能力。

③ 发展教师间的团队合作。分科教学时,教师往往是从自身学科专业知识的角度进行教学和分析,很少与其他教师进行沟通,这会使教师在跨学科教学的过程中容易存在一定局限性。而数学综合实践活动的设计与实践研究,需要建设一个教师相互沟通与交流的平台,让教师在小组探讨和交流中形成跨学科交互协同的教学体系,更好地推动跨学科教育理念在教学实践中的应用。

5. 思考

(1) 数学综合实践活动设计与开发的难度:目前来看,跨学科主题单元学习的设计与开发,从整体构想到具体实施的转化依然有一定的难度,对教师学科综合素养的能力要求较高。

(2) 数学综合实践活动设计与开发的条件:跨学科主题单元学习不是单一课时的,而是需要多课时的单元活动;在活动形式上通常为课堂与课后相结合的方式,活动所需工具也更为复杂,因此在活动实施的时间、空间、专业人员等资源方面,需要得到学校、社会多方面的支持。

(3) 数学综合实践活动设计与开发的意义:在活动中,教师做好组织者和协调者,让学生自主解决问题,更好地给他们创造空间。希望通过本次活动,让学生积累一些项目学习的经验,并在活动中保持好奇,获得自信,体验成长,这比机械的流程和规范的要求更有意义。

(喻巧敏　上海宋庆龄学校)

案例 5:三角比在测量中的应用

1. 背景

直角三角形中边、角之间的关系是现实世界中应用广泛的关系之一。锐角三角比在解决现实问题中有着重要的作用,如在测量、建筑、工程技术和物理学中,常常遇到距离、高度、角度等计算问题。一般来说,这些实际问题的数量关系往往抽象为直角三角形中边与角的关系问题,这是分析问题和解决问题的过程中常用的方法,也是数学中重要的思想方法。

2. 任务

通过开设本主题的实践活动课程,从教材中提出的问题入手,整合基础型、研究型及拓展型学习的要素,通过实践、研究、交流、反思引导学生加强对数学概念(方法)的理解,并将相关概念(方法)运用到实际问题解决之中,不断提高分析问题、解决问题的能力。

通过本主题的实践活动课程,学生将进一步感受数学建模的思想,体会数形结合的思想方法,能将实际问题转化为数学问题,体会到数学来源于生活又服务于生活的魅力。

3. 跨学科特征

(1) 信息技术:Excel 软件数据的收集和整理;

(2) 物理学科:光的反射原理;

(3) 劳动技术:测角仪的制作。

4. 适用对象

此活动在九年级第一学期第二十五章"锐角的三角比"单元教学完成后,适合九年级全体学生参与。活动中用到的数学知识主要是解直角三角形,与其他学科的关联的难度不大,对于学生更多的是将实际问题抽象到数学建模的过程。

1. 知识

(1) 数学学科中已经储备的知识。

本主题主要以九年级第一学期第二十五章"锐角的三角比"第二节"解直角三角形"单元的知识为载体,学生在此之前已学习了勾股定理、相似三角形和解直角三角形(包括解直角三角形的概念,解直角三角形所需的条件,仰角、俯角、坡角、坡度的概念,运用有关概念解决实际问题)。

实施过程中还会涉及实际物体的测量、数据收集、分析与整理。

初中阶段图形与几何领域包括"图形的性质""图形的变化"和"图形与坐标"三个主题。

2022 年颁布的《义务教育阶段课程标准》给出的教学建议摘选如下：

要组织学生经历图形分析与比较的过程,引导学生学会关注事物的共性、分辨事物的差异、形成合适的类,会用准确的语言描述研究对象的概念,提升抽象能力,会用数学的眼光观察现实世界;要通过生活中的或者数学中的现实情境,引导学生感悟基本事实的意义,经历几何命题发现和证明的过程,感悟归纳推理过程和演绎推理过程的传递性,增强推理能力,会用数学的思维思考现实世界;会借助图形分析问题,形成解决问题的思路,发展模型观念,会用数学的语言表达现实世界。

用数学的思维方法,运用数学与其他相关学科的知识,综合地、有逻辑地分析问题,经历分工合作、试验调查、建立模型、计算 反思、解决问题的过程,提升思维能力,逐步形成"会用数学的思维思考现实世界"的核心素养。

用数学的语言,将现实问题转化为数学问题,经历用数学方法解决问题的过程,感悟科学研究的过程与方法,感受数学在与其他学科融合中所彰显的功效,积累数学活动经验,逐步形成"会用数学的语言表达现实世界"的核心素养。

在教学过程中,要关注数学知识与实际的结合,让学生在实际背景中理解数量关系和变化规律,经历从实际问题中建立数学模型、求解模型、验证反思的过程,形成模型观念;能在比较复杂的情境中,提升学生发现问题和提出问题、分析问题和解决问题的能力,以及有逻辑地表达与交流的能力。

正是基于新课程标准对几何图形及综合实践部分要求的变化,我们在设计这一主题综合实践活动时,更关注真实问题和情境中的体验,强调建模以及验证反思的过程,旨在让学生运用所学过的数学知识解决生活中的实际问题。这个过程可以提高学生综合运用知识的能力,让学生真正经历学以致用的过程,感悟数学知识有着广泛的应用价值,发展应用意识。

（2）与活动相关的跨学科知识。

① 信息技术的运用。学生运用方案对所选物体的高度进行测量,对记录的相关数据的运算和处理,需要用到信息技术。

② 物理学科。方案的选择上,通过平面镜,利用光的反射原理进行测量。

③ 劳动技术。自制测角仪,需要学生的动手实践能力。

2. 工具

（1）活动流程：

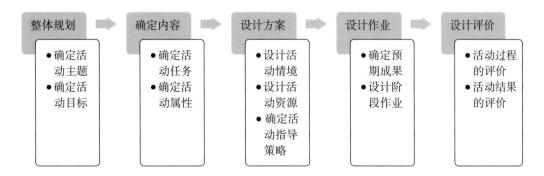

（2）活动规划：

活动单元规划表

活动主题	锐角三角比在测量上的应用				
活动属性	☐ 主题学习　☑ 项目化学习　☑ 跨学科　☐ 长周期				
预期成果	1. 设计活动方案； 2. 自制测量仪器； 3. 撰写实践活动报告				
任务清单	任务 1	任务 2	任务 3	任务 4	任务 5	任务 6
任务名称	活动准备 问题提出	测量方法 模型归纳	实验探究 问题解决	实验探究 数据分析	活动小结 经验分享	活动升级 实践应用
活动分解	活动 1	活动 2	活动 3	活动 4	活动 5	活动 6
活动内容	分组及头脑 风暴讨论	设计测量方 案，自制测 角仪	运用测量工 具，实地测量	数据处理与 方案修正，撰 写活动报告	作业交流展 示及评价	多维度实际 应用
活动空间	☑ 课内 ☐ 课外	☐ 课内 ☑ 课外	☐ 课内 ☑ 课外	☑ 课内 ☐ 课外	☑ 课内 ☐ 课外	☐ 课内 ☑ 课外
课时划分	1 课时	1 课时	1 课时	1 课时	1 课时	1 课时

（3）评价量表：

活动过程观察评价表（学生个体）

活动主题	锐角三角比在测量上的应用			
学生姓名	评价结果	☐ 很好　☐ 较好　☐ 一般　☐ 需改进		
分值 活动表现	4 分	3 分	2 分	1 分	得分
活动讨论参与 情况	每次讨论都积 极参与	大部分时间积 极参与	时常参与	偶尔或很少参与	
完成分工任务 情况	按要求完成分 工任务	基本能完成分 工任务	部分完成分工 任务	很少完成分工 任务	
小组合作沟通 情况	沟通充分、合作 积极主动	能较好地与组 员沟通合作	能与组员沟通， 但不主动	偶尔或很少与 组员沟通合作	
遇到困难的态 度及解决情况	不畏难，主动寻 求帮助，认真思 考解决	面对困难不放 弃，能寻求同伴 或老师的帮助	面对困难态度 犹豫，有时会寻 求帮助	很少寻求帮助， 面对困难害怕 或放弃解决	

活动成效评价表

活动主题				锐角三角比在测量上的应用			
活动评价	活动1	活动准备 问题提出	活动效果	☐很好 ☐较好 ☐一般 ☐需改进			
	活动2	测量方法 模型归纳	活动效果	☐很好 ☐较好 ☐一般 ☐需改进			
	活动3	实验探究 问题解决	活动效果	☐很好 ☐较好 ☐一般 ☐需改进			
	活动4	实验探究 数据分析	活动效果	☐很好 ☐较好 ☐一般 ☐需改进			
	活动5	活动小结 经验分享	活动效果	☐很好 ☐较好 ☐一般 ☐需改进			
	活动6	活动升级 实践应用	活动效果	☐很好 ☐较好 ☐一般 ☐需改进			
活动反思							

3. 方法

活动方式设计表

主题		锐角三角比在测量上的应用		
序号	活动形式		用途	说明
1	☐实验操作 ☐探究规律 ☐调查统计 ☑设计制作 ☑数学建模 ☐主题阅读 ☐论文报告 ☐其他_____		该活动方式应用在第2个活动中	学生通过头脑风暴,梳理出测量的方法,建立模型,设计测量方案
2	☑实验操作 ☐探究规律 ☐调查统计 ☐设计制作 ☐数学建模 ☐主题阅读 ☐论文报告 ☐其他_____		该活动方式应用在第3个活动中	学生可以通过实地观察,设计测量工具,实地测量
3	☐实验操作 ☐探究规律 ☑调查统计 ☐设计制作 ☐数学建模 ☐主题阅读 ☐论文报告 ☐其他_____		该活动方式应用在第4个活动中	各小组收集组内测量数据,进行分析处理
4	☐实验操作 ☐探究规律 ☐调查统计 ☐设计制作 ☐数学建模 ☐主题阅读 ☐论文报告 ☐其他分享		该活动方式应用在第6个活动中	学生应用数学的语言、演示的技能充分展示小组的设计成果

三、活动目标

（1）在真实问题的情境中经历运用解直角三角形的知识解决简单的实际问题的过程，进一步对三角比和解直角三角形的基本概念及常用方法进行梳理。

（2）在实践活动中通过自主设计方案和收集数据，体会从实际问题到数学建模的转化过程，积累应用解直角三角形的知识解决问题的经验，掌握解决问题的方法，提高分析问题、解决问题的能力，在解决问题的过程中感悟数形结合思想、模型思想，感受数学的价值，发展运算能力、抽象能力和模型观念。

（3）在小组活动的过程中，能进行合理分工有效合作，增强团队合作的意识、形成良好的互助学习探究的氛围，发展理性精神和科学精神。

四、资源设计

主题	锐角三角比在测量上的应用			
序号	资源形式	资源名称	用途	使用说明
1	☐文本 ☐动画 ☐程序 ☑实物 ☐场地 ☐人力	测量用三角尺、卷尺、平面绘图工具（笔、A3 卡纸等）、展示用具（大屏幕、话筒等）	这些资源将在活动2,3,4,5 环节使用，帮助学生完成设计，获取现场信息、进行展示等	绘图工具用于完成方案设计；应用卷尺实地测量，获取需要的数据；展示环节需要使用大屏幕、话筒等提升现场展示效果
2	☐文本 ☐动画 ☐程序 ☑实物 ☐场地 ☐人力	细线、量角器、小挂件	将在活动 3 环节使用，用于测量	测量人的视线与实物的角度
3	☐文本 ☐动画 ☐程序 ☐实物 ☑场地 ☐人力	教室、操场、报告厅等	资源主要在活动第1,2,3,4,5,6 环节中使用，基本贯穿整个活动	学生在教室完成方案设计，操场上完成实际测量，数据的记录，利用报告厅进行总结交流和分享
4	☐文本 ☐动画 ☐程序 ☐实物 ☐场地 ☑人力	劳技老师	演示实验	演示测角仪的制作过程中如何减少误差

五、活动设计

1. 创设情境，明确目的

日常生活中，经常看到一些高楼大厦、学校的旗杆、河对岸的树等，这些物体究竟有多高，我们如何可以知道？如何测量这些物体的高度，需要什么数学原理？

（1）问题联想：

① 使用什么工具？

② 利用什么方法？

③ 用到了什么数学原理或其他学科知识？

（2）引出问题：如何测量物体的高度？

2. 分解任务，制定流程

序号	任务名称	活动名称	活动空间	活动形式	课时
1	活动准备，问题提出	自主分组，头脑风暴	课内	师生互动	1
2	测量方法，模型归纳	设计方案，自制工具	课内	小组合作、演示	1
3	实验探究，问题解决	实地测量，数据记录	课外	实践操作	1
4	实验探究，数据分析	数据处理，方案修正	课内	小组合作	1
5	活动小结，经验分享	作业交流，展示评价	课内	实践操作	1
6	活动升级，实践应用	总结规律，实践应用	课外	实践报告	1

3. 开展活动，实践探究

活动 1：自主分组，头脑风暴

环节	学习任务	学生活动	教师组织	活动意图
环节 1	确立完成任务小组成员名单	根据不同学生特点与能力确立合作小组	引导学生分析组员特点，做好任务分工	学生能够以积极的状态投入小组活动中，在合作交流中让知识的获取更加高效广泛
环节 2	问题联想，聚焦方法	提出问题：需要关联运用哪些学科知识与技能来解决这个问题？	引导学生从不同角度出发，讨论问题、提出问题，并思考可能遇到的问题和挑战	学生能够从真实情境中出发，通过身边生活的实例，激发研究问题的兴趣

活动 2：设计方案，自制工具

环节	学习任务	学生活动	教师组织	活动意图
环节 1	设计方案	测量方法讨论，归纳，形成方案	引导学生在讨论过程中从多种角度思考问题，提出方法	1. 学生能够聚焦任务进行讨论； 2. 学生能够倾听和尊重组内成员之间的不同建议，并经过讨论后达成共识，形成方案
环节 2	自制工具	选择材料，制作测角仪	指导学生动手制作，回应学生的问题，给予必要的帮助	培养学生动手能力，以及教授应对问题的方式和方法

活动 3：实地测量，数据记录

环节	学习任务	学生活动	教师组织	活动意图
环节 1	实地测量	选择工具，选择方法，明确需要测量的数据进行实地实物的测量	指导学生工具的使用，测量方法的选择和减少误差的方法	1. 学生将所学的理论知识用于实际的生活中，在实践活动中感受到数学学习的魅力； 2. 通过实践测量和亲身经历问题解决的过程，帮助学生提高分析和解决问题的能力
环节 2	数据记录	记录测量的数据，采集一定的数据量	指导学生如何在数据的采集及记录过程中解决遇到的问题	通过培养数据意识，学生自己采集数据、分析数据并控制误差，以提高数据处理能力

活动 4：数据处理，方案修正

环节	学习任务	学生活动	教师组织	活动意图
环节 1	数据分析与处理	通过运用所学知识点，对记录的数据进行计算，以求得所测物体的高度	指导学生根据所测数据，进行对所测物体的高度计算	通过加深对所学知识的理解，巩固知识点，并灵活应用所学知识，以提高学习效果
环节 2	设计的方案，测量方法的修正	根据设计的方案，测量得到的数据，将计算得到的物体高度与实际的物体高度进行比对，找到偏差的原因	帮助学生找到问题出现的原因	培养学生的反思意识
环节 3	完成实践报告	小组完成实践报告撰写	收集学生实践报告	发展学生总结的能力

环节	学习任务	学生活动	教师组织	活动意图
环节 1	报告交流、展示	在班级里分享方案设计的缘由，测量过程中的注意事项，以及实践报告的撰写等	引导学生在展示与分享过程中聚焦问题提出的过程、小组合作与分工的执行情况、方案设计难点与跨学科知识应用情况等	提升学生的语言表达能力，能用清晰的逻辑与清楚的语言准确表达自己的想法和整个方案的形成过程以及实施的过程等
环节 2	评价	对其他小组的测量的方案、测量方法的选择，最终是否达成目标，进行讨论和评价	鼓励学生充分表达各自观点，引导学生从合作问题解决的角度进行评价	学生能客观地评价本组与其他组的方案

活动 5：报告交流，展示评价

环节	学习任务	学生活动	教师组织	活动意图
环节 1	报告交流、展示	在班级里分享方案设计的缘由，测量过程中的注意事项，以及实践报告的撰写等	引导学生在展示与分享过程中聚焦问题提出的过程、小组合作与分工的执行情况、方案设计难点与跨学科知识应用情况等	提升学生的语言表达能力，能用清晰的逻辑与清楚的语言准确表达自己的想法和整个方案的形成过程，实施的过程等
环节 2	评价	对其他小组的测量的方案、测量方法的选择、最终是否达成目标，进行讨论和评价	鼓励学生充分表达各自观点，引导学生从合作问题解决的角度进行评价	学生能客观地评价本组与其他组的方案

活动6:总结规律,实践应用

环节	学习任务	学生活动	教师组织	活动意图
环节1	总结活动过程中得到的模型	充分融合同学分享的测量方案及方法,对自己的方案再进行修正和设计	鼓励学生选择合适的方法	培养学生欣赏他人的劳动成果,并能发现他人的闪光点,取长补短
环节2	对得到的模型及规律进行再应用	对其他不同位置的物体的测量	指导学生在测量中解决遇到的问题	培养学生反思,修正,再应用的能力

六、作业成果

1.设计作业

实践活动的结果是以小组为单位的实践活动报告的形式呈现的。重点是让学生经历设计活动方案、自制仪器或运用仪器进行实地测量以及撰写活动报告的过程。能够对所得到的数据进行分析,能够对仪器进行调整和对测量的结果进行矫正,从而得出符合实际的结果,综合运用直角三角形的边角关系的知识,解决实际问题,培养学生不怕困难的意志品质,发展学生的合作意识和科学精神。

活动	作业	要求	说明
活动2	设计测量方案	小组头脑风暴,选择测量工具,设计测量方案	让学生感受问题研究的真实性生活背景,激发学生想解决问题的兴趣
活动2	自制测角仪	可以查阅资料,选择材料,制作测角仪	发挥组内学生的特长,合理分工
活动6	测量方案的修正与补充	对方案设计、数据收集和处理等环节进行反思分析,进一步对方案进行优化或修正	充分考虑学生的不同能力层次及兴趣爱好,设置两类可自主选择的作品设计作业,既满足不同学生的需要,也能够激发学生参与活动的积极性与主动性
活动4,5	实践活动报告撰写与分享	小组完成测量报告,小组成员,互相学习,并使用文字讲稿或PPT演示文稿,以小组为单位向其他小组进行汇报交流	课上向其他小组进行汇报交流,需要撰写文字讲稿或制作PPT

2.作业示例

【示例1】 测量活动方案

一、准备工作

1.分组。

2.常规工具及测角仪制作。

把一根细线固定在半圆形量角器的圆心处,细线的另一端系一个小挂件,如图1和2所示,制成一个简单的测角仪。

图 1   图 2

二、测量方案

1. 测量底部可以到达的物体的高度(利用影长法、平面镜法或标杆法)

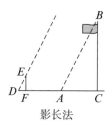 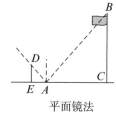 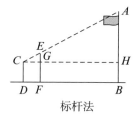

影长法   平面镜法   标杆法

2. 测量底部不可以到达的物体的高度(测角仪)

【示例2】 实践活动报告

九年级数学实践与活动报告

活动课题	测量旗杆的高度			
工具准备	卷尺(5米)、标杆(150厘米)			
小组分工	1人拍摄,1人记录,1人使标杆直立,1人作为观测者,2人测量			
方法选择	利用标杆构造相似三角形,测旗杆高度			
活动过程	一、简述步骤 1. 1名同学作为记录者站在一旁; 2. 在旗杆前的地面上直立一根150 cm高的标杆 EF,1名同学保持标杆的直立; 3. 1名同学作为观测者,调整自己的位置及坐姿,使得旗杆的顶端 A、标杆顶端 E 与自己的眼睛 C 恰好在一条直线上; 4. 2名同学合作测出旗杆底部到标杆底部间的距离 FB,记为 m;旗杆底部到观测者眼睛正下方的距离 DF,记为 n;观测者眼睛到地面的距离 CD,记为 a; 5. 2名测量同学向记录者汇报数据			
	二、搜集数据 测量开始前明确要测量的数据,根据所选用的方法测量并记录数据如下:(单位:cm)			

名称	第一次测量	第二次测量	平均值
m(旗杆—标杆)	400	800	600
n(标杆—人)	125	240	182.5
a(人眼—地面)	80	80	80
b(标杆)	150	150	150
旗杆高(计算)	364	373.1	368.55

活动过程	三、画出示意图
	四、分析原理并计算 测量得到 DF、FB、CD 的长度,通过 $\triangle CGE$ 和 $\triangle CHA$ 的相似(或者利用 $\angle ACH$ 的正切值),可以知道 AH 的长度,再加上人的眼睛与地面的高度,就可以得到旗杆的高度
得出结论	旗杆的高度是 368.55 厘米
此方法的优缺点分析	优点:不受太阳光线的影响,对天气是否有阳光及测量时间没有要求; 缺点:1. 不易保证并保持标杆的直立,对测量有影响; 　　　2. 测量数据较多,计算过程较多,容易产生误差
误差分析	1. 分别测标杆到人和旗杆的距离,两次卷尺始末无法完全重合; 2. 无法长时间保持标杆直立于地面; 3. 由于是坐姿,在测量时只能估测人眼到地面及到标杆的距离
减少误差的方法	1. 缩短标杆到旗杆的距离,用一把卷尺固定一端,分别测人到标杆和人到旗杆的距离; 2. 先测量人眼到地面的距离 a,保证在标杆直立且人眼、标杆顶端、旗杆顶端三点共线时,测出 a 值
活动反思	通过此次数学实践活动,本小组感受到数学在日常生活中的重要性,体会到了学习数学的重要方法之一——实践,同时通过反思不足,增长了学习的经验; 学习数学不能只是学习理论知识,一定要运用到生活中。我们通过询问学校的负责基建的老师,知道旗杆的真实高度是 380 厘米。和我们的活动数据有一定的出入,小组成员分析误差来源加深了对实验的理解。同时本次实践活动,不仅增强了小组成员的实践能力,也使得小组成员能利用所学的知识解决了生活中的实际问题,收益超级多。

七、评价方案

1. 活动过程评价

活动过程观察评价表(学生个体)

活动主题	三角比在测量上的应用				
学生姓名	任同学	评价结果	☑ 很好	☐ 较好	☐ 一般　☐ 需改进
分值 活动表现	4 分	3 分	2 分	1 分	得分
活动讨论参与情况	每次讨论都积极参与	大部分时间积极参与	时常参与	偶尔或很少参与	4
完成分工任务情况	按要求完成分工任务	基本能完成分工任务	部分完成分工任务	很少完成分工任务	4

活动表现 \ 分值	4分	3分	2分	1分	得分
小组合作沟通情况	沟通充分、合作积极主动	能较好地与组员沟通合作	能与组员沟通，但不主动	偶尔或很少与组员沟通合作	4
遇到困难的态度及解决情况	不畏难,主动寻求帮助,认真思考解决	面对困难不放弃,能寻求同伴或老师的帮助	面对困难态度犹豫,有时会寻求帮助	很少寻求帮助,面对困难害怕或放弃解决	3

🔲 说明:任同学在活动的过程中积极参与,在运用三角比测量旗杆高度时,积极分享自己的想法,并对方案的设计提出建设性的意见,和同学的沟通充分。但是在遇到问题时,及时主动向老师或者同学求助上还可以表现得更及时和高效。因此,小组成员给予任同学上述的评价。

小组合作学习评价表

组长	陈同学	组员		徐同学、赵同学、宋同学、王同学	
活动时间	2023.2				
评价内容	评价标准		自评	互评	师评
组长承担工作	能合理分配小组任务		优秀	优秀	优秀
	能有效统筹小组活动		优秀	优秀	优秀
	能做好小组使用材料的制作安排及整理工作		优秀	优秀	优秀
组内各成员活动	小组活动中的角色扮演	主动承担任务,认真完成	优秀	优秀	优秀
	小组活动中的发言讨论	主动发言,发表自己的观点	优秀	优秀	优秀
	小组活动中的贡献程度	能提出解决问题的方法	优秀	优秀	优秀
	小组活动中的提高程度	善于倾听,接纳同伴的意见,完善自己的观点	优秀	优秀	优秀
	小组活动中的参与程度	积极参与	优秀	优秀	优秀
小组活动过程中遇到哪些困难,怎样克服? 在使用材料的制作过程中遇到了较大困难,通过查过资料和求助老师后,多次实践尝试,最终成功					
小组活动过程中有哪些体会和收获? 一定要积极表达自己的观点,积极思考和讨论,集体的智慧和无穷尽的					
小组活动过程中有哪些需改进的地方? 测量的过程中,对数据读取的精度还需改进优化					

🔲 说明:评价按优秀,良好,合格,需努力打分。

2. 活动成效评价

活动成效评价表

活动主题		三角比在测量上的应用		
活动评价	活动 1	通过观察日常生活中的场景,引出如何利用三角比测量物体高度的问题	活动效果	☑很好 ☐较好 ☐一般 ☐需改进
	活动 2	小组合作,头脑风暴,讨论测量方法,选择或制作合适的测量工具并进行模型归纳	活动效果	☑很好 ☐较好 ☐一般 ☐需改进
	活动 3	小组合作,运用所设计的方案进行实地测量,并记录测量	活动效果	☑很好 ☐较好 ☐一般 ☐需改进
	活动 4	对记录的数据,利用所学知识点,对所测量的物体高度的计算,同时根据设计的方案,测量得到的数据,计算得到的物体的高度与实际的物体高度进行比对,找到偏差的原因	活动效果	☑很好 ☐较好 ☐一般 ☐需改进
	活动 5	总结归纳研究方法及成果,以小组为单位撰写实践报告,并在班级内进行交流和分享	活动效果	☑很好 ☐较好 ☐一般 ☐需改进
	活动 6	充分融合同学分享的测量方案及方法,对方案再进行修正和设计。同时对得到的模型及规律性生活中的再应用	活动效果	☑很好 ☐较好 ☐一般 ☐需改进
活动反思	1. 实践操作的过程中遇到了许多困难,但是小组同学团结合作,积极动脑,及时修正方案和数据; 2. 思考问题要全面和严谨; 3. 差之毫厘,谬以千里			

举例:任同学等 5 人组成小组,任同学和陈同学思维比较活跃,动手及沟通能力比较强,可以进行方案设计及测量工具的制作,同时测量过程中负责拍摄和记录;赵同学和宋同学做事比较严谨和仔细,负责测量,同时利用测量得到的数据,计算所测量物体的高度;王同学文学功底比较深厚,负责实践报告的撰写等。总之,小组成员分工合作,各司其职,活动效果很好。

3. 作品成果评价

实践活动报告汇报评价表

课题		三角比在测量上的应用				
评估内容	评估标准	评分等第　优秀				
		优秀	良好	合格	需努力	备注
内容	重点明确、逻辑有序	√				
	研究方法具有科学性	√				
语言	表述完整、用词准确		√			
	语言表达清晰		√			
展示	音量适中、举止得当	√				
	时间掌控好	√				
表现	认真投入度高	√				
	体现团队合作	√				
评价	在小组交流的环节中,展示了小组成员的分工合作以及他们在面对问题时所采取的解决方法等。他们以有理有据、逻辑清晰的方式汇报了如何利用三角比知识进行高级物理测量的方法,为大家提供了宝贵的方法和经验。这是一次非常成功的实践活动,成功地进行了实践报告					
评价人	黄老师及其他四组同学					

📖 说明:评价按优秀,良好,合格,需努力打分。

💡 八、教学思考

1. 理念

此次实践活动通过分组设计方案、实地勘察、计算等操作,解决了无法直接测量物体高度的问题。在动手操作中,学生巩固和应用解直角三角形的知识,积累活动经验,学习数学建模方法,提高自主探索能力。从思维层面来看,九年级学生已经具备一定的数学应用意识和数学建模能力,能够从形象思维向抽象思维过渡,能够在合作探究、交流讨论、动手实践等活动中分析问题、解决问题。从心理特点来看,该年龄段学生思维活跃、求知欲望强,对动手实践的操作十分有兴趣。

因此,设计基于真实情境的实践活动,给予学生充分的时间和空间进行实践与探究,是落实核心素养、给与学生充分发展空间的良好载体。学生在分析问题、解决问题的过程中,感受数形结合的思想和化归的思想,将解三角形的相关知识与技能提升为抽象能力和运算能力,发展模型观念和应用意识。

2. 实施

（1）整合教学内容,选择应用场景,从综合与实践的角度理解和应用相关知识。

测量物体高度是在学习完三角形、四边形、解直角三角形内容后进行的,这样的活动可将上述内容集于一体,提高学生的综合应用能力。然而,由于要把测量实物高度的问题抽象成几何图形,学生解决实际问题的数学建模能力和时间都有限,考虑到的方法也不多。在独立设计测量方案时,学生多有畏难情绪。而教师的时间、精力有限,研究过程中得到的指导不够充分。测量方法的归纳和总结的实施难度很大。

为此实践活动前的准备阶段的教学,采用相似三角形内容的题目进行练习巩固,再对题目进行引申和拓展,引导学生对测量问题进行思考,培养学生解决实际问题的数学建模能力。第二阶段的教学,学生在原有经验上,利用解直角三角形相关的知识思考新的测量方法,达到突出知识主干,分散教学难点的目的。

为了帮助学生克服以上存在的障碍,尝试开设实践活动课程,从生活中的常见问题入手,整合基础型、研究型及拓展型的要素,通过小组成员头脑风暴,利用集体的智慧设计测物高的方案,避免了学生个人单独作战的无助,利用或制作合适的工具进行实践操作,采用组长负责制,小组成员合理分工,发挥每个学生的积极能动性和特长。

(2)留给学生足够的自主空间和活动机会,体现学生的主体地位。

在"测量旗杆的高度"探究过程中,学生有足够的自主空间和活动机会。由于有测量旗杆高度的应用经验,笔者有意识地提高学生分析和解决已有的图形问题的能力,在旧知的基础上,学生利用解直角三角形相关的知识思考到许多新的测量方法,学生个性化的学习需求得以重视,学生的主体地位得以实现。

"测量旗杆的高度"这个课题本身有一定的开放性,只要设计合理,必要时给予学生一定的指导启示,自主探究就可顺利展开。留给学生尽可能大的思考空间或活动空间,学生的自主性和独到见解就会得以发挥。

(3)重视"课题学习"实践,增加学生学习经历,丰富数学学习的体验。

"实践活动的主题学习"是初中数学课程的一项新内容,它有新的组织模式,有灵活的组织策略,通过真实的问题情景、激发学生求知欲的真实问题,促进学生开展有效的深度的学习,增加学生的学习经历和获得更丰富的学习体验,完善学习方式。

3. 特色

本次实践活动主要是应用解直角三角形的知识来解决实际问题中的测高问题,在不改变知识技能目标达成度的前提下,根据学生熟悉的情境,顺应问题的引入,充分激发学生学习的积极性和求知欲,让学生感受到数学来源于生活又服务于生活的理念。

通过交流、讨论等方式,积极探索,改进学习方法,提高学习质量。通过由具体到抽象的认识过程,启发学生审清题意,将解直角三角形的知识始终与现实生活中学生熟悉的实际问题相结合,不断提高学生运用数学分析解决实际问题的能力。同时,根据新课程的评价理念,在整个教学中,始终注重学生的参与意识,引导学生从数学的角度思考问题,并注重学生对待学生的态度。在课堂上,尽量留给学生更多的空间,提供展示自己的机会,让学生在充满情感的、和谐的课堂氛围中,在老师和同学的鼓励和欣赏中认识自我,找到自信,体验成功的乐趣,从而树立学好数学的信心。

4. 收获

（1）计算旗杆的高度，需要运用原理计算大量的数据。因而在测量时，要不断思考如何才能测得精确的数据，如何使用工具，要勇于不断尝试。

（2）团队间友好协助是实践活动成功的基础，有的同学会比较在乎跟谁合作，因而我们在做项目设计的时候，就需要根据对每位同学的了解，更合理地进行分组，并建立同伴互评机制，确保每个成员都能有所贡献。

（3）小组每个成员都有自己所擅长的领域，如领导能力、数学能力、演讲能力和电脑技术等，充分发挥每个成员的特长。

数学学科的课程目标不仅是向学生传授知识与技能，更重要的是培养学生对待学习的态度和习惯，当学生在实验报告反馈中意识到"差之毫厘，谬以千里"后，他们不再轻易为自己的"粗心"找借口，而是以更加审慎的态度对待自己的学习过程，落实数学课程的育人目标。

5. 思考

在开设实践活动课的过程中欣喜地发现，学生无论是在知识层面还是在能力方面，甚至于在对待数学学习的态度上都有了很大的变化。

在整个活动中，有的同学对于仰角、俯角的位置没有找准，导致影响了实际问题的分析，还有的同学不太能抛开书本自己独立构造数学模型。

承载真实问题的实践活动是理论知识与真实问题之间的桥梁，也是发现问题、提出问题、分析问题、解决问题的平台，同时还是发展核心素养的良好载体。因此，在后续的教学中，我们应该力争多地设计一些基于现实场景的真实问题，组织学生开展实践活动，从而让数学学习变得更有趣、有用、有意义。

（黄雪萍　上海宋庆龄学校）

案例6：我为校园添一景

——创意几何空间设计

一、主题概述

1. 背景

这一项目学习活动的主题来源于学生的真实问题，一群即将毕业离开学校的初中生在数学课上提出了"能否用所学的数学知识为学校设计一个能长久留存的校园景观，作为留给学校的礼物"的问题。他们希望能通过实地考察校园、自己动手设计、参与项目可行性论证、游说与展示设计成果，以争取师生对该项目的支持，最终达成项目建设的目的。

彼时这一年级数学课的教学主题是几何内容里"圆与正多边形"的相关章节，而在信息技术课上，学生则刚开始接触如何用"Sketch Up"软件来设计 3D 图形，于是围绕"创意几何空间设计"的任务，学生们开展头脑风暴，决定以"我为校园添一景"为主题开展这一项目活动。

2. 任务

这一项目学习活动的总任务是：利用学生在初中阶段数学学科中所学的"几何与平面图形"知识，结合信息技术、美术等学科知识完成一个校园景观平面设计图。活动期望达成的效果是班级学生分成若干小组，各自形成一份完整的"创意几何空间"校园景观设计方案。

活动具体任务是：讨论如何利用已学数学知识为学校设计一个创意几何空间，达到增添校园景观的目的，明确空间设计大致构想；通过实地勘察校园，确定校园景观建造地理位置，论证设计要素含设计理念、所用材质、建筑成本等；完成景观的概念、平面和立体设计图，并应用信息技术形成三维效果图；空间设计效果图展示与宣讲等。项目完成的过程中需要有头脑风暴讨论、绘图设计、校园实地选址、项目说明、项目设计展示汇报等环节。

3. 跨学科特征

这一项目学习涉及的主要数学学科素养有：运算能力、几何直观、空间观念、模型观念、数据观念、应用意识和创新意识。它对应了 2022 年新课标"学业要求中"提到的"经历项目式学习的全过程，能综合运用数学和其他学科的知识与方法，在实际情境中发现问题，并将其转化为合理的数学问题；能独立思考，与他人合作，提出解决问题的思路，设计解决问题的方案……"。老师的教学与指导过程也对照了新课标提出的要求，即"发掘合适的项目，关注学生能解决的、跨学科的、现实问题，关注解决问题过程中的数学计算与数学表达，关注背景知识，引导学生用数学思维思考现实世界"等。

项目完成的过程能体现新课标中"用数学的语言，将现实问题转化为数学问题，经历用数学方法解决问题的过程，感悟科学研究的过程与方法，感受数学在与其他学科融合中所彰显的功效，积累数学活动经验，逐步形成'会用数学的语言表达现实世界'的核心素养"的要求。

这一项目学习是一个长周期的跨学科实践活动，需要综合运用到数学中几何与图形的概念及运算、信息技术 3D 作图技术、美术构思与设计、网络搜索原材料价格估算建筑成本和调查统计等多学科知识和技能。

4. 适用对象

这一项目学习活动主题的完成需要应用到几何图形的基础知识和概念，同时跨信息技术、美术等学科，项目完成的过程中需要有头脑风暴讨论、绘图设计、校园实地选址、项目说明、项目设计展示汇报等环节，活动综合能力要求较高，适合学生以小组合作探究的形式创造性地完成任务。建议可以在初中八、九年级学习图形与几何相关章节后开展，也建议相关学科的教师共同参与项目指导。

二、内容说明

1. 知识

这一项目学习活动涉及的主要数学知识是有关几何图形中的面积计算（可能涵盖多边形面积、圆的面积、曲线围成图形的面积等）以及图形相似或缩放的相关知识。相关章节为九年级第一学期第二十四章"相似三角形"、九年级第二学期第二十七章"圆与正多边形"。

实施过程中还会涉及实地面积测量，网络数据的查找、收集、分析，以及成本计算等数学知识。此外，还将涉及信息技术立体绘图相关知识，以及艺术课中与平面设计和绘图相关的知识。

除了上述知识，完成这一项目活动学生还需要考虑以下实际情况：几何空间设计意图、项目主要受众群体、在校园建造的适宜位置、校园环境保护需求等。此外，还需要运用与日常生活密切相关的知识来选择合适的材料、确定空间尺寸以及控制成本在何种范围内比较合适。

最后，学生们还需要在班级、部门或学校的群体中进行演讲与展示。因此，完成这一项目学习还需要具备一些表达演讲涉及的沟通交流共情等综合能力。

2. 工具

完成这一项目学习活动需要的工具有如下三个内容。

（1）综合与实践活动设计流程图：

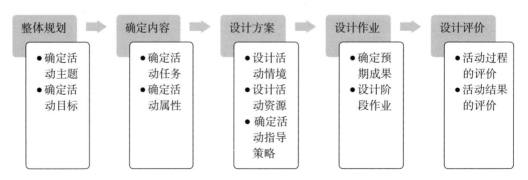

（2）活动单元规划表：

活动单元规划表

活动主题	我为校园添一景——创意几何空间设计					
活动属性	☐ 主题学习　☑ 项目化学习　☑ 跨学科　☑ 长周期					
预期成果	"创意几何空间"校园景观设计方案一份					
任务清单	任务1	任务2	任务3	任务4	任务5	任务6
任务名称	确定设计主题	选定建造地址	论证设计要素	完成项目设计	评价设计作品	项目总结与反思
活动分解	活动1	活动2	活动3	活动4	活动5	活动6
活动内容	分组及头脑风暴讨论	校园勘察	讨论及形成设计概念	绘制平面设计及三维设计	展示交流	班级讨论
活动空间	☑ 课内 ☐ 课外	☑ 课内 ☐ 课外	☑ 课内 ☑ 课外	☑ 课内 ☑ 课外	☑ 课内 ☐ 课外	☑ 课内 ☐ 课外
课时划分	1	1	1	4	2	1

（3）评价量表：

活动过程观察评价表（学生个体）

活动主题	我为校园添一景 ——创意几何空间设计			
学生姓名		评价结果	☐ 很好　☐ 较好　☐ 一般　☐ 需改进	
分值 活动表现	4分	3分	2分	1分	得分
活动讨论参与情况	每次讨论都积极参与	大部分时间积极参与	时常参与	偶尔或很少参与	
完成分工任务情况	按要求完成分工任务	基本能完成分工任务	部分完成分工任务	很少完成分工任务	
小组合作沟通情况	沟通充分、合作积极主动	能较好地与组员沟通合作	能与组员沟通，但不主动	偶尔或很少与组员沟通合作	
遇到困难的态度及解决情况	不畏难，主动寻求帮助，认真思考解决	面对困难不放弃，能寻求同伴或老师的帮助	面对困难态度犹豫，有时会寻求帮助	很少寻求帮助，面对困难害怕或放弃解决	

活动效果评价表

活动主题	我为校园添一景——创意几何空间设计			
活动评价	活动1	分组及头脑风暴讨论	活动效果	☐ 很好　☐ 较好　☐ 一般　☐ 需改进
	活动2	校园勘察	活动效果	☐ 很好　☐ 较好　☐ 一般　☐ 需改进
	活动3	讨论及形成设计概念	活动效果	☐ 很好　☐ 较好　☐ 一般　☐ 需改进
	活动4	绘制平面设计及三维设计	活动效果	☐ 很好　☐ 较好　☐ 一般　☐ 需改进
	活动5	展示交流	活动效果	☐ 很好　☐ 较好　☐ 一般　☐ 需改进
	活动6	班级讨论	活动效果	☐ 很好　☐ 较好　☐ 一般　☐ 需改进
活动反思				

3. 方法

活动方式设计表

主题	我为校园添一景——创意几何空间设计		
序号	活动方式	用途	说明
1	☐ 实验操作　☐ 探究规律 ☑ 调查统计　☐ 设计制作 ☐ 数学建模　☐ 主题阅读 ☐ 论文报告　☐ 其他_____	该活动方式应用在第2,第3,第4活动中	学生可以通过实地测量、前往医务室了解在校生身高信息、估算占地面积与材料选择等调查和统计工作对空间设计的选址、对象和设计要素作充分论证
2	☐ 实验操作　☐ 探究规律 ☐ 调查统计　☑ 设计制作 ☐ 数学建模　☑ 主题阅读 ☐ 论文报告　☐ 其他_____	该活动方式应用在第3,第4活动中	本项目活动的主体部分,学生需要完成一个创意几何空间的设计。在设计过程中,学生不仅要考虑设计本身,还需要利用网络资源对设计主题进行背景了解和延伸阅读,以便更好地把握设计的针对性、新颖性和实用性
3	☐ 实验操作　☐ 探究规律 ☐ 调查统计　☐ 设计制作 ☐ 数学建模　☐ 主题阅读 ☐ 论文报告　☑ 其他表达演示	该活动方式应用在第1,第3,第5,第6活动中	这种活动方式有助于培养学生应用数学语言和演示技能,让他们能够充分展示小组的设计成果。同时,学生还能够锻炼面向不同对象范围阐述和表达自己的观点、思想、设计过程和内涵的能力

三、活动目标

在"我为校园添一景"的创意几何空间设计项目活动中,学生需要综合运用数学、信息技术、美术等知识,从不同的角度对主题进行思考和探究,过程中体现的育人目标主要有:

（1）以圆与正多边形、相似形等知识为载体,用数学和跨学科的思维与方法去观察、分析、表达、解决问题,建立平面图形、立体模型与现实景观之间的比例对应,设计圆梦空间的图形,提升利用数学知识和相关知识的结合进行模型建构等数学关键能力,发展直观想象、空间观念、运算能力和应用意识;

（2）在设计圆梦空间的图形的过程中,通过自主思考与组内分工合作、沟通协调、质疑反思等环节发展学生开放性地发现问题、提出问题、分析问题、解决问题的能力,形成严谨求实的理性精神和精益求精的科学品质;

（3）通过项目活动学习如何用数学语言和多学科的语言解释和表达现实故事,积累以数学为主、跨学科开展项目活动的经验,发展设计与调整、组织与表达能力,激发追求创新的意识,锻炼实践的能力。

四、资源设计

主题	我为校园添一景——创意几何空间设计			
序号	资源形式	资源名称	用途	使用说明
1	☐文本 ☐动画 ☐程序 ☑实物 ☐场地 ☐人力	丈量用卷尺、平面绘图工具（笔、A3卡纸等）、展示用具（大屏、话筒等）	这些资源将在活动第2,第3,第4,第5环节使用,帮助学生获取场地信息、完成设计、进行展示等	学生应用卷尺实地丈量,计算空间面积;绘图工具用于完成平面设计;展示环节需要使用大屏、话筒等提升现场展示效果
2	☐文本 ☐动画 ☑程序 ☐实物 ☐场地 ☐人力	Sketch Up制作软件、互联网	这一资源主要在活动第4,第5环节使用,帮助学生查询相关信息、完成三维动画设计,并在公开交流展示时使用该软件进行动画效果演示	学生需要在信息技术算课上先了解软件的功能和使用方法
3	☐文本 ☐动画 ☐程序 ☐实物 ☑场地 ☐人力	校园、档案室、美术教室、计算机房、图书馆等	这些资源主要在活动第1,第2,第3,第4环节中使用,基本贯穿整个几何空间设计过程	学生进行校园实地勘察,丈量土地,到档案室查找学生的身高信息,利用美术教室、计算机房、图书馆等场地完成设计制作
4	☐文本 ☐动画 ☐程序 ☐实物 ☐场地 ☑人力	信息技术课老师、医务室负责学生档案老师、参与设计结果评价人员等	这些资源主要在活动第3,第4,第5环节中用到	学生需要信息技术老师支持应用Sketch Up软件,医务部门人员提供相关信息,其他相关人员参与设计结果评价

五、活动设计

1. 创设情境,明确目的

"我为校园添一景"创意几何空间设计是来自学生需求的一个项目活动,在校园已有空间中可以再添加一个怎样的设计,这些设计主要受众对象是谁,为什么要选择这样的设计,主要解决什么问题等这些来自学生自身的想法和需求可以激发学生参与项目活动的兴趣与积极性,在项目完成过程中还能根据实际问题进行及时沟通与方案调整。这一项目是以圆与多边形的面积以及相似形等相关知识应用为核心的跨学科实践活动。活动涉及不同学科,例如在设计平面图形时需要用到数学、美术的知识技能,在设计三维图形时需要用到信息技术知识与软件,选取景观材质时需要了解植物学相关的知识,而计算造价成本时要有一些统计知识。这一项目活动的预期成果是:学生分组完成一处以几何空间为主要特点的校园景观设计,并公开展示设计平面图和三维动画效果图。

2. 分解任务,制定流程

讨论并填写任务清单。

序号	任务名称	活动名称	活动空间	活动形式	课时
1	确定设计主题	分组及头脑风暴讨论	课内	表达演示	1
2	选定建造地址	校园勘察	课内	调查统计	1
3	论证设计要素	讨论及形成设计概念	课内＋课外	表达演示 调查统计 设计制作 主题阅读	1
4	完成项目设计	绘制平面及三维设计	课内＋课外	调查统计 设计制作 主题阅读	4
5	评价设计作品	展示交流	课内	表达演示	2
6	项目总结反思	讨论与总结	课内	表达演示	1

制定活动流程:

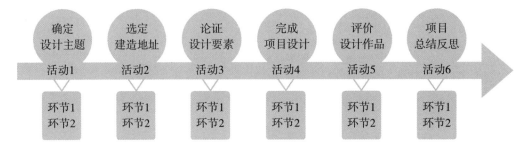

3. 开展活动,实践探究

活动1:确定设计主题

环节	学习任务	学生活动	教师组织	活动意图
环节1	确立完成任务小组成员	根据不同学生特点与能力确立合作小组成员名单	引导学生分析组员特点,做好任务分工	1. 激发学生做项目的兴趣; 2. 学生提出有意义、可操作的设计主题; 3. 发展提出问题的能力
环节2	确立设计项目主题	头脑风暴讨论"我为校园添什么景?",多角度分析提炼出所要设计的校园景观主题	引导学生从不同视角讨论,提出问题与思考可能遇到的问题和挑战	

活动2:选定建造地址

环节	学习任务	学生活动	教师组织	活动意图
环节1	校园勘察活动	校园实地勘察,确立主题景观建造位置与大概面积	指导学生勘察与丈量校园,利用数据进行计算	1. 学生加深对校园空间、面积等数学概念的理解; 2. 发展对比例尺、相似形等数学概念的应用能力、直观想象和空间观念等
环节2	选定建造地址	深入讨论主题与选址	引导学生更好地理解各组选择特色主题的含义与选址的合理性	

活动 3:论证设计要素

环节	学习任务	学生活动	教师组织	活动意图
环节 1	讨论设计要素	各组学生对设计进行要素论证:设计理念是什么? 需要关联运用哪些学科知识与技能? 选取何种建造材质? 建造成本怎样估算等	1. 根据学生需求与相关学科教师协调沟通; 2. 引导学生在论证过程中从多种角度提出问题; 3. 及时回应学生的问题,给予必要的帮助	1. 学生能够聚焦任务实施论证; 2. 学生能够倾听和尊重组内成员之间的不同建议,并经过讨论后达成共识
环节 2	形成设计概念	形成初步设计概念		

活动 4:完成项目设计

环节	学习任务	学生活动	教师组织	活动意图
环节 1	完成景观设计平面与立体模型	通过小组合作探究,运用数学、美术和信息技术等知识绘制景观平面图与三维设计效果图	1. 鼓励学生有效分工合作,组员之间及时沟通交流,在遇到困难时给予帮助; 2. 观察学生在任务完成过程中的投入程度、遇到困难时的应对态度,与小组团队合作能力等,并对上述情况予以记录	1. 学生能够运用跨学科知识解决问题; 2. 学生之间充分沟通,不断地尝试,矫正反馈; 3. 学生能够以积极的状态投入活动,并在合作与沟通中寻求问题的解决方法
环节 2	完成设计建造预算表	计算景观面积、明确设计用材、讨论影响设计预算的因素并制定预算		

活动 5:评价设计作品

环节	学习任务	学生活动	教师组织	活动意图
环节 1	设计作品在班级内展示	1. 在班级里按小组分享各自设计作品,介绍设计理念、设计过程、材质选择及估计造价以及小组成员分工情况等; 2. 根据统一的评价标准对本组及其他组的设计和展示进行评价	1. 对学生在展示和分享环节所需要注意的细节进行指导; 2. 引导学生在展示与分享过程中聚焦问题提出的过程、小组合作与分工的执行情况、设计难点与跨学科知识应用情况等	1. 学生发展语言表达能力,能用清晰的逻辑与清楚的语言准确表达自己的想法和整个设计的形成过程; 2. 学生能客观地评价本组与其他组的设计作品
环节 2	设计作品在年级或全校范围内展示	修正在班级展示中的不足,在部门及全校范围内分享各组设计作品	帮助组织不同层次的分享与评价活动,邀请学生代表、教师、管理者代表参加分享与评价	

活动 6:项目总结反思

环节	学习任务	学生活动	教师组织	活动意图
环节 1	讨论项目收获与不足	1. 从数学的角度反思设计过程中运用的方法与知识; 2. 从整个设计项目的角度反思设计过程中可以改进的地方	1. 引导学生思考数学知识与能力在设计项目中如何有效运用; 2. 鼓励学生充分表达各自观点,引导学生从合作问题解决的角度进行总结反思	1. 学生发展总结、评价与反思的能力; 2. 学生培养欣赏自己与他人作品的品格与积极面对可能落选的结果的正确态度
环节 2	确立建设意向	与学校相关部门沟通,争取设计项目实施	与学校管理层沟通确保设计项目能落地实施	

六、作业成果

1. 设计作业

活动	作业	要求	说明
活动1、2	数据收集	本项目实施初期阶段学生需要根据讨论、实地勘察、网络资源查找等方式收集各种设计需要的相关数据并保存记录供后续使用	创意几何空间设计是一个开放性的活动任务，空间受用对象、地理位置、文化要素、建设用材、建造成本等都是需要学生考虑的因素，数据收集考查学生对设计要素思考的全面性和深入性，同时帮助学生确立项目设计思考的宏观和微观因素，对后续设计能否顺利开展起比较重要作用
活动3、4	设计报告	本项目需要完成的设计报告应含三个部分：一份平面设计图、一个三维动画效果图、一份设计说明。其中设计说明里需要包含空间名称、空间选址、设计图案意义、设计要素选择的原因、材质选择、大致预算等因素，以呈现完整的设计思路和建造建议。作业以小组形式提交	设计报告是本项目活动的核心作业，选定小组提交主要考虑活动涉及的环节和内容多，需要综合运用不同学科知识，发掘与培养学生不同的能力和素养，采用小组合作完成的形式有助于学生取长补短，学会聆听和尊重以共同进步
活动5、6	分享与交流	本项目活动第5、6环节作业采用集体分享报告的形式开展，各活动小组要在班级、部门等不同范围进行设计成果展示，并向大家详细汇报设计思路、设计细节、最终设计成果等。在班级展示时，所有参与小组都对项目汇报进行自评和他评打分，在部门或全校师生展示时，由部门或学校选出师生代表对各小组的报告进行打分。在反思项目收获与不足后，学生还需要到学校相关部门沟通以争取项目建设	采用集体分享报告的形式可以从多角度评价学生的作业完成情况，既考察对学科知识的运用，也考察小组分工合作的融洽度，还考察学生口头表达与论证的能力，可以从各种角度考察学生核心素养的培养

2. 作业示例

宋庆龄"和平鸽"迷宫设计

（1）LPX、WX、WSY 同学一组的"和平鸽"迷宫设计平面图

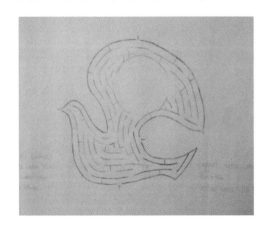

（2）LPX、WX、WSY 同学一组的"和平鸽"迷宫设计报告文案

"和平鸽"迷宫报告

LPX、WX、WSY

- 基本设计造型：和平鸽。
- 最大占地面积：900 平方米（30 米×30 米）。
- 实际建筑面积：约 811 平方米。
- 建造所用材质：景观灌木。

—绿篱宽度：30 厘米

—迷宫通道宽度：60 厘米

—绿篱高度：114 厘米

—绿篱造价：人民币 48 000 元（金叶女贞绿篱：800 平方米×30 株/平方米×2 元/株）

—选址：学校剧场与新艺术楼左侧之间空地

其他设施：景观长椅（至少 6 条长条木质椅，约合人民币 2 080 元），喷水池。

- 设计涵义：我们选择"和平鸽"作为我们设计的主要造型是因为"和平鸽"是学校的标志，可以代表学校。鸽子象征着和平，我们也希望世界能够和平。我们同时希望学校里的老师、学生都能够彼此相爱，相互帮助，共同营造宋庆龄的爱的家园。（报告人 WX）

- 选材说明：我们选用金叶女贞绿篱来建造这个迷宫基于如下原因：首先我们学校的标志是以绿色为底色的，其次绿色能让我们的眼睛感到放松和休息，采用其他彩色的材料建造这么大型的迷宫容易让人感到眼花缭乱，对眼睛有伤害。最后，也是最重要的，金叶女贞绿篱是适应性很强的植物，对土壤要求不高，耐寒力和抗旱力都很强，抗病力也强，很少有害虫病。灌木颜色因季节不同，不同季节有不同的欣赏美，能够适应春夏秋冬的气候并容易养护。金叶女贞绿篱价格适中，大批量购买大约 2 元/株，我们按 30 株/平方米计算总价，整个迷宫总体造价不会太高。（报告人 LPX）

- 迷宫结构：绿植迷宫的高度应该在 1.15 米左右，因为经过我们查看医务室的体检数据统计，我校入学一年级学生的平均身高是 120 厘米左右。我们希望学弟学妹们进入迷宫后万一找不到出口，外面的人可以通过露出的小脑袋看到他们。迷宫将会有 5 个主要出入口，同时在迷宫中心将会放有长椅和建一个喷水池，以便玩累了的人可以休息，喷水池周围要铺一些大理石。迷宫可以供不同的人群去走，可以是上学时提前到校的学弟学妹，也可以是课间活动的班级，还可以是放学时候想放松一下的高年级学生。同时，老师们也可以在工作之余到迷宫里走一走，放松一下。后续还可以根据学生和老师们的建议丰富迷宫的设施以及增添迷宫周围的设施。（报告人 WSY）

（3）"和平鸽"迷宫设计方案评价结果（总得分18分）

第_____小组	设计主题："和平鸽"迷宫			总得分：18
分值　展示内容	4	3	2	1
设计名称及涵义、选址	√			
占地面积与建筑面积		√		
平面设计图与三维立体图	√			
用材与造价计算		√		
分享展示报告	√			

说明：这一组学生的设计方案要素齐全，平面设计与立体设计效果图清晰，设计要素论证较全面，组员分工明确能很好合作互补，展示表述清晰。

七、评价方案

本项目的作业评价根据学习任务的不同阶段，可以从两个方面开展，应该包含课堂观察评价、作业呈现结果评价等。

1. 活动过程评价

这一评价可以贯穿整个项目活动过程，主要在于了解学生个体的学习过程、学习态度和合作交流意识等。在观察评价中，可以同时记录每位学生的成长情况，了解学生从项目开始到项目结束在参与积极性、独立思考能力以及合作交流意识等方面的变化。

活动过程观察评价表（学生个体）

活动主题	我为校园添一景——创意几何空间设计				
学生姓名	Y同学	评价结果	√很好　□较好	□一般　□需改进	
分值　活动表现	4分	3分	2分	1分	得分
活动讨论参与情况	每次讨论都积极参与	大部分时间积极参与	时常参与	偶尔或很少参与	4
完成分工任务情况	按要求完成分工任务	基本能完成分工任务	部分完成分工任务	很少完成分工任务	4
小组合作沟通情况	沟通充分、合作积极主动	能较好地与组员沟通合作	能与组员沟通，但不主动	偶尔或很少与组员沟通合作	4
遇到困难的态度及解决情况	不畏难，主动寻求帮助，认真思考解决	面对困难不放弃，能寻求同伴或老师的帮助	面对困难态度犹豫，有时会寻求帮助	很少寻求帮助，面对困难害怕或放弃解决	4

说明：Y同学数学理解能力很强，空间感好，在项目完成过程中，表现出非常积极主动的态度，头脑风暴确定方案，实地测量计算，网上资料查询，设计稿完成，在组织同伴合作与汇报等方面都完成得非常出色。虽然该小组设计最终并未被选中得以建造，但Y同学个人在整个项目活动完成过程中的表现可圈可点。

2. 活动成效评价

活动成效评价表

活动主题		我为校园添一景——创意几何空间设计			
活动评价	活动1 分组及头脑风暴讨论	活动效果	☐很好 ☑较好	☐一般	☐需改进
	活动2 校园勘察	活动效果	☐很好 ☑较好	☐一般	☐需改进
	活动3 讨论及形成设计概念	活动效果	☑很好 ☐较好	☐一般	☐需改进
	活动4 绘制平面设计及三维设计图	活动效果	☑很好 ☐较好	☐一般	☐需改进
	活动5 展示与交流	活动效果	☑很好 ☐较好	☐一般	☐需改进
	活动6 班级讨论与总结	活动效果	☑很好 ☐较好	☐一般	☐需改进
活动反思	LPX,WX,WSY三位同学的小组在本项目活动完成中总体表现优秀。小组同学在第一、第二环节中表现较好,各成员对设计主题和地址选定有不同意见,一开始也未达成一致,但小组分工合作很好,组员沟通流畅,在后续环节中呈现出越来越好的状态。最终在设计概念确定、平面图绘制、电脑三维图制作、展示交流等环节都完成得很好。在班级讨论中,该组成员也表示项目活动完成中每个人的收获都很大				

3. 作品成果评价

项目活动的结果即作业呈现或作品成果评价——主要用于评价学生完成的设计报告,以了解各小组能否运用不同学科知识技能解决设计中遇到的问题,同时考察小组成员对这些学科知识的掌握情况。

设计作业完成与呈现评价标准(评委用)

活动主题	我为校园添一景——创意几何空间设计			
内容 ＼ 分值	4	3	2	1
设计名称及涵义、选址	有确定名称、涵义清晰、选址明确	有名称、有选址、但涵义不清晰	名称、选址、涵义不完全	仅有名称,对其涵义和选址没有明确
占地面积与建筑面积	运用数学方法分别计算大约占地面积与建筑面积	计算占地与建筑面积,但步骤不清晰,数据不够准确	仅估算占地面积,实际建筑面积计算不准确	未能运用数学方法计算占地面积与建筑面积
平面设计图与三维立体图	有完整的平面设计图与三维立体图,图示清晰	有平面图和立体图,但图示不清晰	有平面图或立体图,但尚未全部完成,图示不清晰	仅完成一个图形,且图示不清晰,或未完成任务
用材与造价计算	有明确材质选择及原因,科学计算建筑造价	选材分析不够清晰,建筑造价计算不完全	没有选材分析,建筑造价计算不完全	没有明确选材及原因,建筑造价计算缺失较多
分享展示报告	报告陈述清晰、图文并茂、组员分工配合良好	能完成展示报告陈述,组员有分工配合	报告陈述不完整,小组分工不清晰	报告陈述不清晰或未完成,没有呈现小组分工

设计作业完成与呈现评价标准(评委用,考察项目小组)

第_____小组	设计主题:		总得分:	
分值 展示内容	4	3	2	1
设计名称及涵义、选址				
占地面积与建筑面积				
平面设计图与三维立体图				
用材与造价计算				
分享展示报告				

活动参与及完成自评反馈单(学生自评用)

几何空间项目活动参与及完成情况自评表

姓名: 参与设计项目主题:

本小组成员人数和姓名:

本人在设计任务中主要承担的任务是:

请你对本人在创意几何空间设计任务中参与小组讨论情况、任务完成情况、与其他组员的沟通与合作情况以及是否遇到困难及解决困难的情况进行小结和反馈。

参与本次设计活动你在哪些方面取得了进步?

你对本小组的空间设计任务完成是否满意?你认为在哪些方面还可以改进?

你对自己在项目活动中的总体表现满意吗?

八、教学思考

1. 理念

2022年版新课标中对课程实施的教学建议中明确提出"要强化情境设计与问题提出,要注重发挥情境设计与问题提出对学生主动参与教学活动的促进作用","我为校园添一景——创意几何空间设计"这一学习项目活动并非教学计划中事先安排或预设的,而是由班级学生想设计一份"留给学校的礼物"这一真实需要引发的。在合理引导与师生共同讨论过程中,它逐渐演变成基于真实任务的项目化学习。由于学习者本身有着较高的兴趣和好奇心的引导,所以项目实施过程中学生表现出较好的主观能动性,对已有知识经验的运用以及跨学科、新知识或技能的学习都能比较积极认真地参与。项目启动印证了"使

'设计'有教育价值必备的条件是：兴趣、内心感觉着活动的价值、提示问题以唤起新的好奇与求知的愿望"。

这一项目设计的目标主要是引导学生在完成"校园新景"的创意几何空间的过程中发现解决问题要考虑的各种要素，能运用数学的思维分析和解决问题，经历发现问题、提出问题、分析问题、解决问题的过程，培养将学科知识应用于现实的意识，学生的核心素养是在项目实施过程中逐步发展的。这与2022年版新课标的要求也是相匹配的。

2. 实施

"我为校园添一景——创意几何空间设计"是一个长周期的设计项目活动，在实施过程中涵盖的环节比较多，甚至会经历"设计推翻、重新来过"的场面，而且需要其他学科老师的支持与配合，所以项目实施中要采取课内、课外结合的方式进行。

在具体实施中，我们每周从数学课中拿出了一节用于讨论、设计或撰写材料，同时跟信息技术老师沟通，指导学生在课内运用 Sketch Up 软件对项目作三维动画设计，美术课的老师也对学生的平面设计给予了指导。整个项目历时2个多月，课内课外总用时约在10—12节课（具体见活动设计表），很多任务也是各组学生利用课余时间自己完成的。

由于学生兴趣与能力的差异，在小组合作过程中，可能会遇到组员意见不一、任务分工不均、缺乏设计能力等各种问题，这些问题可能会使学生失去动力，此时老师需要关注如何引导、鼓励与保持学生的积极性。

3. 特色

在提出空间设计创意时，学生正好学习数学中"正多边形"的内容，包括正多边形的概念、正多边形与圆的关系、正多边形的中心对称性、正多边形的面积计算等内容。虽然在整个设计过程中，学生需要运用的数学计算并不多，但通过运用数学思维、数学与信息技术相关的能力来综合分析和解决问题，对于提升他们"用数学思维解决现实世界问题"的核心素养是十分重要的。学生需要分工合作、实地测量、绘制平面图和三维图、论证预算与可行性等过程，这些过程将促进他们逐步培养"用数学思维思考现实世界"的核心素养。同时，把现实设计问题化为数学问题，又与其他学科结合运用解决问题的过程，也是学生逐步培养"用数学语言表达现实世界"素养的过程。整个项目可以比较完整地体现学生"用数学思考""用数学解决""用数学表达"的学习过程。

4. 收获

在整个项目完成过程中，班级学生除了运用多边形或圆的面积计算占地面积和建筑面积外，还实地勘察测量了校园内多处场地和周围环境，到学校医务室查看学生体检数据，计算了在校一年级学生的平均身高，上网查询了至少5种绿植的生长特点、习性和零售或批发价格，学习了 Sketch Up 画图工具的使用，学习了在公共场合下展示作品、发表演讲需要注意的技巧等。小组内部还需要多次对设计的思路和方案进行讨论以达成共识。

通过项目学习，学生对模型有了较深的认识，知道可以从现实生活中抽象出具体问题，并通过模型设计和跨学科学习来解决问题。另外，学生在与他人合作交流解决问题的过程中发展了准确表达自己观点的能力,培养了理解他人观点和方法、尊重他人的素养品质。同时,学生在说服他人或评价其他小组作品时,能学会反思并培养批判性思维和创新意识。由于这个项目最终将在校内落地建造,学生在这个过程中也培养了"我为学校建设出点子""把学校建设得更好"的主人翁精神。

5. 思考

设计也会有盲区。该项目最终要实地落地建造,但老师和学生缺乏相关经验,所以在实际建造中发现尽管项目设计周密考虑了面积、材质、通道地面等方面的预算,但这只是完美呈现了地面上"看得见"的部分,而地面以下"看不见"的排水系统,则完全是项目设计的盲区。实际的项目施工方和设计师弥补了这一缺陷,最终的造价与当初的预算也有较大出入。这一设计的盲区恰恰说明"做"才是"学"的检验,现实生活能教会我们书本中没有的知识,地面以下"看不见"的排水系统对学生和老师无疑又是一个新的探究问题。

教师作用有变化。在项目学习中,教师的一些固有的教学观念和教师角色要及时转化,教师不再是站在讲台上侃侃而谈的说教者,更多的时候教师的作用在于引导和提供启发。在项目启动前,教师最初以为仅仅需要提供时间和空间并指导学生运用数学知识完成一些富有数学元素的设计。然而,随着项目的展开,教师发现任务、过程、结果都是开放的,学生遇到的问题可能是数学问题,也可能不是。教师无法预判各组学生最终呈现的作品,更无法确定哪一个小组的设计会被选出真正落地建造。在这种情况下,教师对学生的学习是没有控制权的,教师能做的就是引导和帮助,倾听他们的想法,引导学生从不同的角度思考问题,在遇到困难时给予鼓励,共同探讨解决问题的办法,陪伴着学生在整个过程中成长。

学习效果看得见。真实的生活往往蕴藏着取之不尽用之不竭的教学资源,贴近学生真实想法的问题能激发出巨大的学习动力和热情。由于本项目来源于学生自身的真实想法,在整个项目学习过程中,虽然有时个别小组或个别学生也会出现疲惫、倦怠甚至退缩,但学生们想到自己的设计有可能变成现实,学校的物理空间可能呈现他们的想法与创意,他们总体表现出来的学习动力是很大的。最终,这个项目在校内得以建成,成为校园新景,成为校内千余师生津津乐道的学习项目。这个成功的例子充分说明,这是一个从数学课上启动的、多学科参与的、信息技术支持与教育理念呵护下开展的有效的学习过程。

（童晓虹　上海宋庆龄学校）

案例 7:时间的故事

一、主题概述

1. 背景

小学数学统计的学习内容包括数据分类、收集、整理与表达。在当前小学阶段数学学习中,由于统计内容所占篇幅较小(沪教版一至五年级数学教材共计 60 个单元,统计占 4 个单元,占比约 7%),学生易忽略统计知识且重视程度低,教师也多以讲授方式为主,关注做题技能大于实际应用。这样的"学"与"教"都忽视了统计学习与现实生活的联系,不利于学生数学核心素养的发展,也不符合新课程标准对学生数学学习的要求。

2022 年新颁布的义务教育阶段的课程标准对数学课程的学习提出了新理念和新要求,因此我们以统计知识为载体,开展综合与实践活动的探索,将课本上的知识还原到真实的场景中,给学生提供一个分析、解决真实问题的情境,在活动中应用知识,增进对知识的理解,体会数学的学习价值。

2. 任务

基于学生已有统计知识基础及沪教版五年级第一学期第三单元统计知识的内容,开展"时间的故事"项目化学习,以解决"如何运用统计知识(平均数)分析一日作息情况"这个核心任务。通过项目开展前的随机采访,师生共同引出驱动型问题:小学生每天课后作业也不多,却总感觉时间不够用;妈妈是"全职太太",不工作但一刻都不停歇……时间都去哪儿了? 你能用数学的方法找到答案,并对已有的作息做出合理建议吗? 在驱动型问题的引导下,学生将经历三大学习阶段:课堂知识回顾与收集数据(确定收集工具、调研对象及样本代表性、数据收集过程),数据整理与分析(平均数的学习与实践应用),数据推断、呈现与表达(完成小报和微报告)。

通过本项目化学习,希望学生能够从数学视角运用统计知识分析自己或他人一日、一周甚至一年的作息时间情况;在从感知生活里的"时间"到表达统计里的"时间"学习过程中,培养学生的数据意识和应用意识;在数据分析与推论过程中,能够基于证据提供合理建议,并形成积极的情感、态度、价值观。

3. 适用对象

义务教育阶段五年级学生。

二、内容说明

1. 知识

"时间的故事"是五年级数学统计活动,基于学生已具备的统计知识和生活经验积累,以沪教版五年级第一学期第三单元"统计"为核心知识,以数学核心素养为视角,以统计内容为依托,以数学活动为手段,以情感态度为动力,在真实情境中开展"时间的故事"数学统计活动。

纵向来看,"时间的故事"包含了一至五年级的统计课程内容:

一年级教材中没有明确把"统计"划分成一个独立的单元,但是也逐渐渗透了统计的思想。通过分一分、数一数,学生学会分类计数生活中的事物,学习收集数据,初步经历分类计数的过程。二年级第一学期第三单元"统计",学生对事物进行分类计数,认识形象化的统计图,认识单式条形统计图。三年级第二学期第三单元"统计",学生继续学习条形统计图,会联系生活实际进行简单的统计分析,并作出判断。四年级第二学期第三单元"统计",学生认识折线统计图,知道与条形统计图的不同之处,可以根据数据进行合理推测。五年级第一学期第三单元"统计",学生认识平均数,并学习平均数的计算,会解答简单的平均数实际问题。

各年级关于统计知识的学习内容归纳表

学习内容		学习水平	对应年级
分类计数	常见事物的简单分类	B	一年级
	数据的收集与整理	B	二年级
统计图表	统计表	B	二年级
	条形统计图	B	二、三年级
	折线统计图	B	四年级
	利用数据作出判断	C	三、四年级
	*用计算机绘制统计图	/	/
平均数	平均数	B	五年级
	用平均数解决简单的实际问题	C	五年级
简单的调查统计	*数据收集、描述的综合运用		

来源:上海市小学数学学科教学基本要求(实验本)

2. 工具

(1)实践活动设计流程图:

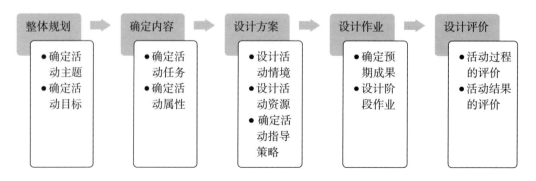

（2）活动规划：

活动单元规划表

活动主题	时间的故事						
活动属性	☐主题学习　✓项目化学习　☐跨学科　✓长周期						
预期成果	1. 分析自己的作息安排，并学会合理调节； 2. 用数学统计知识制作一份"时间的故事"小报； 3. 根据自己的调查、计算、分析，撰写一份"时间的故事"报告，并和同伴分享						
任务清单	任务1	任务2			任务3		
任务名称	活动准备	知识与技能的构建			探究与形成成果		
活动分解	活动1	活动2	活动3	活动4	活动5	活动6	活动7
活动内容	随机采访，引出问题	了解、统计一天作息时间	用数学的方法计算、呈现时间的去向	分析结果，学会合理调整、规划作息	撰写报告，与同伴分享所学、所获、所感	制作图表小报，进行一次"时间的故事"小报展	进行一场"时间的故事"微报告
活动空间	☐课内 ✓课外	☐课内 ✓课外	✓课内 ☐课外	✓课内 ☐课外	✓课内 ☐课外	☐课内 ✓课外	✓课内 ☐课外
课时划分	1课时	1课时	1课时	1课时	1课时	1课时	1课时

（3）评价量表：

活动过程观察评价表（学生个体）

活动主题	时间的故事				
学生姓名		评价结果	☐很好　☐较好　☐一般　☐需改进		
分值　活动表现	4分	3分	2分	1分	得分
活动讨论参与情况	每次讨论都积极参与	大部分时间积极参与	时常参与	偶尔或很少参与	
完成分工任务情况	按要求完成分工任务	基本能完成分工任务	部分完成分工任务	很少完成分工任务	
小组合作沟通情况	沟通充分、合作积极主动	能较好地与组员沟通合作	能与组员沟通，但不主动	偶尔或很少与组员沟通合作	
遇到困难的态度及解决情况	不畏难，主动寻求帮助，认真思考解决	面对困难不放弃，能寻求同伴或老师的帮助	面对困难态度犹豫，有时会寻求帮助	很少寻求帮助，面对困难害怕或放弃解决	

活动成效评价表

活动主题			时间的故事					
活动评价	活动1	随机采访,引出问题	活动效果	☐很好	☐较好	☐一般	☐需改进	
	活动2	了解、统计一天作息时间	活动效果	☐很好	☐较好	☐一般	☐需改进	
	活动3	用数学的方法计算、呈现时间的去向	活动效果	☐很好	☐较好	☐一般	☐需改进	
	活动4	分析结果,学会合理调整、规划作息	活动效果	☐很好	☐较好	☐一般	☐需改进	
	活动5	撰写报告,与同伴分享所学、所获、所感	活动效果	☐很好	☐较好	☐一般	☐需改进	
	活动6	制作图表小报,进行一次"时间的故事"小报展	活动效果	☐很好	☐较好	☐一般	☐需改进	
	活动7	进行一场"时间的故事"微报告	活动效果	☐很好	☐较好	☐一般	☐需改进	
活动反思								

3. 方法

活动方式设计表

主题		时间的故事		
序号	活动方式		用途	说明
1	☐实验操作 ☐探究规律 ☐调查统计 ☐设计制作 ☐数学建模 ☐主题阅读 ☐论文报告 ☑其他采访		随机采访,引出问题	前期调查,搜集汇总数据,以头脑风暴的形式提出问题,确定研究任务
2	☐实验操作 ☐探究规律 ☑调查统计 ☑设计制作 ☐数学建模 ☐主题阅读 ☐论文报告 ☐其他____		了解、统计一天作息时间	根据已有的统计知识,设计一张调查表,开发收集数据的工具,并收集数据
3	☐实验操作 ☐探究规律 ☐调查统计 ☐设计制作 ☑数学建模 ☐主题阅读 ☐论文报告 ☐其他____		用数学的方法计算、呈现时间的去向	学习平均数的定义与算法,用平均数呈现一日作息情况

序号	活动方式	用途	说明
4	☐实验操作 ☑探究规律 ☐调查统计 ☐设计制作 ☐数学建模 ☐主题阅读 ☐论文报告 ☐其他____	分析结果,学会合理调整、规划作息	对数据进行分析,聚焦某个或多个统计项目,尝试调整作息
5	☐实验操作 ☐探究规律 ☐调查统计 ☐设计制作 ☐数学建模 ☐主题阅读 ☑论文报告 ☐其他____	撰写报告,与同伴分享所学、所获、所感	根据数据分析,对作息情况进行总结与推测,合作完成小组报告"时间的故事"
6	☐实验操作 ☐探究规律 ☐调查统计 ☑设计制作 ☐数学建模 ☐主题阅读 ☐论文报告 ☐其他____	制作图表小报,进行一次"时间的故事"小报展	对数据进行可视化处理,直观展示统计结果,并加上数据分析与推测
7	☐实验操作 ☐探究规律 ☐调查统计 ☐设计制作 ☐数学建模 ☐主题阅读 ☐论文报告 ☑其他微报告论坛	进行一场"时间的故事"微报告	从问题的提出、引发探究,到数据的收集、整理、计算、呈现,学生们都用数学的角度去观察了解现实世界

三、活动目标

（1）根据项目学习中的实际问题需要,经历数据收集、整理、呈现、分析的科学方法。进一步理解平均数的意义,会用平均数解决问题,形成初步的数据意识。

（2）能合理述说数据分析的结论,围绕时间的故事进行一场微报告,提升数学语言表达能力。

（3）在实际情境中发现和提出问题,运用统计的相关知识进行探究,逐步养成从数学角度观察现实世界的意识与习惯。

（4）通过整个数学活动,知道合理规划时间,树立珍惜时间的意识,学会感恩他人。

四、资源设计

主题		时间的故事		
序号	资源形式	资源名称	用途	使用说明
1	☑文本 ☐动画 ☐程序 ☐实物 ☐场地 ☐人力	纸质阅读材料,数学书本,网站链接	活动3: 用数学的方法计算、呈现时间的去向 活动5: 撰写报告,与同伴分享所学、所获、所感	学生从数学教材和文字资料上学习统计计算的方法,解决时间呈现的问题; 查阅老师提供的资料,学习撰写学习报告
2	☐文本 ☐动画 ☑程序 ☐实物 ☐场地 ☐人力	Excel 软件,PPT软件,制图软件	活动4: 分析结果,学会合理调整、规划信息; 活动6: 制作图表小报,进行一次"时间的故事"小报展; 活动7: 进行一场"时间的故事"微报告	分析收集的数据,并利用软件制作成图表的形式,直观展示分析结果,并利用 PPT 等软件辅助学生展示、汇报学习成果
3	☐文本 ☐动画 ☐程序 ☑实物 ☐场地 ☐人力	调查的结果,访谈的实录	活动1: 随机采访,引出问题	学生在讨论调查结果、分享访谈情况时,发现时间的去向不明,引发思考
4	☐文本 ☐动画 ☐程序 ☐实物 ☑场地 ☐人力	报告厅	活动7: 进行一场"时间的故事"微报告	为学生汇报学习成果提供场地
5	☐文本 ☐动画 ☐程序 ☐实物 ☐场地 ☑人力	信息技术人员	活动7: 进行一场"时间的故事"微报告	为学生活动提供技术支持

五、活动设计

1. 创设情境,明确目的

在活动启动前,五年级学生在校园中随机对十位来自各个年级的同学进行了采访,调查他们的作息安排,及对现有作息安排情况的满意度。无论是高年级还是低年级,无论学业成绩优秀还是后进生,都面临一个共同的问题:每天的学习生活很忙碌,可供自由支配的时间却很少。随后五年级学生又对各学科老师和班主任进行了访问,了解学生在校学业任务及课后作业的布置情况,主课老师表示积极落实双减政策,严格控制作业量;班主任也表示低年级学生没有回家作业,高年级学生的作业总量控制在 1 小时以内。

在呈现调查结果后,师生一同讨论同学们的共同疑惑——"时间都去哪儿了?"。在分享好点子的同时,同学们也提出了一些困惑。例如:每个同学每天的作息不可能完全一致,那该怎么调查? 每个小组都有好几个成员,怎么确定调查对象? 调查完一定会有大量数据,怎样选择和呈现……这些问题也激发了学生继续学习、探究本项目的兴趣,形成对数学的好奇心与想象力,力求通过这个项目学习解决自己困惑,并合理规划自己的作息。

2. 分解任务,制定流程

任务清单表

序号	任务名称	活动名称	活动空间	活动形式	课时
1	活动准备	随机采访,引出问题	课外	小组合作	1
2	数据采集	了解、统计一天作息	课内	班级讨论	1
3	数据处理	用数学的方法计算、呈现时间的去向	课内	班级讨论、小组合作	1
4	数据分析	分析结果,学会合理调整、规划作息	课内	小组合作、师生互动	1
5	数据呈现	撰写报告,与同伴分享所学所获所感	课内	小组合作	1
6	展示成果	制作图表小报,进行一次"时间的故事"小报展	课外	小报展示	1
7	汇报交流	进行一场"时间的故事"微报告	课外	小组汇报	1

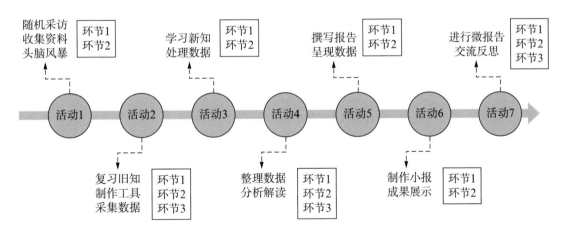

活动流程图

3. 开展活动,实践探究

活动 1:活动准备

环节	学习任务	学生活动	教师组织	活动意图
环节 1	以小组为单位,在校园内随机采访同学,收集、整理学生的作息安排数据	随机采访同学,收集大家对时间安排的数据和感想	1. 指导学生设计合理的采访问卷; 2. 引导学生对收集的数据进行初步分类汇总	学生能够从真实的情境中出发,用数学的眼光看待生活中的问题,并进一步思考
环节 2	向其他小组展示自己的调查结果,并交流、讨论,引发质疑	小组间对调查结果进行交流,对比被采访人的预期结果和实际作息安排,引发思考,提出问题	1. 组织学生有序汇报调查结果; 2. 引导学生展开头脑风暴,思考“时间都去哪儿了?”这个问题	学生能够从讨论中聚焦问题,促进对问题的理解,思考解决方案

活动 2:数据采集

环节	学习任务	学生活动	教师组织	活动意图
环节 1	上一堂数学课,复习已有知识	复习已掌握的数学知识,最终聚焦“统计”,一起复习回顾了一至四年级学习的统计知识	梳理一至四年级的统计知识,帮助学生复习、巩固	发现统计可以帮助解决生活中的实际问题
环节 2	开发数据收集的工具,制作一张统计表	学生回顾统计知识后,共同设计一张“一日作息调查表”,作为收集数据的工具	引导学生参考课程表和大队部之前发的寒暑假作息表,设计统计表	实践统计知识,感受一张科学合理的统计表的重要性
环节 3	运用统计表,收集数据	学生根据各自小组确定的对象和范围进行调查后,进行数据收集并加以整理	帮助、引导学生解决实际操作中遇到的问题	体悟收集数据的过程

活动 3:数据处理

环节	学习任务	学生活动	教师组织	活动意图
环节 1	认识平均数,学习计算平均数的办法	学生面对收集来的大量数据,提出了“那该用什么数学方法来处理收集到的大量数据? 又该用什么数学语言来简洁表述?”的问题,并进行探究	引领学生认识“平均数”,了解平均数的意义,学习平均数的算法	通过数学课堂的学习,学生初步了解平均数的概念,能解决简单的平均数实际问题,并知道可以使用部分的平均数来推测全体的情况
环节 2	走进情境,解决实际问题	根据课堂上掌握的平均数知识和计算方法,学生尝试解决在“时间的故事”项目化学习中遇到的问题,用“平均数”呈现一天的时间分布	1. 组织学生顺利展开小组活动; 2. 引导学生合理、正确处理数据	通过比较不同小组设计的统计表,了解不同调查对象,计算平均数时所用数据和个数都不同,深入理解“平均数等于一组数据的总和除以这组数据的个数”

活动 4:数据分析

环节	学习任务	学生活动	教师组织	活动意图
环节 1	观察数据,提取有价值的信息	对调查对象的一日作息进行了分类与整理,通过平均数的计算基本掌握了调查对象一日的作息时间分布	组织学生顺利展开小组活动,并适时提供帮助与指导	学生用数学的眼光去观察数据,发现抽象数据与现实世界的联系,用数学的思维去思考实际问题,进行逻辑推理与分析,尝试寻找"时间都去哪儿了?"的答案
环节 2	小组讨论,用"平均数"解读相关数据	每个小组对组内数据进行初步分析,聚焦某个或多个统计项目,尝试进行进一步数据分析	组织学生顺利展开小组活动,并适时提供帮助与指导	对比不同小组设计的统计表,知道调查对象不同,计算平均数时所用数据和个数都不同,深入理解"平均数等于一组数据的总和除以这组数据的个数"
环节 3	呈现数据,会用不同的形式表达并作判断	学生在进一步分析、比较数据后,为了使自己小组的结论更具说服力、更能清晰被感知,在完善统计表的同时使用统计图来呈现数据	若学生需要用到电脑,老师提供设备与技术支持	学生能够根据实际需求,正确选择合适的统计图来呈现数据。并根据统计结果,能做出相应的判断,知道影响"时间都去哪儿了?"的主要因素,尝试调整原有作息安排

活动 5:数据呈现

环节	学习任务	学生活动	教师组织	活动意图
环节 1	撰写报告,与同伴分享所学、所获、所感	1. 根据之前的数据分析,每个小组根据自己的推论与收获,发现自身作息时间中存在的问题; 2. 在尝试寻找"时间都去哪儿了?"的答案中,重新调整自己的作息,合作完成小组报告"时间的故事"	教授撰写报告的方法,提供参考的样板	重新梳理回顾本项目化学习的过程,记录自己的所感所获,感受统计在生活中的应用
环节 2	全班交流,为成果展示作准备	1. 班内交流学习报告; 2. 为其他小组打分; 3. 根据同学的评价进行修改	1. 组织学生参加并观看班级同学的报告; 2. 为每个小组提供意见与建议	各小组根据班级交流中获得的师生评价对报告进行调整

活动 6:成果展示

环节	学习任务	学生活动	教师组织	活动意图
环节 1	"时间的故事"小报展	1. 制作"时间的故事"小报; 2. 进行展示	组织学生观看并评价	作品发布
环节 2	活动评价	参观小报展,并对其他小组的小报进行评价	收集学生的评价表,为学生提供参考意见	对小报进行总结、反思

活动7：汇报交流

环节	学习任务	学生活动	教师组织	活动意图
环节1	"时间的故事"微报告	每个小组派代表汇报学习成果	1. 预定场地,设备调试; 2. 安排汇报小组的顺序	分享经验,从同伴的经验中完善自己的学习收获
环节2	各小组进行互评	各组完成互评	互评表准备及汇总	通过互评,发现自己小组的优缺点,进行反思
环节3	经验总结	得到经验,学会合理安排作息时间,学会感恩,知道自己的安逸生活离不开别人的帮助与付出	组织学生交流经验收获	解答活动准备时发现的问题,解决"时间都去哪儿了?"这一困惑

六、作业成果

1. 设计作业

活动	作业	要求	说明
活动1	随机采访记录	小组合作,在校园内随机采访同学,记录他们对自己作息时间的所思所想	通过随机调查收集真实有效的数据
活动2	设计一张统计表,并完成统计	根据调查对象的实际情况,设计符合调查要求的统计表,并用此表收集数据	实践已学统计知识,感悟合理设计统计表的重要性
活动3	用平均数处理、整理数据,完善统计表	理解平均数的概念,能熟练使用平均数的计算方法计算平均数,并处理、整理大量收集到的数据	体验平均数的意义,感受平均数在实际生活中的应用
活动4	根据统计表,进行数据分析	观察统计表,提取有价值的信息,并对此进行解读、分析、合理推测	进一步积累分析和处理数据的方法,发展统计观念
活动5	撰写"时间的故事"学习报告	根据数据分析,发现自身作息时间中存在的问题。小组合作尝试寻找"时间都去哪儿了?"的答案,重新调整自己的作息,合作完成小组报告"时间的故事"	通过数据分析和推测,发现问题并尝试解决问题
活动6	制作"时间的故事"小报	根据撰写的学习报告,制作小报,更清晰直观地展示学习成果	学会用图表的形式呈现学习成果
活动7	准备"时间的故事"微报告的PPT与讲稿	微报告需全面展示小组学习的整个过程与收获,从问题的提出、引发探究到数据的收集、整理、计算、呈现,以及最后的结论与反思	学生们都用数学的角度去观察现实世界,并理解这些数据的意义与价值,用数据的分析结果解释"时间都去哪儿了?"并提出解决方案

2. 作业示例

【案例1】 "时间的故事"小报展

每个小组根据自己的统计结果制作了"时间的故事"小报。每组根据统计的数据进行分析、整理后,进行可视化处理,绘制了条形统计图和折线统计图,更直观展示了他们的统计结果,并加上数据分析与推测,尝试告知同学们,自己的时间到底去哪里了,为之后的微报告造势、预热。

【案例2】 "时间的故事"微报告

在大家的好奇与期待下,学生对小学部高年级(4—5年级)所有同学进行了一场"时间的故事——做时间的小主人"微报告会,每个小组或派代表或全员齐上阵,给台下的小观众们介绍了自己小组的"时间的故事"。

从问题的提出、引发探究到数据的收集、整理、计算、呈现,学生们都从数学的角度去观察了现实世界。在微报告中把数据与实际情境相结合,帮助观众理解这些数据的意义与价值,用数据的分析结果解释"时间都去哪儿了?",并通过平均数的计算去预测之后可能会产生的不确定现象,形成合理的推断,并提出解决方案。通过小组的微报告,学生直观感知家人对于自己成长的帮助与付出,学会感恩。同时,也号召大家要合理制定作息时间表,树立珍惜时间的意识,做时间的小主人。

七、评价方案

义务教育数学课程标准明确指出:"评价的主要目的是为了全面了解学生的数学学习历程,激励学生的学习和改进教师的教学。"因此,在本项目中评价贯穿了整个活动的各个环节。在课堂教学、统计表设计、数据收集、整理、计算阶段,数学教师会轮流在每个小组中进行指导与点评,不断给予学生反馈,及时帮助学生了解自己的学习情况。在学生遇到问题时,教师不断给予引导、帮助他们修正,推动学生自主探究、学习新知、解决问题。学生也会根据教师提供的评价表对自身和同伴的表现进行评价。

1. 活动过程评价

活动过程观察评价表(学生个体)

活动主题	时间的故事				
学生姓名	×同学	评价结果	✓很好 □较好 □一般 □需改进		
分值＼活动表现	4分	3分	2分	1分	得分
活动讨论参与情况	每次讨论都积极参与	大部分时间积极参与	时常参与	偶尔或很少参与	4
完成分工任务情况	按要求完成分工任务	基本能完成分工任务	部分完成分工任务	很少完成分工任务	3
小组合作沟通情况	沟通充分、合作积极主动	能较好地与组员沟通合作	能与组员沟通,但不主动	偶尔或很少与组员沟通合作	4
遇到困难的态度及解决情况	不畏难,主动寻求帮助,认真思考解决	面对困难不放弃,能寻求同伴或老师的帮助	面对困难态度犹豫,有时会寻求帮助	很少寻求帮助,面对困难害怕或放弃解决	3

以上是第一小组的学生互评表,小组成员对第一小组的组长在整个项目学习过程中的表现进行了评价。作为该小组的组长,他每次都积极参与小组讨论,能够起到组织小组活动、调动小组成员积极性的作用。但是在完成分工任务时不够细致,有拖拉的情况出现,有时需要组员和教师的提醒,帮助他一起解决困难,完成任务。

2. 活动成效评价

活动效果评价表

活动主题				时间的故事				
活动评价	活动1	随机采访,引出问题	活动效果	☑很好	☐较好	☐一般	☐需改进	
	活动2	了解、统计一天作息	活动效果	☑很好	☐较好	☐一般	☐需改进	
	活动3	用数学的方法计算、呈现时间的去向	活动效果	☑很好	☐较好	☐一般	☐需改进	
	活动4	分析结果,学会合理调整、规划作息	活动效果	☐很好	☑较好	☐一般	☐需改进	
	活动5	撰写报告,与同伴分享所学所获所感	活动效果	☑很好	☐较好	☐一般	☐需改进	
	活动6	制作图表小报,进行一次"时间的故事"小报展	活动效果	☑很好	☐较好	☐一般	☐需改进	
	活动7	进行一场"时间的故事"微报告	活动效果	☑很好	☐较好	☐一般	☐需改进	
活动反思	在本次活动中,我的收获是:"时间是有限的,我们要认真对待每一秒!"我的感想是:"时间把我们和家人的关系拉近了,让我们知道了家人在背后默默付出的艰辛,偶尔也会觉得他们的付出是应该的,可却没有想过他们所承受的压力和负担。爸爸妈妈,你们辛苦了!"但我希望演讲的人不要笑场,毕竟算出来是个惊人的数字,这是挺可怕的一件事情,应该严肃点							

以上是第三小组的自评表。第三小组研究的对象是各自的妈妈,他们从前期随机采访开始,就分工明确,活动效果良好。设计了统计表,了解、统计了妈妈们一天的作息情况,并用平均数清晰呈现。在分析数据时虽然遇到了一些困难,把一些数据混淆了,但是经过老师的引导,他们能够及时更正,并对此进行反思,撰写学习报告,并在之后的微报告中与同学们分享了自己组的所获、所感。

3. 作品成果评价

(1)活动小报评价:

评价细则	等级标准				得星数
	优秀(5星)	良好(4星)	合格(3星)	需努力(2星分)	
整体要求	完全符合	较符合	基本符合	不太符合	5星
内容选择	具备创新性、丰富性、科学性、知识性	具备丰富性、科学性、知识性	较具备丰富性、科学性、知识性	丰富性、科学性或知识性方面有欠缺	4星
内容结构	逻辑清晰，内容完整	逻辑较为清晰、内容完整	较完整	不太清晰、完整	4星
小报设计	创意美观	较有创意，较美观	较美观	美观上有欠缺	5星
图表制作	科学合理且正确	较科学合理且正确	正确	不正确	3星
版面书写	工整活泼有设计感	工整活泼	工整	有些凌乱	5星
整体印象	优秀	良好	合格	需努力	5星
评价人：×同学			总星数：31星		

以上是活动小报的评价表。某同学对第二小组"忙碌的家长们"的小报进行了评价,从整体要求、内容选择、内容结构等方面进行了打分。从表格中的分数可以看出,该同学对第二小组的小报整体印象很不错,认为小报设计非常符合要求,但对图表提出了更高的要求,希望能用更规范的统计图表来呈现统计结果,使小报更有统计的味道。

（2）微报告评价：

评价细则	等级标准				得星数
	优秀(5星)	良好(4星)	合格(3星)	需努力(2星分)	
数据统计合理、计算正确	完全符合	较符合	基本符合	不太符合	4星
根据数据提出有效的建议或观点	完全符合	较符合	基本符合	不太符合	3星
报告数据呈现清晰,口头表达合理	完全符合	较符合	基本符合	不太符合	3星
整体印象	优秀	良好	合格	需努力	4星
评价人：×同学			总星数：14星		

"时间的故事——做时间的小主人"微报告会,每个小组介绍了自己小组的"时间的故事"。在过程中每位观众都会有一张评价表,对各个小组的汇报从结构、建议、表达等方面进行打分。以上是某位同学对其他小组微报告的评价。从表格中的得分情况可以看出,该同学认为汇报小组在数据分析方面还有待提高,数据的呈现和表达也不够清晰、合理,微报告还有改进的空间。

八、教学思考

1. 理念

经历"时间的故事"数学活动,无论是学生还是教师,都获得了丰富的经验。小学数学的统计主要涉及分类、计数、制表、制图、平均数计算、分析和推理等内容。这些内容分布在五个年级中,由浅入深,互相联系。原本的统计教学主要在课堂中进行,静态地呈现知识。而"时间的故事"把统计教学融入项目式学习,在遵循课标要求的基础上将小学统计知识的横向与纵向知识体系编织成一张网,通过问题链引导学生在发现问题、解决问题中学习新知,提升数学素养。

2. 特色

首先是数据调查表的迭代,从引导学生"一起做"到启发学生"自己做",学生不仅能根据事物的特征,按一定的标准进行分类,还能够重新制定自己的分类标准,依据新标准对事物分类。在这个过程中,学生们感知事物的共性和差异,形成初步的数据意识。

其次,基于实际情境,学生在讨论后设计的统计表类型具有多样性。这不仅考虑了真实生活中的调查对象及其样本代表性,也体现了学生思考的复杂性,从调查一人一天的时间作息到一人一周、多人一天、多人一周。由此引发的大量数据如何处理问题,也帮助学生自然地衔接到后续环节的学习,例如对平均数的认识、理解与运用。

最后,从问题的提出、引发探究到数据的收集、整理、计算、呈现,学生们用数学的角度去观察了现实世界。首先,在小报与微报告中,学生从真实的、直面生活的数据现象出发,而不是对统计后的数据类别进行逐一报告,如使用电子产品的时间、遐想时间、忙碌的家长们、爱运动的家长等。其次,学生通过结合数据与实际情境,用数据分析的结果解释"时间都去哪儿了?",帮助观众理解这些数据的意义与价值,直观感知家人对于自己成长的帮助与付出,学会感恩。此外,学生通过计算平均数来预测未来可能会产生的不确定现象,形成合理的判断,提出解决方案,呼吁大家要合理安排作息时间,树立珍惜时间的意识,成为时间的小主人。

3. 收获

经历了整个"时间的故事"数学统计项目学习活动,学生们有了不同方面的成长。

(1) 核心知识的理解:丰富学习体验,生动且有深度的学习自然而然发生了

时间无处不在,与学生的生活紧密相连,是学生再熟悉不过的生活情境。以此为情境,通过项目式的学习,学生能够在学习过程中,感知数学与生活的联系,了解统计的基础知识,感悟数据分析的过程,形成数据意识,逐步养成用数据说话的习惯。这也将为他们中学阶段的统计学习乃至整个数学学习奠定基础,为养成重证据、讲道理的科学态度打下基石。其次,学生在学习、实践、运用数学统计知识的同时,获得数学的活动经验,形成积极的情感、态度、价值观,这也有益于全面提升数学核心素养。

在学生的评价反馈中,学生收获良多。学生自主探究的意识与能力更强了,小组合作学习的效率更高了,在阐述数学问题时也更有数据意识。这是因为在整个项目化学习中,学生带着明确的学习任务与待解决的问题,在层层相扣的学习环节中,学生的学习与效果自然而然发生了,在成果展示背后体现的是数学统计课程与数学活动相结合、数学活动与学生的生活相融合状态。

（2）真实问题解决：生活里的"时间"与统计里的"时间"得到了融合

相比于传统的平均数授课模式，学生或许能够从知识层面牢牢掌握平均数的概念、计算方式和意义等，能说出不少自己生活情境中看到的"平均数"例子，但"平均数"还停留在想象中的实际生活中，没有一个很好的机会用"平均数"解决自己或他人的真实的问题。

在活动启动期间，学生就通过对不同年级学生以及相应教师等群体的随机调查，发现身边的"时间问题"。围绕其真实生活情境中的"时间困扰"，学生从数学视角调查、了解与分析自己或同伴的一天，甚至是学校场景之外其他人的一天。在项目化学习过程中，学生需要关联与使用过去学习到的统计学知识，从简单的分类计数着手，收集数据，处理数据，提取有价值的数据信息，进行有主题的数据报告，而不是将所有数据全面地一一报告。这期间，学生每一环节都会经历选择、分析、判断、下结论等思维上的"挣扎"，背后倚靠的是以平均数、统计图等为主的统计学相关知识的适时调取、运用与反思。

（3）学习心向：学习热情、课堂主动参与意识、能力的提升

在活动设计之前，学生对统计知识的认识存有差异，数学兴趣高的学生更关注做题技巧，数学能力一般或薄弱的学生认为统计知识枯燥、数据多且容易计算错误等。他们对于为什么要学习统计知识，如何运用统计数据改善我们的生活等，都很难感同身受。

在数学活动中，学生的这种学习热情、课堂主动参与意识不断被激发了，在真实情境中发现问题、解决问题，又在解决问题过程中发现新的问题。不管学生的数学兴趣、数学水平如何，所有学生都在不断使用数学语言参与、表达自己的观点，也能够在小组合作、组间展示与评价中找到自己的角色定位，或许是提供一个不同的数据解读视角、制作统计图表、写报告、做小组记录、设计小报等等。整个过程中，学生始终围绕平均数展开与延伸，最终又迁移到了学生个体作息时间安排的改善及其方案，学用结合，让学生的学科思维发生了微妙"变化"。这一活动引导学生不断探究数学统计知识，带领他们体会数学学习的乐趣，促进对知识深度的理解。

4. 思考

在"时间的故事"数学活动过程中，教师不断面临新问题的挑战，引发思考。一是，在面对个体差异较大的学生时，如何持续不断地激发所有人的学习兴趣，有针对性地给予后进生辅导，帮助他们跟上班级的学习节奏，也是教师不可忽略的问题。二是，数学活动的时间把控也是教师们遇到的挑战。一方面，教学进度的安排严丝合缝，留给每个单元的学习时间有限；另一方面，数学活动往往需要较长的时间周期，且在活动时会有一些生成性问题，导致超出教学进度安排的时间，打乱教学进度。如何平衡教学进度与数学活动的时间也是下一阶段教师需要思考的问题。

（郭梦娜　上海宋庆龄学校）

案例8:定向寻宝活动

1. 背景

从2011年至2022年的义务教育数学课程标准,小学数学课程都被划分为数与代数、空间与图形、统计与概率、实践与综合应用四个领域。在其中的"空间与图形"领域中,图形与几何是研究对象,主要研究图形的形状、大小与位置关系,内容包括图形的认识、测量、图形与变换、图形与位置。"东南西北"属于"空间与图形"领域的一个教学内容,在沪教版义务教育阶段数学课本二年级第二学期教材的第六单元,这一内容在2022版的义务教育新课标中具体要求为初步学习用东、南、西、北描述物体所在的方向。

"东南西北"这个主题的学习内容能紧密联系现实,能让学生感受到数学学习的意义。通过开展这个主题实践活动,给学生带来趣味和挑战的体验。因此,我们从有利于学生主动地进行观察、实验、猜测、验证、推理与交流等数学活动的角度出发,充分利用学生已有的生活经验,创设真实的问题情境和活动任务,激发学生的学习兴趣,引导学生积极思考、合作交流。通过这样的活动,学生能够在活动中运用知识、掌握方法,获得经验,体会数学思想,培育实践能力和创新精神,同时也能够发展直观想象和空间观念的核心素养。

2. 任务

以"东南西北"为知识载体的活动,可以让学生初步认识简易的地图,并能在地图上找到合适的路线。学生也会在活动中获得基本的方向概念,从而能够在实际生活中找到"东南西北",开展在真实情境中按照指定方向寻找实物等的简单游戏。

对于学有余力的同学,可以通过实际观察、设计,给同伴设计出有趣的"地图",结合感恩节日活动,进行"找彩蛋"活动,把数学活动和节日活动结合在一起,"乐中学、趣中学"。

3. 跨学科特征

学生在制作地图的过程中,会进行地图设计(美术),每个地图中有定点"彩蛋",彩蛋里有学科(美术、音乐、语文、英语)知识、制作感恩卡片等,各种学科结合在一起进行一次"有趣的旅行"。

4. 适用对象

学生在课堂里学习相关内容后,课后在校园里进行数学与实践的活动,有利于对课本知识进行及时的运用和拓展,所以这个活动适合二年级学生。

二年级学生对"方向"在认知上的要求是有一个初步的感知,不会对他们有"精益求精"的要求,在活动方面更希望学生可以有发散性思维,对自己的生活有美好的设想与勾勒。

二、内容说明

1. 知识

"东南西北"是沪教版义务教育阶段数学课本二年级第二学期教材的第六单元"几何小实践"的第一个教学内容。为什么要在这个单元里增加一个看似和后面"角、三角形、四边形的认识"无关的内容呢? 其实不无关系!

数学学科有独特的育人价值,我们要让学生学会用数学的眼光观察现实世界。什么是"数学眼光"呢? 其实对应的核心素养表现为抽象能力、直观想象和空间观念。这个活动就是化抽象位置关系为直观感受,让学生在可触及的、可见的现实生活中理解和运用数学知识解决问题,在活动中培育空间观念、模型观念、应用意识和创新意识。

课堂中先进行知识准备,让学生对"东南西北"的方向在简易地图上有一定的认识,并可以明确知道"从一个路口到下一个路口为一个路段";熟练掌握"上北下南左西右东"的口诀;从课本的口诀转化到生活中,认准生活中的"北"在哪里,并且可以在现实生活中运用课堂里学到的知识从而进行一些有趣的实践活动。

在学校里,将一定区域的地形图作一个简易的规划,将一个班学生分成2组,每组进行地图设计,另一组看懂地图后进行"寻宝",完成根据地图寻宝的任务。

2. 工具

(1)活动流程:

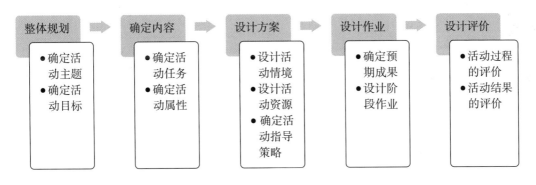

(2)活动规划:

活动单元规划表

活动主题	定向寻宝活动				
活动属性	☐ 主题学习　☑ 项目化学习　☑ 跨学科　☑ 长周期				
预期成果	1. 学生设计地图并进行展示; 2. 寻宝——完成地图中布置的任务				
任务清单	任务1	任务2	任务3	任务4	任务5
任务名称	选址	设计地图	设计"宝藏"图	布置场景	寻宝
活动分解	活动1	活动2	活动3	活动4	活动5

续表

活动内容	观察校园	制作地图	小组讨论藏宝的任务	在合适地点摆放任务	根据地图找到任务地点并完成任务
活动空间	☐课内 ☑课外	☑课内 ☐课外	☑课内 ☐课外	☐课内 ☑课外	☐课内 ☑课外
课时划分	1	1	2	1	1

（3）评价量表：

活动过程观察评价表（学生个体）

活动主题	定向寻宝活动			
学生姓名		评价结果	☐很好 ☐较好 ☐一般 ☐需改进	
分值 / 活动表现	4分	3分	2分	1分	得分
活动讨论参与情况	每次讨论都积极参与	大部分时间积极参与	时常参与	偶尔或很少参与	
完成分工任务情况	按要求完成分工任务	基本能完成分工任务	部分完成分工任务	很少完成分工任务	
小组合作沟通情况	沟通充分、合作积极主动	能较好地与组员沟通合作	能与组员沟通，但不主动	偶尔或很少与组员沟通合作	
遇到困难的态度及解决情况	不畏难，主动寻求帮助，认真思考解决	面对困难不放弃，能寻求同伴或老师的帮助	面对困难态度犹豫，有时会寻求帮助	很少寻求帮助，面对困难害怕或放弃解决	

活动成效评价表

活动主题		定向寻宝活动		
活动评价	活动1	选址	活动效果	☐很好 ☐较好 ☐一般 ☐需改进
	活动2	设计地图	活动效果	☐很好 ☐较好 ☐一般 ☐需改进
	活动3	设计"宝藏图"	活动效果	☐很好 ☐较好 ☐一般 ☐需改进
	活动4	布置场景	活动效果	☐很好 ☐较好 ☐一般 ☐需改进
	活动5	寻宝	活动效果	☐很好 ☐较好 ☐一般 ☐需改进
活动反思				

3. 方法

活动方式设计表

主题	定向寻宝活动		
序号	活动方式	用途	说明
1	☐实验操作　☑探究规律 ☐调查统计　☐设计制作 ☐数学建模　☐主题阅读 ☐论文报告　☐其他＿＿＿	活动1	学生通过实地勘察,找到合适的地点开展活动。有的方案偏向运动,那么就适合选择户外场地,有的方案更加静态,则适合选在室内
2	☑实验操作　☐探究规律 ☐调查统计　☑设计制作 ☐数学建模　☐主题阅读 ☐论文报告　☐其他＿＿＿	活动2、3、4	学生实际操作,把原先的设想赋予行动
3	☐实验操作　☐探究规律 ☐调查统计　☑设计制作 ☑数学建模　☐主题阅读 ☐论文报告　☐其他＿＿＿	活动5	学生通过审视地图,找到相应的宝藏地点并完成任务。在这个过程中,他们运用了课堂中学到的知识,初步感知方向意识、感受数学学科与其他学科的有机结合

三、活动目标

（1）理解规定方向的必要性,在地图中辨认"东南西北"四个方向,并能描述地图中物体的方位。

（2）将课本上的知识迁移到真实的问题情境中,能在现实情景中辨认"东南西北"四个方向,在活动中掌握在真实情境中辨别方向的方法。

（3）通过小组合作设计地图定向寻宝的活动,发展探究意识、合作精神和应用意识,体验成功的喜悦,在有效活动中发展直观想象、空间观念和推理意识。

四、资源设计

主题	定向寻宝活动			
序号	资源形式	资源名称	用途	使用说明
1	☐文本　☐动画 ☐程序　☑实物 ☐场地　☐人力	A4硬纸、彩笔、直尺、卡纸（小）、信封	学生在设计地图时用A4硬纸,可以做美化;彩蛋（信封）里写有需要完成的任务	书写必须清晰,信封上应该有显眼的标记,说明是活动所用

右上角：续表

序号	资源形式	资源名称	用途	使用说明
2	☐文本 ☐动画 ☐程序 ☐实物 ☑场地 ☐人力	教室	利用教室桌椅,将教室分为一个个小区域,根据地图所示,找到相应的桌子里的信封,根据信封里内容所示,得到完成信息	需要分清实际生活中的"东南西北",结合地图寻宝,如果找错方向将会得到无效信息
3	☐文本 ☐动画 ☐程序 ☐实物 ☑场地 ☐人力	操场	在教学楼里布置完成任务的场地,根据实际情况找到有宝藏的地方完成任务	需要分清实际生活中的"东南西北",结合地图寻宝,如果找错方向将会得到无效信息,那么将无法完成任务

五、活动设计

1. 创设情境,明确目的

情境:同学们喜欢在地图上畅游,在现实场景中却担心自己迷失方向,但是如果只是停留在纸上"找方向、画路线、数路段",那么就是纸上谈兵。

想不想练出在生活中也能很快确定"东南西北"的本领呢?

说明:创设实际情境,让学生把课本上的"本领"灵活运用在实际生活中,让学生充分体验生活中的数学带来的无穷乐趣。在活动的过程中,更清晰地认识到"东南西北"在实际生活中到底是哪个方向,明确生活中的"东南西北"。

2. 分解任务,制定流程

任务清单表

序号	任务名称	活动名称	活动空间	活动形式	课时
1	选址	观察校园	课外	调查统计	1
2	设计地图	制作地图	课内	设计制作	1
3	设计"宝藏"	小组讨论"宝藏"内容	课内	表达演示	2
4	布置场景	摆放任务卡	课内/课外	表达演示	1
5	寻宝	寻宝	课内/课外	主题阅读、表达演示、调查统计	1

活动流程图

3. 开展活动,实践探究

活动1:选址

环节	学习任务	学生活动	教师组织	活动意图
环节1	选择合适自己小组活动的地点	根据小组宝藏的类型勘察校园地点	根据全班学生提议后讨论确定的几个地点,带领学生前往勘察	让学生预估自己的设计活动的场景

活动2:设计地图

环节	学习任务	学生活动	教师组织	活动意图
环节1	完成一份"地图"	认准生活中的方向,决定几个有效的场景	找准中心位置,确定活动数量和活动类型	将课本知识结合实际操作

活动3:设计"宝藏"

环节	学习任务	学生活动	教师组织	活动意图
环节1	将"宝藏"要求写清,放置在信封里	每个宝藏内容表达清晰,并且知道应该置放于实际地点的某处	确认活动项目的准确性	增进学生团队意识

活动4:布置场景

环节	学习任务	学生活动	教师组织	活动意图
环节1	信封放置于合适的位置	在信封里放入任务条,根据实际方位合理置放信封	组织协调	增强学生自主能力,培养空间意识

活动5:寻宝

环节	学习任务	学生活动	教师组织	活动意图
环节1	寻找"宝藏"完成任务	根据地图找到准确的任务点并完成任务	组织协调	数学本领在实际生活中得以运用,以此增进学生之间的交流合作

六、作业成果

1. 设计作业

活动	作业	要求	说明
活动1、2	制定方案、制作地图	地图有修饰但是要简洁明了、准确无误	校园是我们熟悉的地方,但是此时的勘察和平时"在校园里行走是不一样的",是带着任务观察,把数学知识融入实际生活
活动3、4	活动设计	活动设计合理、可操作性强,保证安全性	

2. 作业示例

【示例1】 校园寻宝

C楼	篮球	网球

↑ 北

B楼	足球	小禾植物园

A楼	沙坑	翻斗乐

(1) 从 A 楼出发,路线:北↑,北↑,东→,东→,南↓,西←,到达:_____。
找到彩蛋并完成。

(2) 彩蛋共 10 个,完成一个彩蛋的任务就在地图的相应地方得到一张贴纸。

A、B、C 楼一楼分别有三个彩蛋,彩蛋内容如下:

【A 楼成语填空】人去( )空;花( )月圆;( )光明媚。

【B 楼算 24 点】① 1,2,3,4;② 4,4,10,10;③ 8,9,4,6。

【C 楼问答】母亲节是( )月( )日;请为你的妈妈设计一张感恩卡片;请唱一首有
"感谢"歌词的歌曲。

找到 9 个彩蛋后得到第 10 个彩蛋的信息。

(3) 最后一个彩蛋在沙坑:

① 从这里出发向北两个路段,完成 1 分钟拍球 100 个;

② 完成任务(母亲节快乐)。

【示例2】 室内信息搜索

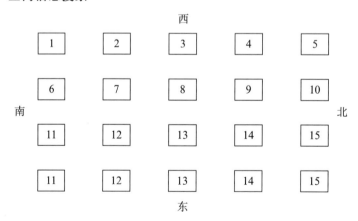

(1) 确定教室的方位;

(2) 从 1 号位出发,依次得到信息:

先向北 3 个位置——时间:4 月 1 日上午 8:35(4 号位);

再向东 2 个位置——地点:二(6)班教室(14 号位);

继续向南 1 个位置——事情:测验(13 号位);

最后再向西 2 个位置——请你设计一个有趣的数学游戏。(3 号位)

3. 评价

问卷星:

(1) 你喜欢这次活动吗?　　☆☆☆☆☆

(2) 这个活动对你认识东南西北有帮助吗?　　☆☆☆☆☆

(3) 你喜欢设计方案 1 吗?　　☆☆☆☆☆

(4) 你喜欢设计方案 2 吗?　　☆☆☆☆☆

七、评价方案

1. 活动过程评价

活动过程观察评价表(学生个体)

活动主题	定向寻宝活动				
学生姓名	小 M	评价结果	☑很好　□较好	□一般	□需改进
分值 / 活动表现	4 分	3 分	2 分	1 分	得分
活动讨论参与情况	每次讨论都积极参与	大部分时间积极参与	时常参与	偶尔或很少参与	4
完成分工任务情况	按要求完成分工任务	基本能完成分工任务	部分完成分工任务	很少完成分工任务	4
小组合作沟通情况	沟通充分、合作积极主动	能较好地与组员沟通合作	能与组员沟通,但不主动	偶尔或很少与组员沟通合作	4
遇到困难的态度及解决情况	不畏难,主动寻求帮助,认真思考解决	面对困难不放弃,能寻求同伴或老师的帮助	面对困难态度犹豫,有时会寻求帮助	很少寻求帮助,面对困难害怕或放弃解决	4

说明:小 M 在活动中积极参与,在小组中起到了至关重要的引领的作用。在"选址"上当机立断,当伙伴们出现意见不统一时,可以顾全大局,放弃自己原有方案,按照大多数同学赞同的方案实施,对于一个二年级的学生来说实属不易。

2. 活动成效评价

活动效果评价表

活动主题	定向寻宝活动						
活动评价	活动 1	选址	活动效果	☑很好	□较好	□一般	□需改进
	活动 2	设计地图	活动效果	☑很好	□较好	□一般	□需改进
	活动 3	设计"宝藏"图	活动效果	☑很好	□较好	□一般	□需改进
	活动 4	布置场景	活动效果	☑很好	□较好	□一般	□需改进
	活动 5	寻宝	活动效果	☑很好	□较好	□一般	□需改进
活动反思	略						

在此次活动的互评中,H同学获得了满分。当H同学个人的设计方案与组员的方案产生冲突时,他非常大度地暂缓了自己的方案,并积极响应了同伴的方案。在合作过程中,H同学全心投入,为小组提供了出色的地图设计方案,得到了同学们的肯定并最终获得了满分。

3. 作品成果评价

作品呈现包括地图部分和活动过程的整个感受。我们将通过问卷星的形式评价学生的感受部分。而对于地图部分,我们将让学生以小组形式讨论设计意图、设计思路和最终的地图呈现结果。

低年级学生评价方面偏向具体化、可视化,学生进行以下几个方面评价。

项目	评价
每位成员都有工作	☆ ☆ ☆ ☆ ☆
地图设计准确、设计精美	☆ ☆ ☆ ☆ ☆
活动设计合理有趣	☆ ☆ ☆ ☆ ☆
汇报清晰、言之有理	☆ ☆ ☆ ☆ ☆
您的建议	

学生进行互相评价的过程是我们这个活动中的重要环节。然而,评价的结果并不是最重要的,更重要的是让孩子们乐于参与,并在活动之后感受到其中的乐趣。

八、教学思考

1. 理念

《义务教育课程方案和课程标准(2022年版)》总目标的第二条指出:"体会数学知识之间、数学与其他学科之间、数学与生活之间的联系,在探索真实情境所蕴含的关系中,发现问题提出问题,运用数学和其他学科的知识与方法分析问题和解决问题。"

培养学生的问题解决能力是体现数学学科关键能力的重要目标之一,几乎所有国家和地区的数学课程标准都将其列为目标之一。2022年版新课标在原来课标的基础上有所发展。首先,注重在真实情境中探索;其次,注重运用数学和其他学科的知识与方法解决问题;最后,问题解决的过程有助于学生形成核心素养。

以课本中的知识为载体,结合实际生活,例如校园环境,开展主题学习或综合与实践活动,让学生在真实问题的情境中积极思考,勤于动手,发挥创造力,在分析问题和解决问题的过程中激发学习热情,培养研究意识,以及发展直观想象、空间观念和推理能力。

2. 实施

学生在课堂中学习课本内容后,通过小组讨论确定他们自己的活动方案和指导方向。对于小学二年级学生来说这是一个比较艰难的过程。统一思想就是一大难点,从选择活动地点到活动项目经过了几次激烈的讨论才能达成一致。活动的实施时间是 1 至 2 个课时,但讨论的过程一直延伸到放学后,这表明学生们的积极性得到了调动,这也是教师最希望看到的。

在实际的活动中,学生的能力远远超过预期。在组织方面,可以再邀请其他教师来协助,因为学生们设计的活动非常丰富,需要教师的协调。设计方案可以提前一周制定,这样可以有充分的时间进行修改,把活动设计成适合学生们自己组织的形式,活动效果会更好。

3. 特色

本次活动的设计灵感来自小学数学课本,主导思想来自课程标准。无论教师还是学生在实施的过程中都有理有据,结合我们独特的校园文化背景,学生们在校园里学数学、用数学。这样的活动既丰富了数学学习的体验,又增进了对校园的热爱,并且学生们在用自己喜欢的方式对同伴进行评价时,还加深了同学之间的友情。这样的活动充分完美地体现了学校"尊重理解每一个孩子"的教育理念。

4. 收获

这次的"定向寻宝"活动让学生自然地将数学的方位思想和其他学科相结合,通过实践体验了数学与其他学科之间的联系,并完成了一项"数学任务"。在校园里与同伴一起实施自己的计划,学生有机会体会"符号意识、运算能力、几何直观、空间观念、推理意识、数据意识、应用意识、创新意识"这几个关键的核心素养。

教师充分信任学生,放手让学生天马行空地设计,同时加以合理指导,让活动计划实施性更强。这不仅增进了师生的情感,更重要的是,把书本上的知识转变成学生的本领和生活技能。

5. 思考

这次的活动有趣且有教育意义,但是在实施过程中,我们面临着"如何控制学生们兴奋的情绪"以及"如何调动每个学生投入的积极性,让每个学生都愿意、敢于表达自己的想法"等方面的问题,同时在评价方面也需要思考,评价更正面、更具鼓励意义。

今后的活动中,我们可以尝试将学生分成更多的小组,提供更多的方案,同时将活动的时间拉长,与传统节日相结合,促进学生学习的连贯性和延续性。

（孙芸　上海宋庆龄学校）

案例9：今年运动会玩什么

1. 背景

学校每年的运动会都是学生们最喜欢的活动之一，尤其这几年的运动会都会根据每个年级学生的不同年龄特点进行不同的趣味运动项目，深得学生们的喜爱。每年运动会的项目虽然很多，但基本都是由体育组的老师们来决定，学生会发出这样的感叹："如果我来设计游戏，我想这么玩""不知道别的年级的学生都玩什么项目呢""大家都最喜欢玩哪些项目呢"。

二年级学生已经有了一定的运动经验，不论是校内还是校外，都接触了许多运动项目及运动游戏，课间休息时学生们也会自发地组织运动游戏。

二年级的学生刚学习完"统计"这一单元，知道通过对数据的收集、整理，可以用统计表、统计图等不同方式来表达数据、分析数据，从而总结出一些结论。

因此决定以"今年运动会玩什么？"为主题来开展这个项目活动。

2. 任务

此次活动的主要任务是根据调查及统计的结果，给体育组的老师们一些有数据支持的运动会建议或意见。

活动的具体任务分为三部分：一是自创运动项目，以图片、文字、视频等方式来呈现规则及玩法，再在年级组内进行汇报展示；二是收集往年不同年级的运动会项目的文字、图片或视频资料；三是汇总所有运动项目或运动游戏，在年级组内进行喜爱度投票，收集并整理数据，再以统计表或统计图的形式向体育组的老师们进行展示及汇报。

3. 跨学科特征

（1）体育学科：在自有运动经验的基础上，能自创运动项目的能力。

（2）语文学科：有一定的语言表达能力，能面向同学们展示并解释运动项目或运动游戏的规则及玩法，能在老师面前展示并汇报项目的成果。

（3）信息技术学科：在老师的指导下，能用"问卷星"收集"国际部二年级学生喜爱运动项目"的数据。

4. 适用对象

本主题适合二年级学生在学习完第一学期沪教版数学教材第三单元"统计"后进行。

二、内容说明

1. 知识

（1）本主题主要以二年级第一学期沪教版数学教材第三单元"统计"为载体，这是数学学科中已经储备的知识。

本单元中有关统计知识的内容主要包括两个内容：数据的收集、记录方法及数据的整理；统计数据的呈现（包括简单的统计表和简单的条形统计图）。

本主题活动主要的学习内容包括两部分：统计表初步和条形统计图（一）。学生将初步了解统计表和条形统计图的概念，进而认识统计的意义与方法。同时，他们将在收集、整理和表达数据等统计过程中获得经验。在本主题中，学生将通过"问卷星"收集有关"二年级学生喜爱运动会项目"的数据，初步学会使用简单的统计表或条形统计图呈现统计数据，并根据统计表与统计图的数据进行简单分析。

新课标中对"数据意识"有明确表述，在小学阶段主要是指对数据的意义和随机性的认识。学生们应该知道在现实生活中，许多问题应当先做调查研究，收集数据，并感悟数据所蕴含的信息。他们还应该知道同一组数据可以用不同的方式表达，需要根据问题的背景选择合适的方式。培养数据意识有助于理解生活中的随机现象，并逐步养成用数据表达自己的思维习惯。小学阶段，主要包括"数据分类""数据的收集、整理与表达"和"随机现象发生的可能性"三大主题。本次主题主要涉及"数据的收集、整理与表达"，根据新课标中的相关要求，学生能够收集和整理具体实例中的数据，用合适的方式描述数据，并分析和表达数据中蕴含的信息。此外，他们能用条形统计图合理表示数据，并解释数据的现实意义。

本主题立足新课标的相关内容，鼓励学生在真实情境中，经历简单的数据收集和整理，在与同伴的合作中，感悟收集数据的意义，用统计表和统计图的形式表达数据所蕴含的信息，形成初步的数据意识。

（2）适合二年级学生的运动能力与简单常识。这是根据学生自有运动经验和实际生活经验而产生的。

（3）软件"问卷星"的使用，包括文字输入、图片插入、选项设置等。

2. 工具

（1）活动流程：

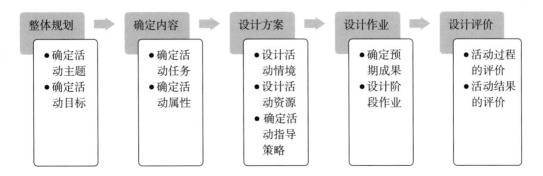

（2）活动规划：

活动单元规划表

活动主题	今年运动会玩什么？					
活动属性	☐ 主题学习　　☑ 项目化学习　　☑ 跨学科　　☑ 长周期					
预期成果	1. 学生喜爱运动会项目统计表及统计图； 2. 给体育组老师的一份建议					
任务清单	任务1	任务2	任务3	任务4	任务5	任务6	任务7
任务名称	明确目标	设计新项目	收集资料	展示新项目	问卷调查	整理分析数据	汇报与建议
活动分解	活动1	活动2	活动3	活动4	活动5	活动6	活动7
活动内容	分组分工	设计新项目	收集往年运动会资料	展示新项目	问卷调查	整理分析数据	汇报与建议
活动空间	☑ 课内 ☐ 课外	☐ 课内 ☑ 课外	☑ 课内 ☑ 课外	☑ 课内 ☐ 课外	☑ 课内 ☐ 课外	☑ 课内 ☐ 课外	☑ 课内 ☐ 课外
课时划分	1	2	2	1	2	1	1

（3）评价量表：

活动过程观察评价表（学生个体）

活动主题	今年运动会玩什么？			
学生姓名		评价结果	☐ 很好　　☐ 较好　　☐ 一般　　☐ 需改进	
分值 活动表现	4分	3分	2分	1分	得分
活动讨论参与情况	每次讨论都积极参与	大部分时间积极参与	时常参与	偶尔或很少参与	
完成分工任务情况	按要求完成分工任务	基本能完成分工任务	部分完成分工任务	很少完成分工任务	
小组合作沟通情况	沟通充分、合作积极主动	能较好地与组员沟通合作	能与组员沟通，但不主动	偶尔或很少与组员沟通合作	
遇到困难的态度及解决情况	不畏难，主动寻求帮助，认真思考解决	面对困难不放弃，能寻求同伴或老师的帮助	面对困难态度犹豫，有时会寻求帮助	很少寻求帮助，面对困难害怕或放弃解决	

活动成效评价表

活动主题			今年运动会玩什么?						
活动评价	活动1	分组分工	活动效果	☐很好	☐较好	☐一般	☐需改进		
	活动2	小组1:设计运动会项目	活动效果	☐很好	☐较好	☐一般	☐需改进		
	活动3	小组2:收集资料							
	活动4	展示新项目	活动效果	☐很好	☐较好	☐一般	☐需改进		
	活动5	问卷调查	活动效果	☐很好	☐较好	☐一般	☐需改进		
	活动6	整理分析数据	活动效果	☐很好	☐较好	☐一般	☐需改进		
	活动7	汇报与建议	活动效果	☐很好	☐较好	☐一般	☐需改进		
活动反思									

3. 方法

活动方式设计表

主题	今年运动会玩什么?		
序号	活动方式	用途	说明
1	☐实验操作 ☐探究规律 ☐调查统计 ☑设计制作 ☐数学建模 ☐主题阅读 ☐论文报告 ☐其他____	该活动方式应用在第2个活动中	设计适合二年级学生的运动会项目或运动游戏
2	☐实验操作 ☐探究规律 ☑调查统计 ☐设计制作 ☐数学建模 ☐主题阅读 ☐论文报告 ☐其他____	该活动方式应用在第3、第4、第5个活动中	调查并收集往年运动会的相关资料,并进行调查问卷,再对数据进行整理、表达与分析
3	☐实验操作 ☐探究规律 ☐调查统计 ☐设计制作 ☐数学建模 ☐主题阅读 ☐论文报告 ☑其他表达展示	该活动方式应用在第2、第6个活动中	展示自创的运动会项目,并在项目的最后进行展示与汇报

三、活动目标

（1）初步学习收集数据、整理数据,会用记"正"字等方法进行记数,并填写统计表,能画简单的条形统计图。

（2）能在简单的实际情境中,合理应用统计图表,形成初步的数据意识和应用意识,逐

步体会统计与日常生活的密切联系,感知统计是有趣的和有用的。

（3）在收集数据、整理数据、分析数据、表达想法的过程中,初步感受现实生活中的数据所蕴含着的信息,感受数学与实际生活的关系,体会运用数据进行表达现实世界的方法,提高与同伴的合作意识,发展数感、数据意识和应用意识。

四、资源设计

主题	今年运动会玩什么?			
序号	资源形式	资源名称	用途	使用说明
1	□文本 □动画 □程序 □实物 □场地 ☑人力	体育组老师	收集往年运动会的资料	收集相关文字、图片或视频资料
2	□文本 □动画 □程序 □实物 □场地 ☑人力	信息老师	展示"问卷星"的使用方法	进行调查问卷
3	□文本 □动画 □程序 ☑实物 □场地 □人力	卡纸、铅笔、彩笔、平板电脑等	设计运动会项目	用图片、文字或视频等方式展示规则和玩法
4	□文本 □动画 □程序 ☑实物 □场地 □人力	平板电脑	完成调查问卷	在国际部二年级中,每个学生完成调查问卷
5	□文本 □动画 □程序 ☑实物 □场地 □人力	纸、铅笔、直尺等	制作统计表和统计图	根据调查问卷的结果,制作统计表和统计图
6	□文本 □动画 □程序 ☑实物 □场地 □人力	电视机、投屏等	汇报展示	在展示"自创运动会项目"及向体育组老师汇报展示时需要

五、活动设计

1. 创设情境,明确目的

今年的运动会将在4月初进行,还记得去年的运动会玩了哪些项目吗? 你最喜欢什么项目呢? 如果让你自己来设计一个运动会项目,你想设计什么样的项目呢? 你能告诉大家规则是什么吗? 该怎么玩呢? 如果你设计的项目大家都喜欢,说不定就能成为我们今年运动会的项目哦! 当然,以前每年运动会我们也有很多不同的运动项目,我们可以选一些我们比较喜欢的运动项目,建议体育组的老师们在今年运动会的时候能设置成比赛项目让我们玩。如果要让体育组的老师接受我们的建议,我们就要有比较充足的理由让体育老师们相信,我们二年级的学生喜欢玩哪些项目是我们调查出来的,是有真凭实据的。

2. 分解任务,制定流程,讨论并填写任务清单

序号	任务名称	活动名称	活动空间	活动形式	课时
1	明确目标	分组并分工	课内	师生互动	1
2(1)	设计新项目	小组1:设计新项目	课外	小组合作	2
2(2)	收集资料	小组 2:收集往年运动会资料	课内/课外	小组合作	2
3	展示新项目	展示"自创运动会项目"	课内	表达展示	1
4	问卷调查	制作问卷并完成调查	课内	小组合作、调查统计	2
5	整理分析数据	整理调查结果,完成统计表和统计图	课内	小组合作	1
6	汇报与建议	汇报问卷调查结果,提出合理化建议	课内	小组合作	1

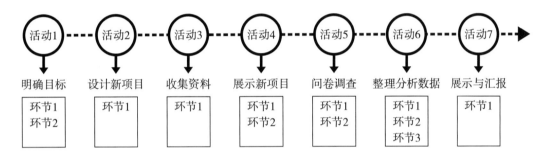

活动流程图

3. 开展活动,实践探究

活动 1:分组分工

环节	学习任务	学生活动	教师组织	活动意图
环节 1	问题引入	讨论可以设计什么类型的运动会项目,如何收集往年运动会的资料,需要收集哪些资料	根据学生反馈及时协调组织	能够引起学生的兴趣
环节 2	分组并分工	分成"设计组"和"资料收集组",由学生自行决定加入,并讨论要进行哪些分工	根据学生反馈及时协调组织	根据学生的兴趣、能力、个人意愿等进行分组及分工

活动 2:设计新项目

环节	学习任务	学生活动	教师组织	活动意图
环节 1	小组合作	小组 1:设计运动会新项目,并讨论如何展示规则和玩法	1. 根据学生需求与体育组学科教师协调沟通,共同参与本次活动; 2. 协助小组 1 完成运动会项目的设计	学生能够聚焦任务,并参与实施

活动 3：收集资料

环节	学习任务	学生活动	教师组织	活动意图
环节 1	小组合作	小组 2：收集往年运动会资料，梳理运动会项目，讨论筛选项目的方法，以及合适介绍的文字、图片或视频	1. 根据学生需求与体育组学科教师协调沟通，共同参与本次活动； 2. 协助小组 2 完成往年运动会项目的资料收集	学生能够聚焦任务，并参与实施

活动 4：展示"自创新项目"

环节	学习任务	学生活动	教师组织	活动意图
环节 1	在二年级集会中，展示"自创运动会项目"	小组 1 成员分工合作，展示项目的规则和玩法	提前与同年级老师沟通展示时间和场地，提供硬件和技术支持	给学生展示与表达的机会，加强小组合作能力
环节 2	投票喜爱度	由二年级学生以举手方式投票，喜爱度超过一半，即可加入到调查问卷中	协助学生完成投票	确定自创项目是否能成为纳入调查问卷的选项之一

活动 5：问卷调查

环节	学习任务	学生活动	教师组织	活动意图
环节 1	制作问卷——进行班级内"国际部二年级学生喜爱运动会项目"调查问卷，完成调查	每个学生完成一份调查问卷	根据两个小组的讨论结果，制作问卷	学生先完成调查问卷，了解怎样进行填写问卷
环节 2	进行其他班级的调查问卷	分成 3 个小组，在其他班级指导同学完成调查问卷	与同年级老师沟通在每个班级进行调查问卷的时间	收集其他 3 个班级的问卷结果

活动 6：整理分析数据

环节	学习任务	学生活动	教师组织	活动意图
环节 1	整理调查问卷的数据，完成统计表和统计图	根据调查结果，分成 8 个小组，分别完成 4 张统计表和 4 张统计图	调取 4 个班级调查问卷的结果，指导学生读取结果数据	收集、整理、表达数据，避免错误
环节 2	分析统计表和统计图	根据完成的统计表和统计图，进行简单的分析和结论总结等	指导学生观察统计表和统计图，进行分析数据	根据数据，得出简单结论
环节 3	讨论如何汇报与建议	讨论向体育组老师汇报的方式、分工、建议等	根据学生反馈进行指导	梳理项目过程和结果

活动 7：汇报与建议

环节	学习任务	学生活动	教师组织	活动意图
环节 1	汇报展示项目	分工展示项目的结果；向体育组老师提出运动会的建议	与体育组老师沟通汇报的时间与地点，提供硬件与技术支持	给学生展示与表达的机会

六、作业成果

1. 设计作业

活动	作业	要求	说明
活动 2	自创运动会项目	1. 小组分工说明； 2. 图片、文字或视频的方式来展示该项目的规则和玩法	能体现每个学生的参与情况
活动 3	往年运动会资料汇总及梳理	1. 小组分工说明； 2. 以文字或表格的形式收集往年运动会项目的名称、玩法或图片； 3. 梳理纳入调查问卷的 10 个项目名称、玩法或图片	能体现每个学生的参与情况，也能了解学生整理资料时的方式方法
活动 6	统计表和统计图	以小组形式，每 2—3 人一组，完成 4 张统计表和 4 张统计图	查看学生对数据的表达是否准确
活动 6	给体育组老师的一份建议	全班共同讨论得出	通过对数据的分析，得出简单结论与建议

2. 作业示例

【示例 1】 自创运动会项目

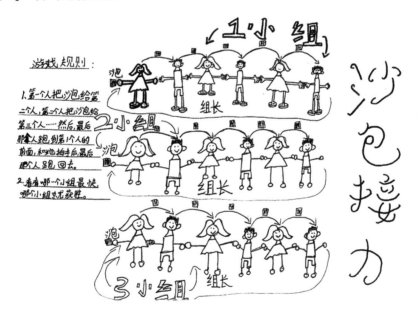

【示例 2】 统计表和统计图

二年级学生喜爱运动项目统计表

项目	拔河	障碍跑	丢小球	同舟共济	跳袋鼠	坦克大战	沙包接力	水桶装水
人数	22	18	24	16	20	16	18	40

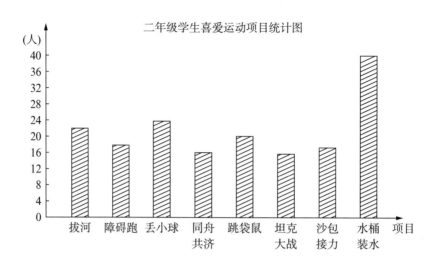

二年级学生喜爱运动项目统计图

七、评价方案

1. 活动过程评价

活动过程观察评价表(学生个体)

活动主题	今年运动会玩什么?				
学生姓名	张同学	评价结果	☐很好 ✓较好 ☐一般 ☐需改进		
分值 活动表现	4分	3分	2分	1分	得分
活动讨论参与情况	每次讨论都积极参与	大部分时间积极参与	时常参与	偶尔或很少参与	3.75
完成分工任务情况	按要求完成分工任务	基本能完成分工任务	部分完成分工任务	很少完成分工任务	3
小组合作沟通情况	沟通充分、合作积极主动	能较好地与组员沟通合作	能与组员沟通,但不主动	偶尔或很少与组员沟通合作	3.75
遇到困难的态度及解决情况	不畏难,主动寻求帮助,认真思考解决	面对困难不放弃,能寻求同伴或老师的帮助	面对困难态度犹豫,有时会寻求帮助	很少寻求帮助,面对困难害怕或放弃解决	4

此评价表以"同学互评"的形式进行。每个小组的成员互相打分,最终将每个同学在每个内容上得到的分值相加,再除以小组成员的人数,得到一个平均数,也就是该名同学在该内容上的得分。张同学所在小组共5人,以"活动讨论参与情况"这一项为例,其余4名同学为他分别打分4分、3分、4分、4分,相加等于15,除以4,得到平均分3.75,也就是张同学在该活动内容的得分。

2. 活动成效评价

活动效果评价表

活动主题			今年运动会玩什么？				
活动评价	活动1	明确目标	活动效果	☑很好	□较好	□一般	□需改进
	活动2	小组1：设计运动会新项目	活动效果	□很好	☑较好	□一般	□需改进
	活动3	小组2：收集并汇总资料					
	活动4	展示新项目	活动效果	☑很好	□较好	□一般	□需改进
	活动5	问卷调查	活动效果	☑很好	□较好	□一般	□需改进
	活动6	整理分析数据	活动效果	☑很好	□较好	□一般	□需改进
	活动7	汇报与建议	活动效果	☑很好	□较好	□一般	□需改进
活动反思							

此评价表由老师来评价，根据小组在每个活动中的表现，结合每个活动学生需要进行的活动达成程度、老师介入帮助程度等，综合给每个小组的每个活动进行评价。以"海豚"小组的活动1为例，在活动中，该小组成员积极参与问题的讨论，在"分组与分工"中迅速找到同伴，组成小组，并且意见达成一致，完成活动1的目标。因此得到"效果很好"的评价。

3. 作品成果评价

这个项目主要以小组合作的形式居多，因此在评价学生时，主要以学生是否积极参与整个项目、与同伴合作的情况等，并以活动2、活动3和活动6的三份作业作为评价内容，具体如下：

E——能积极参与小组活动，与同组成员团结合作，主动发表自己的意见和想法；本组2项作业完成度高，内容充实、丰满，涵盖所有的作业要求，呈现的统计表或统计图与调查数据相一致，卷面干净、整洁、美观。

G——能主动参与小组活动，与同组成员合作顺畅，能发表自己的意见和想法；本组2项作业完成度较高，基本涵盖所有的作业要求，呈现的统计表或统计图与调查数据基本一致，卷面干净、整洁。

S——愿意参与小组活动，愿意与同组成员合作，能在老师的引导下发表自己的意见与想法；本组2项作业基本完成，基本涵盖所有的作业要求，呈现的统计表或统计图与调查数据基本相一致，卷面干净、整洁。

此外，另设以下奖项：

最配合默契小组：鼓励在整个主题活动中分工明确、配合默契的小组；

小小演说家：鼓励在进行运动会项目展示、汇报及建议等展示活动表现突出的学生；

鬼斧神工奖:鼓励最受学生和老师喜爱的自创运动项目。

本次主题中,"海豚"小组获得了"鬼斧神工奖",该小组设计的运动游戏"沙包接力"在"二年级学生喜爱运动项目"调查中进入了前8名,获得了学生的喜爱,成为向体育老师推荐的项目之一,因为获得此奖。

八、教学思考

1. 理念

《义务教育课程方案和课程标准(2022年版)》中将"统计与概率"分为三个主题:"数据分类""数据的收集、整理与表达"和"随机现象发生的可能性",这些主题分布在三个学段中。"数据的收集、整理与表达"在2022版课程标准中属于第二学段(3—4年级)的内容要求。不过在沪教版的教材设计中,三、四年级的学习中仍然会涉及"数据的收集、整理与表达"相关内容。因此,本次活动只涉及"数据的收集、整理与表达"中较浅层次的目标与学业要求,主要在于通过真实数据来进行收集数据、整理数据、呈现数据、分析解释数据,让学生获得实践经验。

2022年版课程标准中这样描述课程性质:"数学教育承载着落实立德树人根本任务、实施素质教育的功能。""学生通过数学课程的学习,激发学习数学的兴趣,养成独立思考的习惯和合作交流的意愿。"我们学校的学生大气、从容,喜欢也善于与人沟通,所以根据学生特点,我们应多创设一些需要走出课堂,需要与不同人群沟通、交流、合作的活动,让学生的数学能力与核心素养在课堂之外,在真实的问题情境中得到锻炼与提升。

2. 实施

收集往年运动会项目的原因在于,体育组老师的判断可能会有一些年龄偏差,二年级学生可能也会喜欢其他年级学生的运动会项目。

另外,由于国际部小学每年学生和老师都会进行重新编排,因此在收集往年运动会项目的资料时,需要老师的协助。本主题中的"往年"指的是过去三年。在向往届的班主任收集相关项目的照片或视频时,需要老师先了解清楚往届一至三年级的班主任信息,方便学生前往收集相关照片或视频。

需要特别说明的是,在最后给体育组老师的建议中,本次主题的主要目的是"统计体验",即使根据同一份统计表或统计图,每个学生给出的建议与意见都可能是不同的。在解释数据时,无论学生持相同意见或相反意见,只要是基于数据的,合情合理的建议与意见,教师都应充分肯定,并重视与强调这个过程。

3. 特色

本主题应在学习本单元教材之后进行。在此之前,学生对数据的收集、整理和表达有了一定的概念。根据以往的教学经验,学生已经掌握了统计相关知识,以及统计表或条形统计图等表现形式的使用。因此,学生在学习完本单元后对本活动会更加有信心。本主题中有不少需要学生走出课堂、走出教室,去与其他老师、其他学生进行交流、沟通、学习的机会,同时主题活动内容丰富,有足够的空间让每个学生发挥自己所长。

4. 收获

通过这个主题的学习,学生将初步感悟数据的意义和价值,能使用真实数据表达、解释与分析现实世界中的现象,用学过的知识和方法解决简单的实际问题,形成一定的数据意识与应用意识。

5. 思考

本主题活动是建立在对以往学生对于学习统计颇有兴趣的基础上设计的,也是将数学与实际生活相联系的一次实践活动。在下学期的实施中,希望教师能站在辅助者的角度上,给予学生更多支持与帮助,让学生在本次主题活动中充分发挥主体作用,由学生真正掌握整个主题活动。

(蔡龙妹　上海宋庆龄学校)

案例 10：可能性小游戏设计

1. 背景

随着社会日新月异的发展，人们的生活方式也发生了翻天覆地的变化。统计在经济活动、体育比赛、工程、地学、文化、农业、工业和教育等各个领域中，都被广泛地应用。统计知识作为数据、表格、图文等形式的统计信息，与我们的生活息息相关。

"可能性"作为小学阶段沪教版五年级第二学期的知识内容，是学生初步接触统计单元中概率概念的一个重要阶段，同时也为初中阶段概率学习打下了良好的基础。因此，本单元的知识内容具有承上启下的作用，学生在探究学习中的探索空间很大。为了让学生对统计学知识有一个基础的认识以及运用，在 3 月 14 日上海宋庆龄学校的国际数学节中，开展了以"可能性小游戏设计"为主题的活动。

2. 任务

（1）学习阶段：

① 自主探究：学生在寒假时根据教师布置的玩正方体模型（数点块）和转圆盘的试验活动自行记录、研究"可能情况的个数"；

② 课堂学习：以班级为单位学习沪教版五年级第二学期第五单元"可能性"。

（2）研究阶段：

① 同班学生自行分组并分工，然后抽签决定小组的研究主题。

② 组员在教师指导下，利用 1—2 节数学课堂的时间进行小组讨论、展板制作、PPT 制作和演讲排练等准备活动。

③ 用数学课堂时间进行小组汇报。

（3）可能性游戏设计及展演阶段：

通过一、二阶段的知识储备，学习了可能性相关知识和概念，设计跟可能性相关的游戏，并在 3 月 14 日当天进行年级组游戏展演（根据学生的能力也可邀请全校师生参加），结合可能性知识和毕业季活动抽奖领取毕业 π（即毕业大感恩活动，下同）任务并完成。

3. 跨学科特征

（1）数学学科：数的概念及运算、数据调查统计与分析；

（2）信息技术：PPT 制作，网络搜索；

（3）美术：板报构思与设计；

（4）德育：可能性小游戏设计结果与毕业、感恩活动结合。

4. 适用对象

本主题适合五年级第二学期的孩子参与,他们既具有小学阶段所学习的统计知识,又具备一定的组织协调能力。

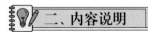

二、内容说明

1. 知识

(1)数学学科中已经储备的知识。

《义务教育课程方案和课程标准(2022 年版)》指出,"统计与概率是义务教育阶段数学学习的重要领域之一,在小学阶段包括'数据分类''数据的收集、整理与表达'和'随机现象发生的可能性'三个主题。这些内容分布在三个学段,由浅入深,相互联系。学生在学习过程中,了解统计与概率的基础知识,感悟数据分析的过程,形成数据意识"。"可能性小游戏设计"主要以沪教版五年级第二学期第五单元"可能性"的知识为载体,此内容属于课程标准中"统计与概率"版块。学生在学习了统计表、条形统计图、折线统计图等相关的统计知识的基础上,具备了一定的数据采集和分析能力,同时具备了相应的探究和抽象思维能力。

本单元内容在结合生活实际随机现象和可能性的基础上,全面落实数学课程标准中关于"随机现象发生的可能性"的目标要求,与此相关的主要内容有:可能性含义、可能性大小、可能性个数,并用可能性分析并制定游戏规则。

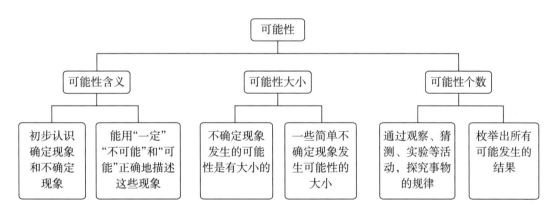

"随机现象发生的可能性"是通过试验、游戏等活动,让学生了解简单的随机现象,感受并定性描述随机现象发生可能性的大小,感悟数据的随机性,形成数据意识。在可能性游戏设计的过程中,教学能够巩固提升可能性知识的理解,为初中学习概率打下基础。

(2)与活动相关的信息学科包括需要通过制作 PPT 来展示和分享"可能性小游戏设计"的探究汇报,因此掌握 PPT 制作技能是必不可少的。同时,在探索可能性大小相关性时需要通过网络检索获取可能性计算方法和应用等资料,因此具备网络检索能力也是完成学习活动的一个必备能力。

(3)与活动相关的美术学科包括在探究汇报可能性自学成果以及场地布置中需要用到

的绘画技能,在制作板报、PPT以及游戏规则的制订过程中需要用到的版面设计。此外,在分工合作中,具备良好的美术功底也是完成活动的一项必备技能。

（4）与活动相关的德育学科包括培养同学情、师生情、感恩情、爱班爱校等情感体验和正确的价值观教育。

（5）在问题情境或生活实践中,该活动需要借助相关经验和常识,培养团体协作、组织协调、演讲表达和沟通等方面的技能。

2. 工具

（1）活动流程:

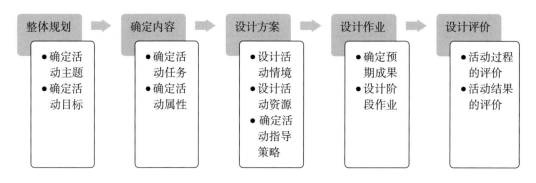

（2）活动规划:

活动单元规划表

活动主题	可能性小游戏设计				
活动属性	☑主题学习　☐项目化学习　☑跨学科　☐长周期				
预期成果	可能性汇报、可能性游戏设计与展演、毕业感恩主题活动				
任务清单	任务1	任务2	任务3	任务4	任务5
任务名称	自主探究	探究汇报	游戏设计	游戏展演	奖品兑换
活动分解	活动1	活动2	活动3	活动4	活动5
活动内容	探究可能性现象	汇报探究结果	设计可能性游戏	展演游戏活动	抽奖完成毕业π任务
活动空间	☐课内 ☑课外	☑课内 ☐课外	☑课内 ☐课外	☑课内 ☐课外	☐课内 ☑课外
课时划分	2	2	3	1	1

（3）评价量表：

活动过程观察评价表（学生个体）

活动主题	可能性小游戏设计				
学生姓名		评价结果	☐很好 ☐较好	☐一般	☐需改进
分值 / 活动表现	4分	3分	2分	1分	得分
活动讨论参与情况	每次讨论都积极参与	大部分时间积极参与	时常参与	偶尔或很少参与	
完成分工任务情况	按要求完成分工任务	基本能完成分工任务	部分完成分工任务	很少完成分工任务	
小组合作沟通情况	沟通充分、合作积极主动	能较好地与组员沟通合作	能与组员沟通，但不主动	偶尔或很少与组员沟通合作	
遇到困难的态度及解决情况	不畏难，主动寻求帮助，认真思考解决	面对困难不放弃，能寻求同伴或老师的帮助	面对困难态度犹豫，有时会寻求帮助	很少寻求帮助，面对困难害怕或放弃解决	

活动成效评价表

活动主题		可能性小游戏设计		
活动评价	活动1	自主探究	活动效果	☐很好 ☐较好 ☐一般 ☐需改进
	活动2	探究汇报	活动效果	☐很好 ☐较好 ☐一般 ☐需改进
	活动3	游戏设计	活动效果	☐很好 ☐较好 ☐一般 ☐需改进
	活动4	游戏展演	活动效果	☐很好 ☐较好 ☐一般 ☐需改进
	活动5	奖品兑换	活动效果	☐很好 ☐较好 ☐一般 ☐需改进
活动反思				

3. 方法

活动方式设计

主题	可能性小游戏设计		
序号	活动方式	用途	说明
1	☑实验操作 ☐探究规律 ☑调查统计 ☐设计制作 ☐数学建模 ☑主题阅读 ☐论文报告 ☐其他＿＿	该活动方式应用在第1个活动中	在第一阶段的寒假准备中,利用概率小故事以及调查研究初步接触可能性,为可能性概念打下基础

序号	活动方式	用途	说明
2	☐实验操作 ☑探究规律 ☐调查统计 ☑设计制作 ☐数学建模 ☑主题阅读 ☐论文报告 ☐其他＿＿	该活动方式应用在第2个活动中	结合寒假探究结果,以班级为单位学习沪教版五年级第二学期第五单元"可能性",在探究汇报阶段,为计算可能性大小打下基础
3	☐实验操作 ☐探究规律 ☐调查统计 ☑设计制作 ☑数学建模 ☐主题阅读 ☐论文报告 ☐其他＿＿	该活动方式应用在第3个活动中,或者就以这一个形式贯穿始终	利用活动1和2所获得的知识和经验,形成数学建模意识,以小组为单位设计可能性游戏
4	☑实验操作 ☑探究规律 ☑调查统计 ☐设计制作 ☐数学建模 ☐主题阅读 ☐论文报告 ☐其他＿＿	该活动方式应用在第4,5个活动中	可能性游戏展演,并获得一定的集章卡,通过集章卡进行可能性抽奖,获得下一步毕业π任务并完成

三、活动目标

（1）在小组活动中按照"猜测—试验数据分析—推理分析—得出结论—解决生活中的问题"的思维路径探究"可能情况的个数"的问题,用可视化的方式梳理总结,提高学生的数学抽象思维能力。

（2）引导学生发现并提出生活中实际遇到的"可能情况的个数"问题,通过分析和解答,进而提高学生运用数学知识解决生活问题的能力。

（3）学生通过演讲、互动游戏等形式有逻辑地表达自己的数学分析和推论,提高学生的数学交流和表达的能力。

（4）通过试验、观察、归纳、交流表达、展示分享游戏设计等活动,发展抽象能力、数据意识、模型意识,提高实践能力和创新意识。

四、资源设计

主题	可能性小游戏设计			
序号	资源形式	资源名称	用途	使用说明
1	☑文本 ☐动画 ☐程序 ☑实物 ☑场地 ☐人力	《概率入门:清醒思考再作决策的88个概率知识》、正方体模型（数点块）、抽奖转盘、商城、学生家	活动1	阅读数学材料《概率入门:清醒思考再作决策的88个概率知识》（节选材料）,实地了解各种抽奖活动、制作正方体模型（数点块）、制作抽奖转盘,记录结果

续表

序号	资源形式			资源名称	用途	使用说明
2	☐文本 ☑实物	☐动画 ☑场地	☑程序 ☐人力	PPT、A3 纸、小组活动室	活动 2	用作汇报探究可能性知识结果
3	☐文本 ☑实物	☐动画 ☐场地	☐程序 ☐人力	正方体模型（数点块）、转盘、纸牌、摸球……	活动 3	用作可能性游戏设计
4	☐文本 ☑实物	☐动画 ☑场地	☐程序 ☐人力	贺卡×30、糖果、大转盘、贴纸、集章卡、教室外走廊	活动 4、活动 5	可能性游戏展演以及抽奖

序号 3 中的"数点块"（下同,不再作解释说明）是沪教版一到五年级与骰子类似的一个教具,沪教版数学教材中叫"数点块",贯穿在学习数的组成、数的分拆、数的加减法以及数的组合中。它是培养学生数感以及实践操作的重要学具,"数点块"在可能性学习中也具有重要作用,故此主题活动中数点块作为一个不可或缺的资源贯穿始终。

五、活动设计

1. 创设情境,明确目的

主题:可能性大小的自主学习。

情境:学生通过自学沪教版五年级第二学期第五单元"可能性"并完成寒假实践作业:① 观察记录抽奖活动,② 制作转盘并记录转动结果,③ 掷正方体模型（数点块）并记录结果。思考下面的问题:

（1）怎样说明一件事情发生的可能性有大小?

（2）可能性的大小跟哪些因素有关?

（3）你得出的结论是什么?

（4）你可以利用可能性知识设计一个"可能性"游戏吗?

2. 分解任务,制订流程

讨论并填写任务清单。

序号	任务名称	活动名称	活动空间	活动形式	课时
1	自主探究	探究可能性现象	课外	调查统计	2
2	探究汇报	汇报探究结果	课内	主题阅读表达演示	2
3	游戏设计	设计可能性游戏	课内	设计制作	3
4	游戏展演	展演游戏活动	课内	表达演示	1
5	奖品兑换	领取毕业任务单	课外	调查表达	1

制订活动流程图：

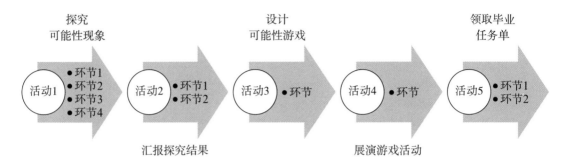

3. 开展活动,实践探究

活动 1:探究可能性现象

环节	学习任务	学生活动	教师组织	活动意图
环节 1	阅读材料	阅读数学材料《概率入门:清醒思考再作决策的 88 个概率知识》(节选材料);要求 3 天读一个故事(材料旁可以有笔记、有疑问记录或者有验算过程)	1. 与学生共读材料; 2. 提出问题,引导阅读	初步了解生活中的可能性现象,从阅读材料的趣味性、生活性入手,提升孩子对概率知识的兴趣
环节 2	了解各种抽奖活动	1. 利用寒假寻找观察身边的抽奖活动; 2. 做好抽奖活动记录并观察得出中奖的可能性最大和最小的奖项; 3. 思考或者调查商家设计抽奖方案的缘由; 4. 用铅笔画好方格,在方格纸上设计	1. 适时提醒、指导,及时解答学生提出的问题; 2. 准备方格纸	以生活中的抽奖活动为例,激发学生的兴趣,探究可能性现象
环节 3	制作抽奖转盘	1. 根据所下发的转盘和指针做成转盘; 2. 根据要求记录指针停留的结果; 3. 根据记录结果得出结论	1. 准备学生活动所需材料:转盘、指针、记录表,分发给每一组; 2. 适时提醒、指导,及时解答学生提出的问题	根据抽奖转盘对获奖可能性做进一步研究
环节 4	制作正方体模型(数点块)	1. 根据下发的正方体展开图制作正方体模型(数点块); 2. 根据要求记录正方体模型(数点块)每个数字朝上的次数; 3. 根据记录结果,归纳得出结论	1. 准备学生活动所需材料:打印正方体模型(数点块)展开图,分发给每一组; 2. 适时提醒、指导,及时解答学生提出的问题	研究正方体模型(数点块)每个数字朝上的概率

活动2:汇报探究结果

环节	学习任务	学生活动	教师组织	活动意图
环节1	自学沪教版第十册教材第五单元"可能性"	探究学习: 1. 可能性是什么? 2. 可能性有大小吗? 3. 可能性个数怎么算?	组织自学,指导学习方法,适时提供指导和回答问题	按问题导向自学"可能性知识",从生活实际抽象为理论知识
环节2	制作PPT或者是A3纸板报汇报	4—5人一组:组长、材料准备员、数据记录员、分析记录员、板报(PPT)制作员、演讲汇报员	组织汇报分组、计时(汇报5分钟、答疑5分钟)、打分	可能性大小通过实践研究记录,既可以提高活动内容的丰富性,又可以提升孩子们的组织能力和自学能力,同时对于知识的探究,还可以根据孩子们的能力无限拓展

活动3:设计可能性游戏

环节	学习任务	学生活动	教师组织	活动意图
环节1	根据要求设计可能性游戏 材料:正方体模型(数点块)、转盘、纸牌、摸球…… 要求: 1. 要包含可能性的相关知识; 2. 形式要正能量,不允许出现带有赌博性质之类游戏; 3. 要有一定的激励措施; 4. 游戏结果要公平,游戏过程要能给人一定的启示	组织形式:4—5人一组; 分工:组长、材料准备员、游戏设计员、游戏记录员	1. 提示要求; 2. 推进分组以及游戏设计指导	可能性游戏的设计是把所学知识运用到生活中,以达到数学来源于生活又运用于生活的目的

活动4:展演游戏活动

环节	学习任务	学生活动	教师组织	活动意图
环节1	分工合作进行游戏展演与参与	1. 布置游戏摊位; 2. 活动前,组长到教师处领取奖章和本组的集章卡,将一大组分为两小组,第一组在10:00—10:25负责游戏,第二组去玩游戏;12:15—12:35两组交换,第一组去玩游戏,第二组负责本组游戏	场地布置: 1. 数学课小组把班级的第一轮探究汇报活动的板报贴在教室走廊; 2. 布置转盘,写转盘"毕业π"任务,美化转盘; 3. "毕业π"主题打印(可先打印再让学生剪出轮廓,再贴在走廊显眼处)	游戏设计和参与是将所学知识运用到极致,并大大促进学生综合能力的提高

活动 5:抽奖完成毕业 π 任务

环节	学习任务	学生活动	教师组织	活动意图
环节 1	根据集章卡到毕业 π 大转盘处抽奖,抽取毕业感恩任务	毕业 π 大转盘: 白色部分为: 1. 给好朋友送祝福; 2. 感谢家长(给家长写封感谢信); 3. 与好朋友或老师共进午餐; 4. 给校长送祝福(送卡片); 5. 给职工送祝福(送卡片)。 红色部分为鼓励卡:给教过你的或是你喜欢的老师送张感谢卡	1. 提前准备所有卡片; 2. 组织学生抽奖	把前三个活动结果归总为最后的抽奖,既是对可能性知识的总结与升华,又能通过抽奖的形式回归到最初的生活实际,形成知识的开放与循环。这有助于提升孩子们学习数学的兴趣
环节 2	完成毕业 π 任务	1. 毕业 π 任务完成后,需取得受众者的签名确认。例如送给职工祝福,则需职工签名;如果送给老师,则可跟老师合照留念; 2. 毕业 π 任务完成后,凭借照片或签名到老师处领取随机礼物	1. 准备好随机礼物; 2. 督促组织学生完成毕业 π 任务	把数学活动与毕业联系起来,形成毕业 π 主题,既是对知识的升华,又可对学生进行思想教育

六、作业成果

1. 设计作业

活动	作业	要求	说明
活动 1	寒假实验记录表	在寒假期间,学生需根据老师布置的玩数字块和转圆盘的试验活动,自主记录,研究"可能情况的个数",并将结果填写在寒假作业单上	初步感知体验可能性现象以及可能性大小
活动 2	实验报告	1. 同班学生自行分组,每组 5—6 人,分别担任设计、演讲等角色; 2. 每组可利用 1—2 个数学课时进行小组讨论、展板制作、PPT 制作和演讲排练等准备工作	老师适当指导;进一步深化体验可能性大小、可能性个数以及计算,巩固展演自学成果
活动 3	活动设计	各小组在 1—2 节数学课时内进行小组讨论,确定人员分工和游戏主题,准备材料,以完成游戏设计	利用可能性规律以及计算方法,设计跟此相关的可能性游戏,提高学生的学习兴趣和参与度
活动 4	实践操作	组员在教师指导下,利用课间休息 40 分钟,明确展演分工,布置场地,进行游戏展演	通过参与游戏设计和游戏活动,学生能够运用所学知识解决生活实际问题,从而拓展思路和拓宽数学应用领域
活动 5	感恩卡	通过活动 1—4 所获得的集章卡到大转盘处抽取感恩任务	把可能性游戏设计与毕业季联系起来,利用可能性产生的不确定性使孩子们的任务各不相同,既有对教职工的感谢与感恩,也有同学情、师生情、父母情等掺杂其中,既进行了知识教学,又进行了德育渗透

2. 作业示例

【案例1】 可能性大小

小组采用海报的形式,汇报了他们对可能性大小的探究结果。通过记录转盘转动的结果,他们证明了可能性会有大小,并通过统计转盘结果来验证可能性大小与其在总数中所占比例的关系。6人一起上台角色分工演讲,有讲探究结果的,有提问题的,有答疑的,整个展示过程形式严谨、探究精神一丝不苟、分工明确,结论准确,体现了数学探究的严谨性以及团队合作精神。

【案例2】 可能性计算

小组同样通过小组实验得出了可能性计算方法,并且在演讲过程中,既有海报展示,也有白板实际操作。小组成员分工明确,既有讲述探究过程的,也有演示可能性计算公式的,还有举例论证的。最后,他们还设计了一个小游戏,观众和演讲者之间互动性强,同时他们的知识难度得到了提升与拓展。

该组最大的亮点在于,在研究可能性大小的过程中,能结合资料总结出概率的基本算法,并且能够举一反三给同学们消化和思考的空间,帮助他们在享受成果的同时思考。他们通过自己的方式拓展了教材内容,并带领同学们向更高层次的数学思考迈进。

【案例3】 可能性游戏设计

在前期学习的基础上,学生小组合作设计了各种可能性游戏并展示。各小组规则明晰,内容可学习性高,材料准备丰富,形式多种多样,例如摸乒乓球计算概率、猜盲盒、转转盘玩游戏、大富翁等,让可能性的知识运用得到极大的发挥。学生不仅是游戏的组织者,也是游戏的参与者,并通过参与游戏获得集章卡,最终可以到老师处抽奖并领取毕业 π 任务(也带有一定的偶然性与可能性,学生的兴趣更高)。

整个活动中,学生兴趣盎然,游戏设计形式多样,游戏规则五花八门,创意性很强,参与者范围广泛,不仅吸引了本年级学生的参与,也吸引了其他年级的老师和同学积极参与。孩子们的数学应用能力和组织能力得到了提升与加强,实现了最初设定的三维目标。

七、评价方案

1. 活动过程评价

活动过程观察评价表(学生个体)

活动主题	可能性小游戏设计				
学生姓名	刘同学	评价结果	✓很好　□较好	□一般	□需改进
分值 活动表现	4分	3分	2分	1分	得分
活动讨论参与情况	每次讨论都积极参与	大部分时间积极参与	时常参与	偶尔或很少参与	4

活动表现 \ 分值	4分	3分	2分	1分	得分
完成分工任务情况	按要求完成分工任务	基本能完成分工任务	部分完成分工任务	很少完成分工任务	3
小组合作沟通情况	沟通充分、合作积极主动	能较好地与组员沟通合作	能与组员沟通，但不主动	偶尔或很少与组员沟通合作	3
遇到困难的态度及解决情况	不畏难，主动寻求帮助，认真思考解决	面对困难不放弃，能寻求同伴或老师的帮助	面对困难态度犹豫，有时会寻求帮助	很少寻求帮助，面对困难害怕或放弃解决	4

此评价表运用在第二阶段学生分组讨论，以及第三阶段分组游戏设计两个小组活动中的个人表现，由教师完成并反馈给学生。根据刘同学在活动中的表现给予上述评价结果。

2. 活动成效评价

活动效果评价表

活动主题	可能性小游戏设计		
活动评价	活动1	自主探究	活动效果	☑很好 ☐较好 ☐一般 ☐需改进
	活动2	探究汇报	活动效果	☐很好 ☑较好 ☐一般 ☐需改进
	活动3	游戏设计	活动效果	☑很好 ☐较好 ☐一般 ☐需改进
	活动4	游戏展演	活动效果	☑很好 ☐较好 ☐一般 ☐需改进
	活动5	奖品兑换	活动效果	☐很好 ☐较好 ☐一般 ☑需改进
活动反思	1. 学生寒假期间的自主探究完成得非常好，有数据记录、有观察研究、有结论反思； 2. 探究汇报过程中因能力差异以及分组不够合理，个别孩子的汇报效果以及参与合作效果不佳； 3. 可能性游戏设计环节因在活动一、二的基础上进行，有了一定的理论基础和生活观察实例，故学生的兴趣高涨，完成度参与度最高； 4. 兑换奖品完成毕业π任务，因特殊原因并没有完成，当时没想到可通过网络方式完成毕业感恩任务。		

此评价贯穿了整个主题活动过程，不仅反馈了活动的效果，还让老师有所反思，并提供了改进的空间。

3. 作品成果评价

优秀——2—2.5分

良好——1.5—2分

合格——1.5分以下

组员：			
评分标准	细则	分值	评分栏
仪态表情(1分)	衣着整洁,仪表大方	0.2分	
	表情自然,举止得体	0.2分	
稿件内容(3分)	主题鲜明	0.5分	
	题材合适,内容丰富,内容无知识性错误	0.5分	
语言表达(5分)	普通话标准,发音准确,表达流畅	0.2分	
	脱稿演讲,语言规范,口齿清晰	0.2分	
	知识表达精确,无错误	0.5分	
综合印象(1分)	根据各组的临场表现	0.2分	

（1）汇报评价

评价表分为两部分,分别由老师和学生进行打分,其中老师的分数占 50%,学生的分数占 50%,评分范围为 2—2.5 分,以避免出现低分的情况。

（2）展演评价——集章本

总分 2.5 分,游戏设计 1.5 分,毕业 π 完成 1 分。

集章本

Happy II Day

宋庆龄学校2021学年数学节五年级毕业π

姓名：_____	
	游戏章
班级：_____	
学号：_____	毕业 π 任务
	签字：

集章卡使用规则:

每通关一个游戏可获得此游戏组的一个章,每五个章可到数学老师大转盘处抽一次奖。（如有 10 个章可抽两次,以此类推,在所抽中的奖项中,选择自己最喜欢的那个奖,去兑现毕业 π 任务,并获得 1 分）

八、教学思考

1. 理念

新课标指出,小学阶段需要培养学生的数据意识,即对数据的意义和随机性的感悟。学生需要了解,在现实生活中,对许多问题应先进行调查研究并收集数据,以感悟数据蕴含的信息;同时,同样的事情每次收集到的数据可能不同,而只要有足够的数据就可能从中发现规律。此外,学生还需要知道,对同一组数据可以用不同方式表达,在选择表达方式时需要根据问题的背景进行选择。形成数据意识有助于理解生活中的随机现象,并逐步养成用数据说话的习惯。统计与概率是义务教育阶段数学学习的重要领域之一,在小学阶段,包括"数据分类""数据的收集、整理与表达"和"随机现象发生的可能性"三个主题。这些内容分布在三个学段,由浅入深,相互联系。学生在学习过程中,了解统计与概率的基础知识,感悟数据分析的过程,形成数据意识。

上海宋庆龄学校国际部致力于为1年级至12年级的学生提供卓越的教育。博爱创新、开放多元的学习环境让每位学生全面发挥自己的特长和潜能,使他们为终身教育做好充分准备,成为具有大爱精神、全球视野和创新能力,并致力于推进世界和谐与进步的优秀公民。基于此培养目标,本校教职员工以学生为主体,以素质教育为根本,以培养综合性的高素养人才为导向,开展各类教育教学活动。本活动结合上海宋庆龄常规校级活动数学节,并结合可能性这一单元的知识章节进行活动设计,既落实了2022年新课标的目标,又从多维度的数学角度培养学生的数学综合素养能力。同时,在学生的自学能力、组织合作、协调能力和创新能力上,有更多的展现,又不脱离学科知识这把抓手,故进行了此次活动的设计与实施。

2. 实施

本次活动分为三个阶段依次展开。

第一阶段是可能性知识探究部分。在这一阶段,我们以书本知识为导向,主要任务是以消化理解概念为主。在寒假期间,我们通过阅读《概率入门:清醒思考再作决策的88个概率知识》(节选材料)提高学生学习可能性的兴趣。我们将介绍各种抽奖活动,并记录抽奖情况。通过对日常生活实际调查的研究,初步接触可能性概念,为深入学习可能性打下基础。我们还将制作抽奖转盘,并记录指针停留的结果。制作正方体模型(数点块)并记录正方体模型(数点块)某个数字朝上的次数,然后根据两次记录结果得出初步结论:可能性有大小。这为第二阶段的学习打下基础。

第二阶段是探究汇报阶段。我们将结合寒假做的阅读资料和调查报告,自学沪教版五年级第二学期第五单元"可能性",并探讨研究可能性大小的相关性。小组成员分工合作,通过PPT、海报等形式呈现研究结果,通过课堂演讲的方式向大家展示什么是可能性、可能性的大小与什么有关,以及可能性大小的计算方法等。我们将结合生活与教材,深化并巩固可能性知识,为计算可能性游戏设计打下基础。

第三阶段是可能性游戏设计阶段。这一阶段分为三部分。第一部分为设计可能性小游戏,学生4—5人为一组(组长、材料准备员、游戏设计员、游戏记录员)采用正方体模型(数点块)、转盘、纸牌、摸球等材料分工合作,设计包含可能性的相关知识的游戏。第二部分为游戏展演,学生将会被分成小组,并按照不同的时间段在教室走廊外展示不同种类的游戏,吸引学生参与并巩固他们的可能性知识,同时开拓他们的思维。这将为后面的概率学习打下坚实的生活基础和知识基础。游戏的设计和展演将有助于提高学生学习数学和探索数学的兴趣,使学生更好地理解数学来源于生活并服务于生活的思想。第三部分为毕业 π,学生将利用前三个阶段中积累的集章卡,根据数量多少到老师的大转盘处一次或多次抽奖。奖项的主题将与感恩教师、父母、职工以及同学相关,通过这种形式将可能性与毕业紧密联系起来,并为学生的思想教育工作打下基础。

3. 特色

"可能性小游戏设计"这个主题严格按照教材知识结构和顺序进行设计。无论是寒假期间的阅读材料和作业,还是之后的活动,都以五年级第二学期第五单元"可能性"中可能性的含义、可能性的大小、可能的个数为基础进行探究和学习。这种活动与常规教法的不同之处在于,全程以学生为主体,教师真正发挥导航人的作用。尤其是 88 个概率小故事的阅读介入,更是把数学读物纳入数学教学中,提高了学生阅读数学的能力。这也是我们曾经设想过的每一个寒假都向学生推荐一本数学读物,给孩子的心灵种下数学的种子的想法。例如在四年级寒假,我们推荐过《密码俱乐部》这本书。

4. 收获

通过可能性游戏设计这个主题的学习,我们基本实现了预设的活动目标,达成了本单元的知识与能力的目标、核心素养的目标和育人的目标。学生掌握了可能性知识与技能,并在学习过程中获得了过程与方法的体验与经验积累。同时,他们培养了有条理地思考问题和以数据说话的习惯。在可能性主题活动中,学生更加深刻地理解了可能性与日常生活的密切联系,感受到这部分内容既有趣又有用,进而激发了他们主动探索的欲望,同时培养了数据意识、创新意识和实践能力。

5. 思考

最初设想是把本次主题活动作为一个五年级数学节的保留活动,所以整个计划在寒假初就开始酝酿,并在实施的过程中不断完善,包括调整授课单元顺序等。但在完善的过程中,部分过程还不够精雕细琢,设想还不够全面,具体改善措施如下:

(1)活动方案细则和可操作性再完善、明晰一些,形成文案和资料包以备教研组用;

(2)教师在学生分工合作上需要有更明确的考察与跟进,使每一组的人员搭配更合理,使每个孩子都有用武之地并且在小组中有所学;

(3)总结形成几个经典的"可能性小游戏设计",并能为后面的学习和游戏设计形成参考案例。

(饶燕　上海宋庆龄学校)

案例 11：数字变形记

——折线统计图的应用

 **一、主题概述**

1. 背景

新冠肺炎疫情期间，我们每天都被大量的数字包围，经常在新闻中听到这些名词：新增确诊人数、累计确诊人数、累计治愈人数等。伴随着这些数字出现的，有排列整齐但长短不一的长方形图示，有时而向上爬升又时而向下滑落的曲线，这些就是统计图——让数字以一种更直观的方式被我们看见。小学生可能很难发现众多的数字背后隐藏的规律，如何将这些抽象的数字变成图表来发现规律呢？除此之外，还要让学生理解，这些数字和图表中包含了什么信息，这些信息又怎样帮助我们解决日常生活中的问题。

新课标关于"统计与概率"部分中指出："让学生经历简单的数据收集、描述和分析数据的过程。会根据实际问题设计简单的调查表，能选择适当的方法收集数据。"本主题旨在将课本中的知识还原到有现实意义的背景中，选择与学生生活密切相关的问题，以疫情中的数字为出发点，让身处疫情中的学生们更加感同身受，从而激发学生对本学习内容的兴趣，又可以让课堂中学到的统计知识服务于生活。通过对数据进行收集、处理、分析与表达，以及在数据随机性的基础上做出预测与判断，培养学生的数据分析观念，这也是本课例的设计理念。

2. 任务

在日常的生产和生活中，统计是较为实用和常用的方法。学生根据统计图进行简单的分析，体会统计与生活的联系，发展统计意识。通过已有的统计经验，从条形统计图迁移到学习折线统计图，了解折线统计图的优势和特点。会看、会绘制折线统计图，并且能够根据折线统计图提出问题和解决问题。学生通过小组合作的方式，完成统计图的制作与分析，培养观察、分析数据和合理推测能力，发展与他人合作的团队精神，增强学习数学的信心，体会统计在生活中的作用和意义。

3. 跨学科特征

信息技术：查找、收集与疫情相关的数据，上传作品等；

美术：美化、装饰统计图。

4. 适用对象

本主题主要适用于义务教育阶段四年级的学生。该阶段学生思维活跃，对外界各类知识充满好奇心。在二、三年级时，已经掌握了收集、整理、描述、分析数据的基本方法，会用统计表和条形统计图来表示统计结果，并能根据统计图表解决简单的实际问题。在此基础上，本课例将认识一种新的统计图——折线统计图，帮助学生了解单式折线统计图的特点和思想,根据折线的变化特点对数据进行简单的分析,更好地了解统计在现实生活中的意义和作用,有效建构数据分析观念。在学习分析过程中,多提高学生运用知识解决实际问题的能力,学以致用,显示数学真正的魅力。

二、内容说明

1. 知识

"折线统计图"是沪教版九年制义务教育数学课本四年级第二学期第三单元的教学内容,属于"统计"主题单元。本单元主要教学内容包括折线统计图的认识和画法。

学生在学习本单元内容以前,已经学习过记数记录、掷双色片(一上),条形统计图(二上),两种条形统计图(三下)等统计知识;经历了收集数据、整理收集、数据呈现、数据分析等统计过程与方法。这部分知识也是学生进一步学习和应用统计知识的基础。折线统计图不仅能反映量的多少,而且还能反映量的变化趋势。因此,在日常的生产和生活中,我们经常应用折线统计图进行数据分析并作出决策。

2. 工具

(1)活动流程:

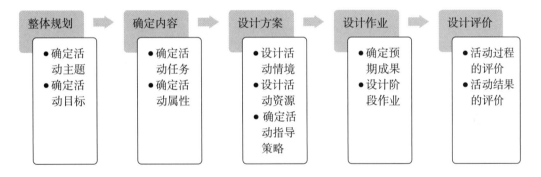

(2)活动规划:

活动单元规划表

活动主题	数字变形记——折线统计图的应用			
活动属性	☐主题学习　☑项目化学习　☑跨学科　☑长周期			
预期成果	通过收集、整理数据,制作折线统计图,并进行分析交流。			
任务清单	任务1	任务2	任务3	任务4
任务名称	提出问题明确任务	收集整理数据	完成项目设计	小组分享、交流反思
活动分解	活动1	活动2	活动3	活动4
活动内容	设计情景、头脑风暴	搜集资料、整理数据	绘制折线统计图	作品展示、分享互评
活动空间	☑课内　☐课外	☐课内　☑课外	☐课内　☑课外	☑课内　☐课外
课时划分	1	1	1	2

（3）评价量表：

活动过程观察评价表(学生个体)

活动主题	数字变形记——折线统计图的应用				
学生姓名		评价结果	☐ 很好　☐ 较好	☐ 一般　☐ 需改进	
分值 活动表现	4分	3分	2分	1分	得分
活动讨论参与情况	每次讨论都积极参与	大部分时间积极参与	时常参与	偶尔或很少参与	
完成分工任务情况	按要求完成分工任务	基本能完成分工任务	部分完成分工任务	很少完成分工任务	
小组合作沟通情况	沟通充分、合作积极主动	能较好地与组员沟通合作	能与组员沟通，但不主动	偶尔或很少与组员沟通合作	
遇到困难的态度及解决情况	不畏难，主动寻求帮助，认真思考解决	面对困难不放弃，能寻求同伴或老师的帮助	面对困难态度犹豫，有时会寻求帮助	很少寻求帮助，面对困难害怕或放弃解决	

活动成效评价表

活动主题		数字变形记——折线统计图的应用					
活动评价	活动1	设计情景、头脑风暴	活动效果	☐ 很好	☐ 较好	☐ 一般	☐ 需改进
	活动2	搜集资料、整理数据	活动效果	☐ 很好	☐ 较好	☐ 一般	☐ 需改进
	活动3	绘制折线统计图	活动效果	☐ 很好	☐ 较好	☐ 一般	☐ 需改进
	活动4	作品展示、分享互评	活动效果	☐ 很好	☐ 较好	☐ 一般	☐ 需改进
活动反思							

3. 方法

活动方式设计

主题	数字变形记——折线统计图的应用		
序号	活动方式	用途	说明
1	☐ 实验操作　☐ 探究规律 ☐ 调查统计　☐ 设计制作 ☐ 数学建模　☑ 主题阅读 ☐ 论文报告　☐ 其他____	该活动方式应用在第1个活动中	结合生活经验，结合疫情统计数据，以头脑风暴的形式提出问题，确定研究任务
2	☐ 实验操作　☐ 探究规律 ☑ 调查统计　☐ 设计制作 ☐ 数学建模　☐ 主题阅读 ☐ 论文报告　☐ 其他____	该活动方式应用在第2个活动中	从报纸、杂志、互联网或者其他途径收集并整理疫情相关数据

续表

序号	活动方式		用途	说明
3	☐实验操作 ☐调查统计 ☐数学建模 ☐论文报告	☐探究规律 ☑设计制作 ☐主题阅读 ☐其他_____	该活动方式应用在第3个活动中	根据统计表设计制作折线统计图
4	☐实验操作 ☐调查统计 ☐数学建模 ☐论文报告	☐探究规律 ☐设计制作 ☐主题阅读 ☑其他表达展示	该活动方式应用在第4个活动中	展示设计成果,并用数学语言进行分析和推测

三、活动目标

（1）了解画单式折线统计图的一般步骤,进一步掌握绘制单式折线统计图的方法,体会折线统计图在整理分析数据时准确、合理、简明、直观的特点。

（2）学会用统计的方法对发生在身边的事情进行观察分析并提出问题,能够把数字信息转化成符号图形等不同的表达方式,在解决实际问题的过程中掌握分析整理数据的方法,积累解决问题的经验,提高抽象能力、应用意识和模型意识。

（3）通过真实的问题情景激发兴趣,在积极参与探索、思考,经历收集、整理、描述、分析数据的过程中,学会与人合作和交流,分享成功的喜悦,激发创造的激情,树立学习数学的信心,同时感受数学在生活中的强大作用。

四、资源设计

主题	数字变形记——折线统计图的应用			
序号	资源形式	资源名称	用途	使用说明
1	☑文本 ☑动画 ☐程序 ☐实物 ☐场地 ☐人力	网站	这些资源将在活动1环节使用,帮助学生了解背景、进行头脑风暴	教师提供文字、图片等资源给学生进行阅读学习,激发学生进一步探究的兴趣
2	☐文本 ☐动画 ☑程序 ☐实物 ☐场地 ☐人力	互联网、杂志、报纸	这些资源基本贯穿活动1、2、3、4整个设计过程	收集、整理疫情数据,展示分享作品

五、活动设计

1. 创设情境，明确目的

疫情期间，我们每天都被大量的数字包围，经常在新闻中听到这些名词：新增确诊人数、累计确诊人数、累计治愈人数，等等。伴随着这些数字出现的，有排列整齐但长短不一的长方形图示，有时而向上爬升又时而向下滑落的曲线，这些就是统计图——让数字以一种更直观的方式被我们看见。如何发现众多的数字背后隐藏的规律，如何将这些抽象的数字变成直观的易于理解的图表呢？这些数字和图表中包含了什么信息？这些信息又怎样帮助我们解决日常生活中的问题？

通过经历收集、整理、描述、分析数据的全过程，引导学生积极参与探索、思考，在学习过程中体会折线统计图的准确、合理、简明、美观。

2. 分解任务，制订流程

讨论并填写任务清单。

序号	任务名称	活动名称	活动空间	活动形式	课时
1	确定设计主题	设计情景、头脑风暴	课内	表达演示	1
2	采集整理数据	搜集资料、整理数据	课外	调查统计	1
3	完成作品设计	绘制折线统计图	课外	设计制作	1
4	评价设计作品	作品展示、分享互评	课内	表达演示	2

制定活动流程图：

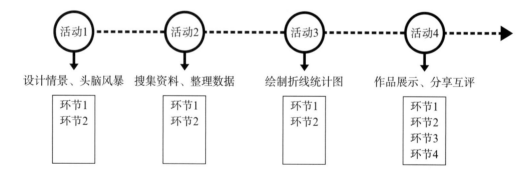

3. 开展活动，实践探究

活动 1：设计情景、头脑风暴

环节	学习任务	学生活动	教师组织	活动意图
环节 1	问题引入，观察	观察根据疫情数据统计生成的各类统计图	准备和疫情有关的各类统计图，如：新冠肺炎疫苗累计接种剂次统计图表，适当引导质疑	发现数学在生活中的应用
环节 2	引出主题，明确进程	明确研究对象和活动进程，讨论主题活动任务	鼓励学生开展研究，梳理活动进程	学生能够聚焦任务实施论证，并明确活动进程

活动 2:搜集资料、整理数据

环节	学习任务	学生活动	教师组织	活动意图
环节 1	分组分工	自行分组(每组建议 4—5 人),小组合作交流和总结以前学习条形统计图的经验,用学习旧知识方法,有选择性地应用到新知识研究探索中	在分组过程中,指导学生解决遇到的问题	通过合作学习,拓宽知识领域,提升自主学习能力
环节 2	从生活中收集和疫情相关的数据	确定收集所需数据对象,从报纸、杂志、互联网或者其他途径收集数据,比如上海发布关于新冠肺炎疫情新增人数的变化情况等	指导学生对信息进行筛选	培养数据意识,根据统计内容,选择性进行数据采集
环节 3	阅读、整理数据	将收集的数据进行分析和整理	指导学生总结、提炼、理解关键信息的基本方法	提升学生资料收集与分析整理的能力

活动 3:绘制折线统计图

环节	学习任务	学生活动	教师组织	活动意图
环节 1	绘制折线统计图	把收集所得数据,制作成统计表、折线统计图	适时指导学生在绘制统计图表的过程中解决遇到的问题	新知运用,在实践操作中感悟数学知识
环节 2	阅读统计图表,分析总结	阅读折线统计图中数据,从折线统计图中提炼信息	有针对性地进行提问质疑,引导学生观察寻找折线统计图的特点和优势	学生能积极投入活动,并进行自主探究

活动 4:作品展示、分享互评

环节	学习任务	学生活动	教师组织	活动意图
环节 1	展示各研究小组查到的有用图片或重要文字、数据资料	由各小组代表 A、B 同学进行分享	对学生在展示和分享环节中所需要注意的细节进行指导	培养学生用数学语言进行表达的能力
环节 2	展示、介绍各研究小组绘制的统计图	由各小组代表 C、D 同学进行分享,互问互答。问题预设: 1. 这个折线统计图统计的内容是什么? 2. 这个折线统计图中最突出、最令人印象深刻的数据在哪里?这代表了什么? 3. 在什么时间段上升最快?在什么时间段下降最快?针对某一现象提出一些解决性的方案。 4. 这个折线统计图的特点有哪些?你能获取哪些信息?它和其他统计图相比有何优势	引导学生在展示与分享过程中聚焦折线统计图的相关问题	能用清晰的逻辑与清楚的语言准确表达自己的想法,敢于质疑,了解折线统计图的特点
环节 3	展示分享各研究小组合作经验或者是小趣闻,反思及建议	由各小组代表自由分享	观察学生在任务完成过程中的投入程度与小组团队合作能力等,并对上述情况予以记录	培养学生分工合作与交流表达的能力

环节	学习任务	学生活动	教师组织	活动意图
环节4	自我评价,小组成员、各小组之间的互评	根据统一的评价标准对本组及其他组的设计和展示进行评价	帮助组织不同层次的学生进行分享与评价活动	学生能客观地对本组与其他组进行评价

 六、作业成果

1. 设计作业

活动	作业	要求	说明
活动2	搜集和疫情相关的数据	确定收集所需数据对象,从报纸、杂志、互联网或者其他途径收集数据,比如上海发布关于新冠疫情新增人数的变化情况等	结合疫情情况,从学生感兴趣的主题出发,采用真实的、与生活有关的资料,让学生经历真实的统计活动,关注疫情,收集数据,在了解统计与生活紧密联系的同时,认识统计的现实意义
活动3	以疫情中的数学问题为主题绘制折线统计图	1. 根据统计的数据先制作统计表,再根据统计表绘制折线统计图,并进行美化和装饰,写下自己对相关内容的理解,进一步培养数据意识、推理意识和应用意识; 2. 结合教材、空中课堂等资源,对教学内容进行强化、巩固,学生掌握情况较好,课后作业除了配套练习册常规作业,结合当前疫情,布置长作业,关注疫情,收集数据,自制统计图,运用钉钉班级圈功能进行分享和评价,实现师生互动、生生互动,提高了学生学习的参与度	立足现实世界中的人和事,人类抗击新冠肺炎疫情的事件已经渗透到了每一个人的日常生活中,小学生也不能例外;引导学生用数学的眼光观察现实世界、用数学的思维思考现实世界、用数学的语言表达现实世界

2. 作业示例

近5日上海(　　　)人数统计表

日期					
人数					

作业:

1. 关注疫情,标题自定,收集数据,自制统计表。

2. 根据统计表画折线统计图。

3. 可适当进行装饰和美化。

4. 5月2日前完成,分享到班级圈,话题:疫情中的数学——折线统计图

"疫情中的数学问题"班级圈互动分享

在学生经历了对生活中有关数据的搜集、整理并把数据制成折线统计图进行分享后,引导学生观察统计图、读懂统计图,分析数据中蕴含的信息,进行合理的预测、推断,可以提高学生的数据分析能力,加深学生对折线统计图的理解和掌握,体现"数学从生活中来,并服务于生活"的新课标理念。

青浦区闭环管理外确诊及无症状感染者人数统计表(4月13到29日)

	13日	14日	15日	16日	17日	18日	19日	20日	21日	22日	23日	24日	25日	26日	27日	28日	29日
确诊	5	6	9	3	2	12	1	4	3	1	6	0	0	0	0	0	0
无症状	1	4	11	3	7	15	7	3	14	13	37	3	0	0	0	0	0

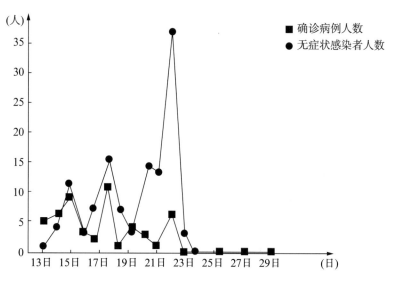

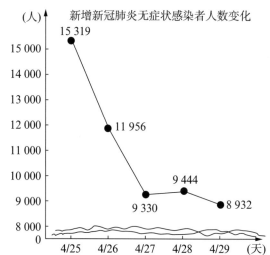

七、评价方案

1. 活动过程评价

活动过程观察评价表(学生个体)

活动主题	数字变形记——折线统计图的应用		
学生姓名	王同学	评价结果	✓很好 □较好 □一般 □需改进

分值\活动表现	4分	3分	2分	1分	得分
活动讨论参与情况	每次讨论都积极参与	大部分时间积极参与	时常参与	偶尔或很少参与	4
完成分工任务情况	按要求完成分工任务	基本能完成分工任务	部分完成分工任务	很少完成分工任务	4
小组合作沟通情况	沟通充分、合作积极主动	能较好地与组员沟通合作	能与组员沟通，但不主动	偶尔或很少与组员沟通合作	4
遇到困难的态度及解决情况	不畏难，主动寻求帮助，认真思考解决	面对困难不放弃，能寻求同伴或老师的帮助	面对困难态度犹豫，有时会寻求帮助	很少寻求帮助，面对困难害怕或放弃解决	3

此评价表由小组成员互评，该同学积极参与每次讨论，按要求完成分工任务，沟通充分，合作积极主动，面对困难不放弃，能寻求同伴或老师的帮助。

2. 活动成效评价

活动效果评价表

活动主题		数字变形记——折线统计图的应用					
活动评价	活动1	确定设计主题	活动效果	✓很好	□较好	□一般	□需改进
	活动2	采集整理数据	活动效果	✓很好	□较好	□一般	□需改进
	活动3	完成作品设计	活动效果	✓很好	□较好	□一般	□需改进
	活动4	评价设计作品	活动效果	✓很好	□较好	□一般	□需改进
活动反思							

此评价表由各小组进行自评时使用。该小组通过讨论确定了统计主题，并关注新闻采集和数据整理，所得数据具有真实性。统计图的设计合理、美观且能够进行分析和预测。此外，该小组还积极参与小组分享和互评活动。

3. 作品成果评价

评价量表1：任务完成情况评价

		起点水平1	有进步2	掌握水平3	成为范例4	得分
环节一20%	统计图					
	数据源					
	分析					

续表

		起点水平 1	有进步 2	掌握水平 3	成为范例 4	得分
环节二 50%	统计设计					
	数据搜集					
	数据整理					
	统计图利用					
	总结分析					
环节三 20%	组织					
	文法语句					
	设计					
小组整体表现 10%	合作					
	分工					
总分 100%						

此评价表在各小组分享汇报、展示作品后,由各小组进行互评时使用,环节一占 20%,环节二占 50%,环节三占 20%,而小组整体合作表现则占 10%,从以上评分细则来进行评价。

评定量表 2:小组组员互评表

编号	题目	组员 1	组员 2	组员 3	组员 4
1	在大部分时间里他(她)踊跃参与,表现主动				
2	他(她)的意见总是对我很有帮助				
3	他(她)常常激励或督促小组其他组员主动参与协作				
4	他(她)能够按时完成应该做的那份工作和学习任务				
5	我对他(她)表现满意				
6	他(她)对小组贡献突出				
7	假如还有机会,我很愿意和他(她)再分到一组				
8	对他(她)总体上是喜爱的				

此评价表由各小组成员进行自评时使用,从活动实施过程中的主要环节进行评价,分别用☺、☻、☹表示,体现评价方式的趣味性和多样性。

评价量表 3:自我评价

知识建构	1. 经过网上协作学习,试写出新构建知识
沟通	2. 试写出你曾对组员提出的意见
协作	3. 试写出你曾替他人处理问题的有效方案
个人学习	4. 试写出你分辨关键信息的方法
价值观/态度	5. 试写出现阶段远程在线学习目标或者见解

此评价表由小组成员进行自我评价时使用,其中的问题均为开放式且答案不唯一。这一评价表帮助教师从多维度了解活动目标的达成情况。

八、教学思考

1. 理念

《义务教育课程方案和课程标准(2022年版)》提出"数据意识"新的核心素养表述,为了落实核心素养,设计真实的问题情境,将学生置身于真实问题的情境中,通过对数据进行收集、处理、分析与表达,以及在数据随机性的基础上作出预测与判断,培育学生的数据分析观念。

折线统计图教学是小学数学统计图表教学中的重要内容,它是在学生学习了统计表、条形统计图的基础上进行教学的。它比条形统计图更加直观、全面地反映数量增减变化的幅度和变化趋势。在折线统计图教学中,通过让学生经历数据的搜集、整理、分析、描述等学习活动,培养学生搜集整理数据的能力、制图能力、数据分析能力和数学语言表达能力,从而培养学生统计观念,发展学生的思维品质。

学生在本单元学习中认识了折线统计图的基本结构,包括表示(统计)项目或量的"横轴",表示统计量的"竖轴",标题和制表日期等。条形统计图用条形的长度反映量的多少,折线统计图则用"点"表示量的多少,同时用点与点的连线(折线)表示量变化的趋势。因此,在认识折线统计图时,需要抓住横轴及其标度表示什么,纵轴及其标度表示什么,点和折线等主要信息开展教学。

画折线统计图,特别要注意横轴上应该等间隔地标上量(如时间)或者项目,否则就难以真实反映量变化的趋势。同样,纵轴上也应该等间隔地标上量的数值。这里,比较难的地方也是有时需要省去空白部分,具体省去多少要根据实际情况而定。折线统计图的核心要素是点和折线,具体画图时,先画点再画线。

为了提高学生的参与度,我们在互动形式上进行了尝试,通过钉钉视频会议和常规作业,我们还增设了班级圈,以"疫情中的数学问题——折线统计图"为主题进行分享。这样让学生参与到真实的统计活动中,关注疫情,了解统计与生活的联系,认识统计的现实意义。

2. 实施

在"折线统计图"教学的练习环节中,我们打开新冠肺炎疫情实时动态网站,通过对数据的观察,随时准确对比分析疫情的最新情况。这样,我们将丰富的现实素材作为数据分析的载体,不仅体现了基于数据的分析预测,还有基于现实的判断决策能力。学生们将分析结论应用于解决真问题,培养了他们的应用意识。每份数据报表都成为课堂上的养分,让学生与全社会共同学习与思考。通过这样的教学,学生更深刻地认识到数学在生活中无处不在,也更能够深切地感受到数学在现实生活中的作用。

本活动的实施过程中,引导学生在一个循序渐进的探究过程中,增强数据分析意识。

第一层次,结合数据,体会折线统计图的特点。首先出示新冠肺炎疫苗累计接种剂次统计表,巧妙设计限时读取数据信息的活动,让学生在解决谁最多、谁最少、谁增长最快这几个问题的过程中,自然引出条形统计图;再通过课件演示条形统计图变成折线统计图的过程,通过统计图中先将直条不断变细变短缩成一个点,再将一个个点联结起来得到折线统计图的过程,让学生充分体验"折线统计图"的形成过程,巧妙地打通折线统计图与以往所学知识的联系。然后引导学生观察、思考和对比分析数据,从多维度感知数据变化的特点,感悟折线统计图中"点表示数量的多少,线表示数量的变化;线段倾斜角度越大,变化越明显(反之亦然)"的特点。再将折线统计图和条形统计图进行对比分析,引导学生思考交流,进一步感受条形统计图表示数据的局限性以及折线统计图产生的必要性,开阔学生统计思维,发展他们的统计观念。

第二层次,预测数据,体会数据背后蕴含的信息。当学生掌握了"读图"的方法,教师引导学生对数据进行分析,鼓励学生对图中的数据语言进行转换,同时对数据信息进行大胆猜测。学生发现线段坡度越来越陡,数据急速上升,4月份、5月份疫苗接种人数剧增,教师引导学生对数据及数据背后的信息提出"为什么人数会剧增"的问题,并与学生就"数据"展开讨论。各种层次的学生根据他们对生活的理解、对国家大事的关心程度相互讨论,互相启发。他们纷纷认识到数据背后呈现出的疫苗接种速度是令人惊叹的,每一个数据的背后都蕴含着国人的努力与付出。学生重新认识"数据",深度思考,并预测后续月份疫苗接种速度将越来越快。在此过程中,培养了学生辩证分析数据的能力。

现代社会的公民越来越需要与"数据"打交道。当前,小学生正处于信息技术高速发展的环境中。统计已成为人们日常工作和生产的必备常识。在处理实际问题时,人们越来越注重对数据的收集、整理和分析。面对纷繁复杂的数据,我们要让学生在"会用数学的眼光看世界"的同时,进一步帮助他们树立和塑造爱国主义和家国情怀,把"战疫"的过程淬炼成孩子们生命成长的课堂!

3. 特色

我国著名数学教育学专家史宁中教授提出:"数学教育的最终目标,是要让学习者会用数学的眼光观察现实世界,会用数学的思维思考现实世界,会用数学的语言表达现实世界。"近几年来,在抗击新冠肺炎疫情战役中,大数据扮演着不可或缺的角色,被更多人所看见,也为数学统计的教学提供了鲜活的素材。此次抗击疫情、疫苗接种等素材,更是培养学生用"数学的眼光看世界"的良好契机。在"折线统计图"教学中,用好这些沉甸甸的鲜活材料,引导学生对抗击疫情阶段的真实数据进行对比观察、深入分析。在积累数据分析经验,感受统计意义的同时,让学生明确责任意识,培养他们的爱国情怀。

数学来源于生活,数学教学应从学生熟悉的生活现实出发,使生活材料数学化,数学教学生活化。对于数学教师来说,需要对小学数学统计学知识教材内容进行重构,大胆突破教材的内容安排,融合丰富的现实素材作为数据分析的载体,从疫情数据入手提炼学习素材,引导学生从数学角度看疫情。这不仅体现基于数据的分析预测,还有基于现实的判断决策。同时,将分析结论应用于解决真实问题,凸显统计领域教学的时效性,培养了学生的应用意识。

统计是数据分析的科学,培养学生的数据分析观念是统计与概率教学的核心目标。"大数据时代"要让用数据来分析和解决现实问题慢慢变成一种习惯,变成一种观念,形成一种素养。

4. 收获

本章节设计了一项折线统计图的实践作业,让学生在解决实际问题的过程中搜集第一手真实的数据,充分发挥线上学习的优势。同时,利用网络资源,经历完整的统计过程,逐步培养学生用数据分析问题、解决问题的能力,进而培养学生的数据分析的观念。

5. 思考

由于线上教学的缘故,我们无法像线下教学一样,与学生面对面进行师生互动,也无法随时了解学生的学习情况并及时反馈。同时,小组合作形式也受到了很大的限制。因此,我们进行了一些反思,并希望在以后的教学中加以改进。

(1)**认识理解偏于表象**

学生虽然已经认识了折线统计图,能够用折线统计图的形式呈现数据,表示统计结果,但是利用数据增减变化来分析疫情给生活带来的变化时,显然学生的知识储备是不足以解决的。学生对于折线统计图的认识仅仅停留在对表象的认识,缺乏更深层次的理解。

(2)**统计过程经验尚浅**

小学阶段对于学生统计意识的培养是一个循序渐进的过程。在此之前,虽然学生已经掌握了收集、整理、描述、分析数据的基本方法,会用统计表和条形统计图表示统计结果并能解决简单的实际问题。但是,对于完整地经历数据的收集、整理、描述、分析和判断的过程是比较少的。所以,在今后教学中,可以设定学生感兴趣的主题,放手让学生收集数据并进行统计。

(3)**数据分析观念缺乏**

学生虽然具备了作折线统计图的简单技能,但从折线统计图中的数据增减变化来分析和预测事物发展趋势的能力还比较弱。对此,还需要借助具体的教学来不断增强学生数据分析的观念。数据分析观念的形成并非一朝一夕的事。纵观小学阶段的统计图表教学,教师更应该找到表与表、表与图、图与图之间内涵的一致性、表现的阶段性和表述的整体性。根据研究问题的不同,表达方式也有所不同。教师不仅需要选择合适的、真实的数据帮助学生建立整体的数据分析观念,还需要尽量创设一些社会调查,对具体问题进行评估,进一步培养学生抓住主要因素分析问题,让数据分析观念的形成有效落实。

总之,在线上教学中发挥其优势,我们设计了基于统计——折线图的相关知识和技能,通过采集数据和分析数据,运用条形统计图、折线统计图等不同形式的数据展示实现解释、预测等多种综合与实践活动。这样的教学活动备受学生欢迎,成为一种享受学习的体验。

(王向禹　上海宋庆龄学校)

案例 12：欢迎来到三维世界

一、主题概述

1. 背景

图形与几何是义务教育阶段学生数学学习的重要内容。本主题选自沪教版五年级第二学期第四单元"几何小实践"的有关章节，旨在帮助学生经历从实际物体抽象出几何图形，通过实践操作、感悟、积累，逐步形成空间观念。本主题的教材内容是小学数学学习阶段最后一个图形与几何的章节。学生通过以往的学习，对图形有了一定的认识。基于教材螺旋上升、逐段递进的排列特点，在这个阶段将图形的认识正式上升到三维空间，学生学习起来表现出兴致盎然，善于动手操作，乐于开口表达等特征。该主题需要学生通过收集资料、整合知识、动手实践等方式，自主探究并以团队合作的方式进行展示及汇报。

2. 任务

学生经过主题活动，通过实例更好地了解体积（容积）的意义；知道体积（容积）的度量；更好地认识长方体和正方体的展开图、表面积和体积等概念；会熟练辨认简单物体的方位；能在图形认识的过程中形成量感、空间观念，建立几何直观。

3. 跨学科特征

（1）美术学科：本活动要求学生进行设计图的绘制，因此需要他们掌握透视图原理以及具备设计和绘画能力。

（2）劳动课程：本主题活动是制作"异形大厦"。学生需要通过折纸和剪裁的方式，将自己的设计图纸转化为具有立体效果的作品。

4. 适用对象

该活动主要适用于五年级第二学期的学生。

二、内容说明

1. 知识

（1）数学学科中已经储备的知识。

本主题主要以沪教版五年级第二学期第四单元"几何小实践"为载体。在图形与几何领域的"图形的认识"主线中处于第三学段，在对图形测量和计算的过程中，从度量的角度加深对图形的认识，理解图形的关系，进一步增强空间观念、量感和几何直观。

本次活动主要借助现实生活中的实物，引导学生通过观察、操作等认知活动，认识长方体、正方体、立体图形的特征,增强空间想象能力。引导学生经历体积单位的确定过程,通过操作、转化等活动探索立体图形的体积和表面积的计算方法。让学生借助折叠纸盒等活动经验,认识立体图形展开图,建立立体图形与展开后的平面图形之间的联系,培养空间观念和空间想象能力。

（2）与活动相关的美术学科知识:透视图,设计图等。

（3）与活动相关的劳动学科知识:剪,折,拼搭等。

2. 工具

（1）活动流程:

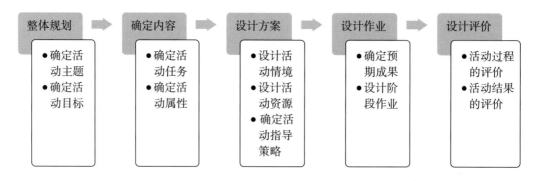

（2）活动规划:

活动单元规划表

活动主题	欢迎来到"三维世界"				
活动属性	□主题学习　☑项目化学习　☑跨学科　☑长周期				
预期成果	"异形大厦"创意立体图形作品				
任务清单	任务1	任务2	任务3	任务4	任务5
任务名称	确定主题	确定内容	设计图纸	完成作品	评价与展示
活动分解	活动1	活动2	活动3	活动4	活动5
活动内容	寻找身边的长方体、正方体实物	通过对展开图的学习,进一步了解长方体和正方体	讨论并完成设计稿	利用长方体、正方体展开图制作立体图形,并根据设计图拼搭"异形大厦"	班级评价并进行年级展示
活动空间	☑课内 ☑课外	☑课内 ☑课外	☑课内 □课外	☑课内 □课外	☑课内 ☑课外
课时划分	2	2	1	1	2

（3）评价量表：

活动过程观察评价表（学生个体）

活动主题	欢迎来到"三维世界"				
学生姓名		评价结果	☐ 很好 ☐ 较好	☐ 一般	☐ 需改进
分值 / 活动表现	4分	3分	2分	1分	得分
活动讨论参与情况	每次讨论都积极参与	大部分时间积极参与	时常参与	偶尔或很少参与	
完成分工任务情况	按要求完成分工任务	基本能完成分工任务	部分完成分工任务	很少完成分工任务	
小组合作沟通情况	沟通充分、合作积极主动	能较好地与组员沟通合作	能与组员沟通，但不主动	偶尔或很少与组员沟通合作	
遇到困难的态度及解决情况	不畏难，主动寻求帮助，认真思考解决	面对困难不放弃，能寻求同伴或老师的帮助	面对困难态度犹豫，有时会寻求帮助	很少寻求帮助，面对困难害怕或放弃解决	

活动成效评价表

活动主题	欢迎来到"三维世界"		
活动评价	活动1	寻找身边的长方体、正方体	活动效果 ☐很好 ☐较好 ☐一般 ☐需改进
	活动2	学习展开图	活动效果 ☐很好 ☐较好 ☐一般 ☐需改进
	活动3	讨论并完成设计稿	活动效果 ☐很好 ☐较好 ☐一般 ☐需改进
	活动4	完成"异形大厦"	活动效果 ☐很好 ☐较好 ☐一般 ☐需改进
	活动5	评价及展示	活动效果 ☐很好 ☐较好 ☐一般 ☐需改进
活动反思			

3. 方法

活动方式设计表

主题	欢迎来到"三维世界"		
序号	活动方式	用途	说明
1	☐实验操作 ☑探究规律 ☐调查统计 ☐设计制作 ☐数学建模 ☐主题阅读 ☐论文报告 ☐其他_____	活动1：寻找身边的长方体、正方体	学生通过收集长方体和正方体，经过比较，探究长方体和正方体的特征

数学
综合与实践活动设计

续表

序号	活动方式		用途	说明
2	☑实验操作 ☐调查统计 ☐数学建模 ☐论文报告	☐探究规律 ☐设计制作 ☐主题阅读 ☐其他____	活动 2:学习展开图	长方体、正方体平面展开图,利用希沃白板,可以直观、清晰、动态地显示各种变化过程
3	☐实验操作 ☐调查统计 ☐数学建模 ☐论文报告	☐探究规律 ☑设计制作 ☐主题阅读 ☐其他	活动 3:讨论及完成设计图; 活动 4:拼搭"异形大厦"	学生通过折叠展开图制作长方体和正方体,并利用它们将自己设计的"异形大厦"拼搭完成

三、活动目标

（1）通过观察和比较等一系列的活动,加强对体积和容积含义的理解,并培养对体积单位的量感。通过个人探究和小组合作,进一步熟练长方体和正方体的体积计算公式,以及简单组合体的体积计算方法。经历使用展开图拼搭的操作,进一步掌握正方体和长方体表面积的计算方法。

（2）熟练掌握计算立体图形的表面积和体积的方法,能描述展开图和立体图形之间的关系,发展量感、空间观念和几何直观的数学核心素养。

（3）在活动过程中,体会数学与日常生活的密切联系,感知数学是有趣的和有用的,初步了解数学的价值;在探究过程中,激发主动探索的欲望和学习探究的方法;在归纳的过程中,初步感受数学思考的条理性和数学结论的明确性;在探究有关表面积的变化规律中,渗透节约环保的思想观念。

四、资源设计

主题	欢迎来到"三维世界"			
序号	资源形式	资源名称	用途	使用说明
1	☑文本 ☑动画 ☑程序 ☑实物 ☐场地 ☐人力	PPT,希沃智能白板,长方体和正方体实物及展开图的实物教具	活动 1,2,3,4,5 中展示和学习	在学习几何图形时,学生需要借助多媒体和实物进行观察,分析和想象。所以 PPT 和希沃智能白板及各类实物教具贯穿整个过程
2	☐文本 ☐动画 ☐程序 ☐实物 ☑场地 ☐人力	教学楼长廊	活动 5 中展示和评价	作品完成后,将在教学长廊内进行展示

192

五、活动设计

1. 创设情境,明确目的

我们已经学习了长方形和正方形,也学习了长方体和正方体。大家有没有想过长方形和正方形能不能拼成长方体和正方体呢? 我们身边有很多长方体和正方体的实物,它们又与长方形和正方形有什么样的关系呢? 城市的设计图纸和我们身边一栋一栋漂亮的建筑物又有什么样的关联呢? 你们想不想自己也来做个小小建筑师,利用长方体和正方体来搭一栋"异形大厦"呢?

说明:在项目完成的过程中,学生将对长方体和正方体展开图有直观和清晰的了解,并且学生可以根据自己的想象,利用美术学科的知识,设计自己喜欢的"异形大厦",并利用展开图将自己的设计稿拼搭出来,在年级里展示交流。

2. 分解任务,制订流程

讨论并填写任务清单。

序号	任务名称	活动名称	活动空间	活动形式	课时
1	确定主题	寻找身边的长方体和正方体	课内＋课外	探究规律	2
2	确定内容	学习展开图	课内＋课外	实验操作	2
3	设计图纸	讨论并完成设计稿	课内	设计制作	1
4	完成作品	完成"异形大厦"	课内	设计制作	1
5	评价与展示	评价及展示	课内＋课外	表达展示	2

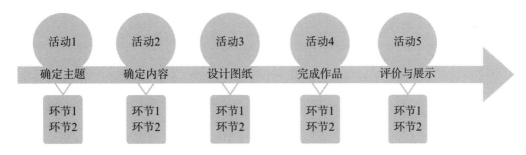

3. 开展活动,实践探究

活动 1:确定主题

环节	学习任务	学生活动	教师组织	活动意图
环节 1	明确学习主题,完成收集任务	寻找、观察身边长方体和正方体的实物,并完成收集任务	调动学生学习兴趣,布置学习任务	1. 激发学习兴趣; 2. 为活动作好知识储备
环节 2	实物学习	直观感受长方体和正方体的特征	准备课件,并根据学生收集的实物进行归纳总结	

活动 2:确定内容

环节	学习任务	学生活动	教师组织	活动意图
环节 1	拓印展开图	动手操作,直观感受展开图和立体图形之间的关联	1. 前期收集实物时,确保每个实物方便拓印; 2. 巡视中帮助或者启发学生,引导学生互相帮助,完成拓印	1. 加深空间认识; 2. 挖掘想象力; 3. 为后期活动作好知识储备
环节 2	折长方体和正方体	在对展开图有了一定的认识后,学会利用展开图折长方体和正方体,再一次体会平面与立体之间的关联	巡视并帮助学生进行折长方体和正方体的活动	

活动 3:设计图纸

环节	学习任务	学生活动	教师组织	活动意图
环节 1	讨论学习	结合美术学科知识,畅想"异形大厦"	1. 根据学生需求回答相关问题; 2. 巡视中帮助完成小组分工任务; 3. 巡视并解决合作中可能出现的问题	1. 通过分组模式加强小组的学习能力; 2. 灵活运用跨学科知识,展开合理想象并设计; 3. 为后期活动作好知识储备
环节 2	分组设计	组内分工,通过讨论,设计并完成"异形大厦"设计图		

活动 4:完成作品

环节	学习任务	学生活动	教师组织	活动意图
环节 1	组内分工	总结上一个活动的分工经验,根据新任务,作好新一轮组内分工	确保学生明确新任务,完成组内新一轮分工	1. 培养分工意识、团队意识,促进领导力发展; 2. 结合劳动课,发展学生的动手能力; 3. 培养观察和记录的意识,为后续汇报活动做好准备工作
环节 2	协作完成	小组协作完成作品	巡视并帮助指导学生进行有效组内合作	

活动 5:评价展示

环节	学习任务	学生活动	教师组织	活动意图
环节 1	评价	以小组形式在班内进行作品设计讲解,并分享制作	教师点评	1. 培养学生的表达能力; 2. 培养小组成员的协作能力; 3. 提高小组成员的作品赏析能力
环节 2	展示	根据作品和现场分享情况,挑选优秀作品代表班级进行展示		

六、作业成果

1. 设计作业

活动	作业	要求	说明
课前准备	收集身边的长方体和正方体	学生以个人为单位,结合自身知识储备,观察身边实物,收集1—2个长方体和正方体实物	通过寻找实物,复习相关知识,作好活动准备
活动2,3	作品设计图,材料准备	将设计稿以绘画的形式呈现在纸上,并且根据设计,大概估测需要的长方体和正方体的数量,准备好活动材料	结合每节数学课,将设计稿呈现,并通过估测数量,加强空间能力和量感。在做准备活动材料的同时,培养组织协调能力
活动4	完成"异形大厦",整理好汇报用的材料	在完成立体图形拼搭的同时,将设计意图、制作过程中的问题和经验整理成文,并作好准备和分享工作	培养记录、整理和分享的意识

2. 作业示例

【案例1】 "异形大厦"细节展示

学生在制作"异形大厦"的过程中,不仅考虑了整体的设计和美观,并且聚焦局部,在正方体的"前"面归纳并记录了自然数的相关知识。学生通过网络搜索,找到了课本上没有介绍的内容。这不仅很好地为"异形大厦"的美观设计加分,并且拓展了数学知识点,给观看者带来视觉盛宴的同时,也普及了数学知识。

【案例2】 "异形大厦"整体造型

学生将大厦设计成了圆周率符号"π"的样子,将数学知识进行了有趣的结合。无论是在美观,还是在创意方面,学生作品都体现了数学的"趣"与"美"。这个作品有一个非常有意思的现象。"异形大厦"的作品,原本应该是班级以小组形式呈现作品,但是在这个班级进行活动的时候,有学生提出了将"异形大厦"设计成"π"的形状,这得到了全班同学的认可。于是,在经过协商以后,全班决定将项目整合成一个大型的"π形大厦",并在年级进行展示。经过孩子们的分组合作,在创意和激情下设计的"π形大厦",尽管与一开始的活动计划有出入,但是却在另一方面锻炼了孩子们的剪裁、美工、搭建及分工协作等能力。

七、评价方案

1. 活动过程评价

活动过程观察评价表(学生个体)

活动主题	欢迎来到"三维世界"				
学生姓名	××同学	评价结果	☑很好　□较好	□一般	□需改进
分值　　　　活动表现	4分	3分	2分	1分	得分
活动讨论参与情况	每次讨论都积极参与	大部分时间积极参与	时常参与	偶尔或很少参与	4
完成分工任务情况	按要求完成分工任务	基本能完成分工任务	部分完成分工任务	很少完成分工任务	4
小组合作沟通情况	沟通充分、合作积极主动	能较好地与组员沟通合作	能与组员沟通,但不主动	偶尔或很少与组员沟通合作	4
遇到困难的态度及解决情况	不畏难,主动寻求帮助,认真思考解决	面对困难不放弃,能寻求同伴或老师的帮助	面对困难态度犹豫,有时会寻求帮助	很少寻求帮助,面对困难害怕或放弃解决	4

该同学在活动中各方面表现均比较突出,同学和老师一致认为他可以得到"很好"的评价结果。

2. 活动成效评价

活动效果评价表

活动主题	欢迎来到"三维世界"			
活动评价	活动1	确定主题	活动效果	☑很好　□较好　□一般　□需改进
	活动2	确定内容	活动效果	☑很好　□较好　□一般　□需改进
	活动3	作品设计	活动效果	☑很好　□较好　□一般　□需改进
	活动4	完成作品	活动效果	☑很好　□较好　□一般　□需改进
	活动5	评价展示	活动效果	☑很好　□较好　□一般　□需改进
活动反思	在活动过程中,我们要善于捕捉学生的反馈,并将一些合理的想法尽快应用和实现			

这里以一个小组为例,根据集体投票,该组在活动期间的表现获得了相应的评价。

3. 作品成果评价

(1)课前准备作业以学生准备的实物为参考,主要分为优秀、良好、合格。要求分别是:

优秀——准备的实物为非常标准的长方体、正方体,可以获得"优秀"。

良好——准备的实物棱或角稍有"异形"的,可以获得"良好"。

合格——准备的实物棱或角有较大"异形",可以获得"合格"。

（2）作品设计和材料准备作业,主要根据学生的设计图以及准备材料是否充足进行评价。

优秀——设计图想象合理、清晰、美观且材料准备充足,可以获得"优秀"。

良好——设计图想象合理,较为清晰、美观,材料基本充足,但略有不足,可以获得"良好"。

合格——设计图不合理,画面模糊不清,材料准备不足,可以获得"合格"。

（3）完成"异形大厦"并整理汇报资料的作业,主要根据学生作品的完成度、与设计图的相似度,以及资料整理的完整度进行评价。

优秀——作品完成,与设计图基本保持一致且资料整理完整,可以获得"优秀"。

良好——作品完成,但是与设计图存在明显差异,资料整理尚可,可以获得"良好"。

合格——作品未完成,或者与设计图完全不符,资料明显缺失,可以获得"合格"。

八、教学思考

1. 理念

在活动设计时,要重视对教学内容的整体分析,帮助学生建立能体现数学学科内容本质、对未来学习有支撑意义的结构化的数学知识体系。一方面需要了解数学知识的产生与来源、结构与关联、价值与意义,同时也需要了解课程内容和教学内容的安排意图;另一方面,要强化对数学本质的理解,关注数学概念的现实背景,引导学生从数学概念、原理及法则之间的联系出发,建立起有意义的知识结构。通过合适的主题整合教学内容,帮助学生学会用整体的、联系的、发展的眼光看问题,形成科学的思维习惯,发展他们的核心素养。

在图形与几何领域的"图形的认识"主线中,第一学段要求学生在认识立体图形和平面图形的过程中,通过直观辨认和感知形成初步的空间观念;第二学段要求学生在认识立体图形和平面图形关系的过程中,逐渐感悟图形的抽象性,进一步形成空间观念和初步的几何直观。第三学段要求学生通过图形的测量和计算过程,从度量的角度加深对图形的认识,理解图形之间的关系,进一步增强空间观念、量感和几何直观。第四学段要求学生在研究图形性质的过程中,将核心素养的认知由感性上升为理性,要求在建立空间观念和几何直观的基础上逐步形成推理能力。

2. 实施

活动的设计旨在改变单一讲授式的教学方式,注重启发式、探究式、参与式、互动式等多种教学方法,探索大单元教学和项目式学习等综合性教学活动。根据不同的学习任务和学习对象,通过丰富的活动让学生在实践、探究、体验、反思、合作、交流等学习过程中感悟基本思想、积累基本活动经验,发挥每一种教学方式的育人价值,促进学生核心素养的发展。

在一次活动实施过程中,学生将"异形大厦"设计成了圆周率符号 π 的形状。当这个设计稿呈现到同学们眼前的时候,大家异口同声地发出了"哇塞"的感叹。还有同学提出来了想加入这一组的想法。于是,教师与同学们商讨如何更好地呈现这个精妙绝伦的创意,让更多人共鸣。经过大家讨论,决定全体同学一起来实现这个设计图。所有人一起加入这个小组,重新进行工作分配。在大家齐心协力的努力下,最终呈现出来如上文提到的案例 2 的"π"形的"异形大厦"。整个实施的过程不仅是课本上知识再应用,更让人感动的是同学们在活动中体现出来的学科以外的成长。

3. 特色

本活动是生活实际与数学相结合的设计思路作为其目标,旨在引导学生用数学的眼光观察现实世界,用数学的语言表达现实世界中事物的概念、关系和规律,从而帮助他们感悟数学与现实世界的联系,培养实践精神。本次活动方案采用了传统的手工制作学具方式,结合信息技术展示跨学科主题的背景。活动方案参考了学生的个人经验和已有的知识积累,从解决问题需要出发,明确所学数学知识与技能,并给出相应学习任务、活动形式,明确学习成果的形式和要求等。

另外,在教学评价方面,除了传统的教师评价方式,本主题活动还融入了学生对相关知识内容的理解评价,并关注学生在小组合作学习活动中的操作、思考、交流和创意等方面的表现;同时,还引入了学生互相评价的机制。

4. 收获

通过活动,学生不仅学会了书本上的知识,而且更深入地了解了知识的来源和应用,即如何从生活中获取知识,并将其应用到实际生活中。在活动中,学生有充分的思考空间,经历观察、实验、猜测、推理、交流、反思等活动过程,感悟基本思想,积累基本活动经验。活动不仅紧跟教材,并且把知识融入到生活中,通过图文并茂的方式关注学生身边发生的事情,增加学习的趣味性,激发学生内在学习动机,促进学生主动学习。

5. 思考

在本次活动中,大部分作业是按照预设要求进行的。但是,在反馈过程中,我们发现学生在投入巨大的热情之后,往往有打破常规,涉猎更多教材外内容的需求。关于如何把握好这里的平衡,以及如何更好地利用大数据、人工智能等技术推动数学教学改革,改进教学方式,促进学生学习方式的转变,这成为我们今后改善活动的重要思考点。同时,我们也欢迎各位同行给予宝贵的意见和建议。

(周勤　上海宋庆龄学校)

案例13:数学助我做"预言家"

一、主题概述

1. 背景

《义务教育数学课程标准(2022年版)》中,数学学科核心素养是个关键词。数学学科核心素养是具有数学学科特征的关键能力、思维品质以及情感、态度与价值观的综合体现;是学生在参与其中的数学教学活动中逐步形成的。发展学生的数学学科核心素养是数学课程的重要目标,即要培养学生:会用数学的眼光观察现实世界;会用数学的思维思考现实世界;会用数学的语言表达现实世界。在低年级学段数学核心素养表现得更加具体,更侧重意识;到了高年级学段,更侧重能力。在小学要强调推理意识、模型意识和数据意识,而在初中强调推理能力、模型思想和数据观念。

在如今的信息化时代,学生具有较强的获取信息能力,多样性的媒体、媒介能给学生带来几乎所有需要的信息与数据。在扑面而来的信息和数据中,我选择了与学生健康相关的主题:学生的视力问题。这个主题将学生所学知识与生活进行了密切的链接。2018年8月30日,教育部等八部门印发《综合防控儿童青少年近视实施方案》,强调了保护儿童青少年视力的重要性。而该主题的设计,可以在学生收集数据的阶段,让其意识到视力健康问题所辐射的范围之大,从而提高他们对于保护视力的重视态度,也可以让学生体会到数学知识与自身及生活实际的紧密联系。

2. 任务

在小学生眼中,数学是一门较为抽象的学科。本主题将数学和现实生活连接起来,通过有趣的"预言家"视角,让学生能够应用所学的折线统计图的相关知识,认识到数学的实用性。新课标在第一部分的课程性质中提到:数学能够帮助人们认识、理解和表达现实世界的本质、关系和规律。本主题的知识学习领域属于"概率与统计",它的特征是紧密联系现实生活,具有实践性,能够让学生从生活中获取素材,应用所学的数学知识对资料进行整理与提炼,让数学来自生活,高于生活,最后又回归到生活。建议学生通过小组合作、调查统计来完成该主题的实践学习。学生的主要任务是收集视力数据,记录在数据表中,使用折线统计图来展示视力数据,并分析数据呈现的趋势和变化,同时参考相关资料,了解如何保护自己的视力。

学生在活动中能够了解折线统计图的基本知识,并能够运用它来展示和分析自己采集的往期视力数据,并基于数据及生成的折线统计图来预测自己的未来视力。这样可以一方面提高对视力健康的重视,另一方面通过成为"小小预言家"来感受数学的魅力。

3. 跨学科特征

（1）信息技术学科：会用信息技术学科中所学的 Excel 软件进行数据收集和管理。

（2）美术学科：熟练掌握美术学科中的知识来绘制统计图。

4. 适用对象

该主题适用于小学四、五年级的学生参与学习实践。在项目学习的过程中，期望学生能够进一步提升发现问题、提出问题、分析问题和解决问题的能力，并通过学习与实践理解统计与概率的基础知识，感悟数据分析的过程，并形成数据意识。

二、内容说明

1. 知识

（1）数学学科中已经储备的知识。

该主题主要以沪教版小学数学教材四年级第二学期第三单元"折线统计图"为载体。

折线统计图是统计中经常使用的一种数据呈现方式。该单元的教学重点是初步认识单式折线统计图，知道折线统计图的特点，会看折线统计图，能够从折线统计图上获取数据变化情况的信息，能根据折线统计图回答简单的问题，并能够从折线统计图中发现数学问题。同时，了解画折线统计图的一般步骤，通过画折线统计图，进一步学会分析和运用折线统计图。

该单元分为"折线统计图的认识"和"折线统计图的画法"两个小节。《义务教育数学课程标准（2022 年版）》中提到：折线统计图教学要引导学生理解折线统计图的主要功能是表达数据的变化趋势。例如，表达中国高速铁路运营里程的逐年增长、某学生身高的逐年增长、某地区一个月最高温度的变化等。体会折线统计图与条形统计图的区别，知道针对不同问题应选择合适的表达方式，逐步感知统计学基于事物发展变化合理性的价值判断准则。有条件的学校可以利用信息技术处理数据、绘制统计图。折线统计图不但可以清晰呈现数量的多少，还可以清晰地表现数量变化的情况，关键在于描述时间或次序关系及统计量数量的变化情况，并用来预测。

（2）与活动相关的信息学科知识。

使用 Excel 软件，进行数据的收集和管理。

（3）与活动相关的美术学科知识。

利用美术、绘画等知识，初步学会对折线统计图的范围与结构进行把握，能选择合适的刻度，初步学会画折线统计图。

（4）与问题情境或生活相关的经验与常识。

该主题名称定为"数学助我做'预言家'"，让学生应用所学数学知识，从生活中收集数据，对数据进行整理与分析，并运用折线统计图的相关知识，对统计主题进行合理的预测。同时，本主题期望通过历年视力情况的数据收集，让学生们意识到保护视力的重要性，以及在成长过程中预防视力下滑的紧迫性。

2. 工具

（1）活动流程：

```
整体规划 → 确定内容 → 设计方案 → 设计作业 → 设计评价
```

整体规划	确定内容	设计方案	设计作业	设计评价
●确定活动主题 ●确定活动目标	●确定活动任务 ●确定活动属性	●设计活动情境 ●设计活动资源 ●确定活动指导策略	●确定预期成果 ●设计阶段作业	●活动过程的评价 ●活动结果的评价

（2）活动规划：

活动单元规划表

活动主题	数学助我做"预言家"				
活动属性	☐主题学习　☑项目化学习　☑跨学科　☑长周期				
预期成果	小组活动设计方案；原始数据采集表；折线统计图；相应的反思及建议报告				
任务清单	任务 1	任务 2	任务 3	任务 4	任务 5
任务名称	提出问题	认识折线统计图	学画折线统计图	采集数据	完成任务
活动分解	活动 1	活动 2	活动 3	任务 4	任务 5
活动内容	分组讨论头脑风暴	学习折线统计图相关理论知识	结合美术学科知识学习折线统计图画法	利用信息软件进行数据的选择与采集	集合数据完成任务
活动空间	☑课内 ☐课外	☑课内 ☐课外	☑课内 ☑课外	☑课内 ☑课外	☑课内 ☐课外
课时划分	1	1	2	2	2

（3）评价量表：

活动过程观察评价表（学生个体）

活动主题	数学助我做"预言家"				
学生姓名		评价结果	☐很好　☐较好　☐一般　☐需改进		
分值\活动表现	4分	3分	2分	1分	得分
活动讨论参与情况	每次讨论都积极参与	大部分时间积极参与	时常参与	偶尔或很少参与	
完成分工任务情况	按要求完成分工任务	基本能完成分工任务	部分完成分工任务	很少完成分工任务	

活动表现 \ 分值	4分	3分	2分	1分	得分
小组合作沟通情况	沟通充分、合作积极主动	能较好地与组员沟通合作	能与组员沟通,但不主动	偶尔或很少与组员沟通合作	
遇到困难的态度及解决情况	不畏难,主动寻求帮助,认真思考解决	面对困难不放弃,能寻求同伴或老师的帮助	面对困难态度犹豫,有时会寻求帮助	很少寻求帮助,面对困难害怕或放弃解决	

活动成效评价表

活动主题	数学助我做"预言家"			
活动评价	活动1	提出问题	活动效果	□很好　□较好　□一般　□需改进
	活动2	认识折线统计图	活动效果	□很好　□较好　□一般　□需改进
	活动3	学画折线统计图	活动效果	□很好　□较好　□一般　□需改进
	活动4	采集数据	活动效果	□很好　□较好　□一般　□需改进
	活动5	完成任务	活动效果	□很好　□较好　□一般　□需改进
活动反思				

3. 方法

活动方式设计表

主题	数学助我做"预言家"		
序号	活动方式	用途	说明
1	□实验操作　□探究规律　□调查统计 □设计制作　□数学建模　☑主题阅读 □论文报告　□其他_____	该活动方式应用在第2和第3个活动中	了解相关知识
2	□实验操作　□探究规律　☑调查统计 □设计制作　□数学建模　□主题阅读 □论文报告　□其他_____	该活动方式应用在第4个活动中	采集数据
3	□实验操作　☑探究规律　□调查统计 □设计制作　□数学建模　□主题阅读 □论文报告　□其他_____	该活动方式应用在第5个活动中	结合数据和图形,完成内容分析

三、活动目标

（1）了解简单的收集数据的方法，经历简单的数据收集、整理、描述和分析的过程，会呈现数据整理的结果；

（2）通过对数据的简单分析，感受数据中蕴含着信息，体会运用数据进行表达与交流的方法和作用，会合理说明数据分析的结论；

（3）能在实际情境中运用知识，形成初步的数据意识和应用意识；

（4）对日常生活和周围环境中的数学现象具有好奇心并有探究的欲望，在活动过程中培养实事求是的精神，也意识到保护视力的重要性，感受数学与实际生活的联系，发展数据意识和应用意识。

四、资源设计

主题	数学助我做"预言家"			
序号	资源形式	资源名称	用途	使用说明
1	☑文本 □动画 □程序 □实物 □场地 □人力	教科书、纸质或电子阅读材料	活动2：了解相关知识	通过文本、文字材料，让学生能够了解统计图、折线统计图的相关知识
2	□文本 □动画 □程序 □实物 □场地 ☑人力	分组的学生	活动4：采集数据	学生分组讨论后，在感兴趣的领域进行数据采集
3	□文本 □动画 ☑程序 □实物 □场地 □人力	Excel 等软件	活动4：采集和整理数据	对原始数据进行采集和整理，为绘制折线统计图作准备
4	□文本 □动画 □程序 ☑实物 □场地 □人力	纸、笔、直尺等作图工具	活动4：采集和整理数据	根据数据绘制折线统计图

五、活动设计

1. 创设情境，明确目的

根据主题活动的内容和目标，向学生介绍主题活动。

同学们，还记得我们每年都会有体检吗？体检项目中，视力检查是常规环节，大家还记得自己一年级刚入学时的视力吗？第二次、第三次检查结果都还记得吗？视力健康对我们来说都是十分重要的。

在介绍环节让学生头脑风暴、提出问题：我们应该如何应用"折线统计图"的相关知识？如何收集数据？如何整理数据？如何分工？等等，让学生们先行提出拟解决的问题，从而为活动的开展理出思路。

2. 分解任务,制定流程

为了掌握学生们的健康情况,学校医务室每年都会为全校学生做一次健康体检,包含身高、体重和眼睛视力等项目,并保存了以往的健康数据。通过询问班主任或校医,来获取你们这一届学生从入校一年级开始的视力情况。考虑到这个工作量较大,所以建议学生们提前分组,通过小组合作来获取数据。

确定任务清单:

序号	任务名称	活动名称	活动空间	活动形式	课时
1	提出问题	分组讨论、头脑风暴	课内	头脑风暴	1
2	认识折线统计图	自主学习	课内	探究规律	1
3	学画折线统计图	自主学习 交流分享	课内 课外	实践操作	2
4	采集数据	数据采集	课内 课外	实践操作	2
5	完成折线统计图	设计制作	课内	设计制作	2

3. 开展活动,实践探究

活动 1:自主学习

环节	学习任务	学生活动	教师组织	活动意图
环节1	认识折线统计图(1)	自主学习	提供指导、提供学习材料等	提高自主学习能力、阅读理解能力
环节2	认识折线统计图(2)	交流分享	组织交流分享,即时点评反馈	了解并巩固折线统计图的相关知识

活动 2:学画折线统计图

环节	学习任务	学生活动	教师组织	活动意图
环节1	学画折线统计图	自主探究,小组合作	提供指导	能够初步在折线统计图上呈现数据

活动 3:采集数据

环节	学习任务	学生活动	教师组织	活动意图
环节1	分组确定任务分配	分解任务,并将任务分配给小组各成员	提供指导	完成任务的分解与分配
环节2	采集数据	采集到相关的真实数据	提供帮助	建立数据意识

活动 4:完成任务

环节	学习任务	学生活动	教师组织	活动意图
环节 1	结果呈现	将采集的数据呈现到折线统计图上	提供指导	理解并会画折线统计图
环节 2	完成报告	根据数据与折线统计图来完成"未来视力预测"以及"视力保护计划"报告	点评反馈	渗透视力重要性
环节 3	反思总结	小组讨论,反思并总结活动所有环节	点评反馈	提高反思总结的能力

六、作业成果

1. 设计作业

活动	作业	要求	说明
活动 1	分组活动方案	分组后小组讨论,确定主题和任务,以及完成任务的设计方案	让学生结合生活实际,让数学知识更灵活
活动 2	采集数据并在表格中呈现(纸面或电子)	自行采集相关数据,要求记录原始数据,并对数据进行整合、整理	结合信息学科知识来进行数据采集和整理
活动 3	完成折线统计图的设计与绘制	结合数据进行折线统计图的设计与绘制,并出具相应的反思和建议报告	让学生在活动中体会数学美以及其他反思、建议

2. 作业示例

【示例 1】 头脑风暴后的问题汇总

学生通过分组头脑风暴,汇总出以下与活动相关的问题:

- 能从图表中得出什么结论?
- 你的视力状况如何? 是否受到近视等问题的困扰?
- 在你的日常生活中,你有没有采取一些行动来保护自己的视力健康? 有没有什么困难或挑战?
- 如何根据这些图表中的结论来改善和保护视力?
- 你们是否在图表中发现与视力相关的问题或趋势? 你能"预测"更多信息吗?
- 与他人分享有关视力保护的建议

【示例 2】 数据汇总及相应的折线统计图

补充说明:学生在分组收集数据并汇总的实际过程中,遇到了以下几个问题:

(1) 二年级和四年级的第二学期,由于疫情,相关的体检数据缺失;

(2) 有个别同学是中途转学进入我们学校,所以仅存有部分体检数据;

(3) 左眼与右眼的视力数据有差异,所以学生在汇总完数据后会选择单眼(左眼或右眼)数据来绘制成相应的折线统计图,以确保呈现图形的科学性。

以下为三组学生收集的数据汇总及相对应的折线统计图。

① 五(3)班 A 组：

学年	一上		一下		二上		二下	三上		三下		四上		四下	五上		五下
左眼视力	5.1	5.1	5.1	5.0	5.0	5.0		5.0	5.0	4.9	4.9	5.0	5.0		4.8	4.8	

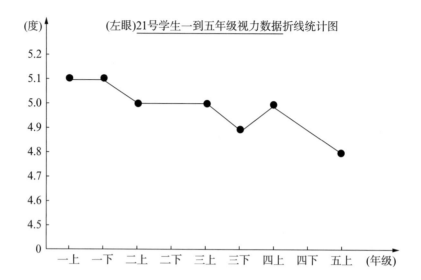

(左眼)21号学生一到五年级视力数据折线统计图

② 五(3)班 B 组：

学年			二(上)	二(下)	三(上)	三(下)	四(上)	四(下)	五(上)	五(下)
右眼视力			5.0	4.9	4.9	4.9	5.0	5.0	5.0	5.0	

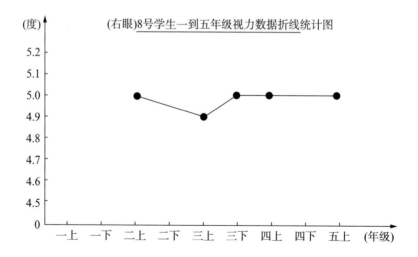

(右眼)8号学生一到五年级视力数据折线统计图

③ 五(3)班 C 组：

一(上)	一(下)	二(上)	二(下)	三(上)	三(下)	四(上)	四(下)	五(上)	五(下)
5.1	5.0	5.1		4.4	4.7	4.0			

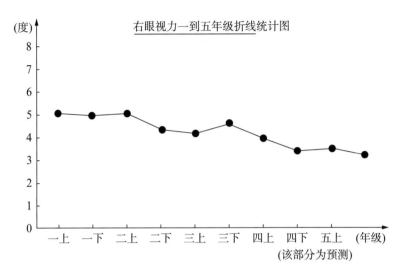

活动过程观察评价表(学生个体)

活动主题	数学助我做"预言家"				
学生姓名	5.3班A组王同学	评价结果	☑很好　□较好	□一般　□需改进	
分值 活动表现	4分	3分	2分	1分	得分
活动讨论参与情况	每次讨论都积极参与	大部分时间积极参与	时常参与	偶尔或很少参与	4
完成分工任务情况	按要求完成分工任务	基本能完成分工任务	部分完成分工任务	很少完成分工任务	3
小组合作沟通情况	沟通充分、合作积极主动	能较好地与组员沟通合作	能与组员沟通,但不主动	偶尔或很少与组员沟通合作	4
遇到困难的态度及解决情况	不畏难主动寻求帮助,认真思考解决	面对困难不放弃,能寻求同伴或老师的帮助	面对困难态度犹豫,有时会寻求帮助	很少寻求帮助,面对困难害怕或放弃解决	4

【示例3】　问题思考与个人总结

本部分为学生分组完成数据收集和绘制折线统计图后的思考与总结,相关问题挑选于第一次头脑风暴后的问题汇总。

1. 五(3)班 A 组：

(1)能从图表中获得什么结论?

答:从图表中能看出上完网课后视力有大幅度地下降。但经过调整,又缓慢地上升。

(2)如何根据这些结论改善和保护视力?

答:可以改善我的生活习惯。比如看书时保持和书的距离,少看电子设备,早睡觉。

(3)通过统计图,你认为未来一年你的视力会有什么变化?

答:明年我的视力应该还会上升到5.0。

2.五(3)班B组:

(1)你的视力状况如何?是否受到近视等问题的困扰?

答:三年级上学期,我的视力明显下降,原因在二年级下学期上的是网课,所以看电子产品的时间会很多。

(2)在日常生活中,你认为哪些行动可以保护你的视力健康?

答:我可以在使用电子产品的时候戴好蓝光眼镜,并且适量使用。

(3)能从图表中得到什么结论?

答:我能发现我的视力很平稳,只有一处在下降。

3.五(3)班C组:

(1)能从图表中得到什么结论?

答:他的视力大部分保持在5.0左右,但是三(上)的时候下滑至4.9,一定是没有保护眼睛或是用眼过度导致的。

(2)通过折线统计图,你认为未来一年他的视力状况会怎样变化?

答:我认为他未来一年的视力会继续保持在5.0,因为他已经连续三年保持5.0了。

(3)如何根据这些结论改善和保护视力?

答:可以通过少使用电子产品来保护视力,因为在他的视力唯一一次在4.9是在经历一年网课后。

4.五(3)班D组:

(1)能从图表中得到什么结论?

答:能从图表中得到我假期的时候用眼过度,而我上学时又保护眼睛。在三(上),四(上),五(下)时是保持一样的。

(2)通过折线统计图,你认为未来一年的视力状况会怎样变化?

答:我认为我的视力会下降,因为一开始是5.1—5.0,现在成5.0不变了。

(3)如何根据这些结论改善和保护视力?

答:不要看太多电子产品,要有充足睡眠。

成果评价:

五(3)班A组获得称号:数学界的艺术家。该组绘制的折线统计图清晰、美观、完整,在保证内容合理的前提下,在视觉上有美感。

五(3)班C组获得称号:健康至上专家团。该小组对于视力情况的分析详实、合理,同时提出了科学、可持续地保护视力的办法。

五(3)班B组获得称号:团结一致小分队。该小组在整个研究学习的过程中,分工合理、条理清晰,自始至终团结一致,共同协商、解决问题。

七、评价方案

1. 活动过程评价

活动过程观察评价表(学生个体)

活动主题	数学助我做"预言家"				
学生姓名	五(3)班A组王同学	评价结果	☑很好 □较好 □一般 □需改进		
分值 活动表现	4分	3分	2分	1分	得分
活动讨论参与情况	每次讨论都积极参与	大部分时间积极参与	时常参与	偶尔或很少参与	4
完成分工任务情况	按要求完成分工任务	基本能完成分工任务	部分完成分工任务	很少完成分工任务	3
小组合作沟通情况	沟通充分、合作积极主动	能较好地与组员沟通合作	能与组员沟通,但不主动	偶尔或很少与组员沟通合作	4
遇到困难的态度及解决情况	不畏难主动寻求帮助,认真思考解决	面对困难不放弃,能寻求同伴或老师的帮助	面对困难态度犹豫,有时会寻求帮助	很少寻求帮助,面对困难害怕或放弃解决	4

2. 活动成效评价

活动效果评价表

活动主题	数学助我做"预言家"			
活动评价	活动1	提出问题	活动效果	☑很好 □较好 □一般 □需改进
	活动2	认识折线统计图	活动效果	☑很好 □较好 □一般 □需改进
	活动3	学画折线统计图	活动效果	☑很好 □较好 □一般 □需改进
	活动4	采集数据	活动效果	☑很好 □较好 □一般 □需改进
	活动5	完成任务	活动效果	☑很好 □较好 □一般 □需改进
活动反思	五(3)班C组认真完成了该活动的每个环节,从头脑风暴、提出问题开始,分组后合理分工,并高效完成每一项子任务活动。在采集数据的过程中,该组同学发现三年内有两次数据缺失,是由于疫情封控时期上网课,并且在网课后,不少同学的视力数据有急跌的情况,这也引起了C组同学的认真思考。整个活动从提出问题、运用知识点、采集数据、呈现并分析数据的过程中,C组同学都较为认真严谨,并对未来视力情况进行了合理预测,也提出了保护视力相关的科学建议。			

3. 作品成果评价

在这个数学活动中,作业成果可以通过以下几个方面来评价:

数据采集和处理的准确性:学生采集的视力数据必须准确无误,并且能够进行有效的处

理和分析。

折线统计图的制作质量:学生需要根据自己的视力数据,制作出清晰、准确、美观的折线统计图,并进行必要的标注和说明。

数据分析和总结的深度和广度:学生需要对自己的视力数据进行比较和分析,发现其中的问题和规律,"预测"自己的未来视力状况,并制定相应的视力保护计划。

个人表现和团队合作的贡献:学生需要在个人表现方面积极参与,发挥自己的优势和创意,同时也需要与小组成员紧密合作,形成团队合作的优势。

根据以上几个方面,可以通过不同的评选方式来获得不同的称号:

数学界的艺术家——折线统计图清晰、美观、完整,运用各种方法,在保证内容具有合理性的前提下,让该统计图有视觉上的美感。

数据研究爱好者——清晰地展现了数据收集、整理的过程,并对大量数据科学、合理地进行分类,并合理预测未来一年或两年的同届学生的视力情况。

健康至上专家团——对于视力情况的分析详实、合理,提出科学、可持续的保护视力的办法。

团结一致小分队——在整个研究学习的过程中,分工合理、条理清晰,自始至终团结一致,共同协商、解决问题。

例如:五(3)班C组获得称号"健康至上专家团"。五(3)班C组同学在头脑风暴阶段便对视力变化的情况有多种合理的猜测,并且提到了过去三年中多次网课对于学生视力情况的影响,该组在收集数据、分析数据的过程中严谨、条理清晰,对于视力情况的分析也较为详实、合理,提出科学、可持续的保护视力的办法,获得"健康至上专家团"称号。

八、教学思考

1. 理念

随着时代的快速发展,我们已经进入了信息时代。在网络非常发达的情况下,教师和学生都可以通过适当的方法获得想要的数据。然而,由于网络发达,我们需要对大量的数据进行筛选和整理,并意识到辨别有效信息的重要性。统计与概率这一学习领域,可以使我们在学习和实践中培养数据意识,将数学与生活紧密联系起来,体会到数学学科的实用性和实践性。这本身就非常有意义。同时,小学生通常具有较强的好奇心,当提到"预测""预言"等看似神秘的字眼时,学生们的兴趣会被激发。我们通过合理收集、筛选和分析数据,确实可以进行初步预测,并将所学的数学知识运用到生活和感兴趣的课题中。相信这对学生成长的帮助是很大的。

在学习过程中,我们也需要强调研究过程的合作性和创新性。《义务教育数学课程标准(2022年版)》中提到,我们要坚持创新导向,强化课程综合性和实践性,推动育人方式变革,着力发展学生核心素养。我们要突显学生的主体地位,关注学生个性化和多样化的学习和发展需求,并增强课程的适宜性。学生的学习应是一个主动的过程。认真听讲、独立思考、动手实践、自主探索和合作交流等是学习数学的重要方式。教学活动应注重启发式,激发学生学习兴趣,引发学生积极思考,鼓励学生质疑和解决困难。同时,也要引导学生在真实情境中发现问题和提出问题,运用观察、猜测、实验、计算、推理、验证、数据分析和直观想象等方法分析问题和解决问题。

在学习过程中,还有许多值得探究的问题,其中学生的视力情况是老师和家长都较为担心的一个问题。现在的学生大多生活条件优越,电子设备更是很小就开始接触,这对他们的视力产生了较大的影响。在该主题的学习中,我们不仅可以通过以往的数据,来对未来的数据进行合理的"预测",也能让孩子们在收集数据的过程中,意识到学生视力下滑的现实,并得出结论,建议大家尽快开展保护视力措施,保护视力也是当前刻不容缓的课题。

2. 实施

在实施过程中,需要时刻紧扣主题,并随时对初始设计与实施过程进行调整。同时在实施的过程中,利用一些相关的图片、音视频等多媒体提高学生对于活动的兴趣和参与度,并提前将不同称号和奖项的获取方法告知学生,以加强学习与参与的动力。另外教师也需要时刻注意活动的规范性,比如对于学生的数据采集、分析和呈现的过程进行规范的引导和监督,以确保数据的真实性和可靠性。

3. 特色

该主题以"折线统计图"的知识为载体,让学生从现实生活中寻找到和自己息息相关的数据,并用已学到的数学知识来呈现数据,根据一定的规律来"预测"自己或同学未来的视力情况,成为一个生活中的"预言家",并在"预测"的结果发生前,采取一定的干预措施,让学生能够感受到数学不仅具有科学性,更具有实用性;不仅能对已经发生的事实进行分析与呈现,还能运用统计知识对未来进行"预测",这真是有用且有趣的学科。

4. 收获

(1)获得知识及其实践的机会。通过该主题的学习,学生可以经历现实中使用折线统计图的情景,体验使用折线统计图的必要性,通过动手画折线统计图,学习选用适当的统计图表表示统计结果,并经历进行简单的分析,尝试作出初步的预测的过程。在学习和应用折线统计图的过程中体会折线统计图与日常生活的密切联系,感知折线统计图是有用的。在学习和应用折线统计图的过程中,激发对折线统计图及数学知识的学习兴趣,形成良好的学习态度,对日常生活和周围环境中的数学现象具有好奇心,并有探究的欲望。在关于折线统计图的学习中,收集并记录真实数据体会实事求是的精神。

(2)学会合作学习。从客观上看,世界各国的教育都在强调培养合作能力,人类今后所面临的问题越来越复杂,要解决这些问题,光靠个人力量已很难实现。因此,当代教育必须重视培养学生的合作意识与合作能力。从各种小项目、小任务开始,让学生学会合作学习,释放学生的创造力是当今教育的重要目的之一。作为学习主体,学生所得到的教学不仅是传道,教学还必须是伴随着喜悦与感动的探究发现过程,或是伴随着解决问题的愉悦过程。合作学习由于采用分组的方式,每个学生的学习能力、学习兴趣和知识面宽度都不一致,因此在学习的过程中,学生间、师生间的互相启发、相互讨论,都会将另一些同学的思维导向一个新的领域,出现一些新的视角,提出一些值得争论的问题。可以肯定,这样一个知识不断生成、不断建构、具有创造性的过程,要比传授性教学更受学生欢迎,更有利于学生素质的提高。合作学习能使学生把被动学习变为主动参加。在教学过程中,教师将一些问题放手让小组合作讨论,这时的学生已主动参与了学习。如果没有完全解决问题,教师稍加点拨,学生对方法、结论会留下深刻的印象,因为这其中有自己的学习成果。在合作讨论中,学生或多或少都会得到一些结论,这些结论的特别之处就在于它是学生在合作讨论中得来的。

(3)学会展现学习成果。反馈是学习过程中非常重要的环节,当我们在学习和成长中看到自己反馈的成果,会更有继续努力的动力。而在本主题的学习中,我们通过小报、结论等形式,让学生记录自己的学习过程,并给予正面反馈,能让学生感受到看见成果的乐趣。

5. 思考与展望

数学有时是抽象的,部分学生出现畏难情绪,作为一线教师,我们致力于向学生展示数学是有趣的,数学是有用的,数学更是有魅力的。

从本次活动中我们可以得到一些教学启示和反思并应用到今后的教学中,对教学内容、教学方法、教学资源进行进一步优化和升级,以更好地实现教学目标:需要针对学生的不同层次和能力水平,进行个性化教学和分组;观察学生学习的效果和情况如何,能否满足学生的学习需求和兴趣;对学生进行更多的课外拓展,以提高他们的学习兴趣和综合能力;鼓励学生积极参与活动,发挥主体作用,提高学习的主动性和创造性;进一步提高自身的教育教学能力和教学技能,以更好地应对不同的教育教学挑战;加强对新的教育理念和教育技术的了解和掌握,以更好地适应教育教学的发展和变革。

希望学生们通过该主题的学习,能够体会到数学的应用价值、与生活的紧密联系及其巨大的魅力,真正体会到数学"来自生活,高于生活,又回到生活"。

(金家利　上海宋庆龄学校)

案例 14：玩转七巧板

一、主题概述

1. 背景

七巧板是我国传统数学游戏,其设计精巧,不但极具娱乐性,还能培养理性思维,启迪智慧。数学教师应该充分认识到七巧板在数学课程中的作用,其不止是一种好玩的数学游戏,还可以让学生体会到数学知识的应用价值,让学生在思考中玩,在玩中思考,提高数学学科核心素养。尤其在低年级数学教学中做好七巧板的教学使用,让学生通过动手做、动脑想的过程学会创造,学会学习,提高学生的数学能力。利用七巧板进行的游戏教学,不仅能使学生兴趣盎然,积极地动手操作,还给学生提供表达自己观点的机会。

因此选择利用七巧板开展主题学习,通过让学生自己进行拼图游戏等活动,让学生体会学习的快乐,体会其中蕴含的数学文化,还可以通过探究,让学生了解其背后的来龙去脉,体会数学在社会发展历史中的作用和价值,培养学生数学文化素养,并传承数学传统文化。

2. 任务

"玩转七巧板"是二年级数学的拓展课程,其目的在于让学生利用七巧板拼出美丽的图案,以提高学生的学习兴趣、观察能力和审美能力,同时欣赏七巧板图形所展示的数学之美。该课程还旨在加深学生对三角形、长方形、正方形和平行四边形等几何图形特征的认识。通过本主题学习,学生将完成七巧板的初步探究;在操作过程中,发现七巧板的独特之处。最后,学生将用七巧板搭建成语故事场景,完成七巧板画报,并讲述搭建的故事。

3. 跨学科特征

(1)美术学科:本主题活动需要学生掌握一定美术知识,照画拼图,会用七巧板动物、人物,制作七巧板创意画报;

(2)信息学科:主题活动中利用信息技术将学生的思维可视化,感知知识的形成过程,将比较抽象的知识直观地呈显,直观地刺激其发现其中的规律;

(3)语文学科:主题活动通过制作七巧板成语故事情境,让学生讲故事,弘扬中华传统文化,感受中华文化博大精深。

4. 适用对象

七巧板适用于一、二年级学生学习基本的逻辑关系和数学概念。它可以帮助孩子理解各种几何图形、周长和面积的含义。

二、内容说明

1. 知识

（1）数学学科中已经储备的知识。

"玩转七巧板"主要以沪教版小学数学教材二年级第二学期第七单元"整理与提高"为载体。

"玩转七巧板"主要通过用七巧板拼搭图形，进一步接触基本图形；通过七巧板的拼搭，感知几何图形的美；通过用它们拼搭新图形，发展学生的几何直观和空间观念。所以在进行本主题学习之前，学生要能辨认长方形、正方形、平行四边形、三角形和圆等平面图形，能直观描述这些平面图形的特征；能根据描述的特征对图形进行简单分类；会用简单的图形拼图，能在组合图形中说出各组成部分图形的名称。本主题主要涉及数学学习中的"图形与几何"知识。该知识是义务教育阶段学生数学学习的重要领域，在小学阶段包括"图形的认识与测量"和"图形的位置与运动"两个主题，学段之间的内容相互关联，螺旋上升，逐段递进。

根据《义务教育数学课程标准（2022年版）》，图形的认识与图形的抽象相关联。学生经历从实际物体抽象出几何图形的过程，认识图形的特征，感悟点、线、面、体的关系；积累观察和思考的经验，逐步形成空间观念。图形的认识与图形的测量有密切关系。图形的测量重点是确定图形的大小。学生经历统一度量单位的过程，感受统一度量单位的意义，基于度量单位理解图形长度、角度、周长、面积、体积。在推导一些常见图形的周长、面积、体积计算方法的过程中，感悟数学度量方法，逐步形成量感和推理意识。

"图形的位置与运动"包括确定点的位置，认识图形的平移、旋转、轴对称。学生结合实际情境判断物体的位置，探索用数对表示平面上点的位置，增强空间观念和应用意识。学生经历对现实生活中图形运动的抽象过程，认识平移、旋转、轴对称的特征，体会运动前后图形的变与不变，感受数学美，逐步形成空间观念和几何直观。

《义务教育数学课程标准（2022年版）》指出："'综合与实践'的实施是以问题为载体、以学生自主参与为主的学习活动。它有别于学习具体知识的探索活动，更有别于课堂上教师的直接讲授。它是教师通过问题引领、学生全程参与、实践过程相对完整的学习活动。"数学基本活动经验包含知识经验、思维经验、动手操作经验、团队协调经验、反思自省经验等。

通过各门学科沟通与交融，为学生营造各种学科相互支持、相互补充的艺术学习环境，构建跨学科的相互渗透，扩展学生的认知空间，使他们受到启发，触发联想形成新的认识，达到认识上的飞跃，进而提高学生的综合素质。

（2）与活动相关的语文学科知识：成语故事。

（3）与活动相关的历史学科知识：数学历史发展、文化传承。

（4）与活动相关的信息学科知识：图案拼搭可视化。

（5）与活动相关的美术学科知识：图案、照画拼图。

2. 工具

（1）活动流程：

整体规划	→	确定内容	→	设计方案	→	设计作业	→	设计评价
• 确定活动主题 • 确定活动目标		• 确定活动任务 • 确定活动属性		• 设计活动情境 • 设计活动资源 • 确定活动指导策略		• 确定预期成果 • 设计阶段作业		• 活动过程的评价 • 活动结果的评价

（2）活动规划：

活动单元规划表

活动主题	玩转七巧板					
活动属性	☐ 主题学习　　☑ 项目化学习　　☑ 跨学科　　☐ 长周期					
预期成果	七巧板成语故事板报					
任务清单	任务 1	任务 2	任务 3	任务 4	任务 5	任务 6
任务名称	提出问题明确任务	了解七巧板的历史由来	探寻七巧板结构之巧	探寻七巧板拼图之巧	创拼活动体验百变之巧	小组制作成语故事场景
活动分解	活动 1	活动 2	活动 3	活动 4	活动 5	活动 6
活动内容	前期了解七巧板的知识，并进行分组讨论	播放七巧板的历史故事，根据图片、视频制作七巧板	讨论、动手实践探究七巧板大小、边、角之巧	动手实践三块板拼图、移动一块板组成不同图形、多块板拼图	进行模仿拼图、创意拼图	小组作品展示
活动空间	☑ 课内 ☐ 课外	☑ 课内 ☑ 课外	☑ 课内 ☐ 课外	☑ 课内 ☐ 课外	☑ 课内 ☑ 课外	☐ 课内 ☑ 课外
课时划分	1 课时	2 课时	1 课时	1 课时	2 课时	2 课时

（3）评价量表：

活动过程观察评价表（学生个体）

活动主题	玩转七巧板				
学生姓名		评价结果	☐ 很好　☐ 较好　☐ 一般　☐ 需改进		
分值 活动表现	4 分	3 分	2 分	1 分	得分
活动讨论参与情况	每次讨论都积极参与	大部分时间积极参与	时常参与	偶尔或很少参与	

分值 活动表现	4分	3分	2分	1分	得分
完成分工任务 情况	按要求完成分工任务	基本能完成分工任务	部分完成分工任务	很少完成分工任务	
小组合作沟通 情况	沟通充分、合作积极主动	能较好地与组员沟通合作	能与组员沟通，但不主动	偶尔或很少与组员沟通合作	
遇到困难的态度及解决情况	不畏难，主动寻求帮助，认真思考解决	面对困难不放弃，能寻求同伴或老师的帮助	面对困难态度犹豫，有时会寻求帮助	很少寻求帮助，面对困难害怕或放弃解决	

活动成效评价表

活动主题		玩转七巧板						
活动评价	活动1	提出问题明确任务	活动效果	☐很好	☐较好	☐一般	☐需改进	
	活动2	了解七巧板的历史由来	活动效果	☐很好	☐较好	☐一般	☐需改进	
	活动3	探寻七巧板结构之巧	活动效果	☐很好	☐较好	☐一般	☐需改进	
	活动4	探寻七巧板拼图之巧	活动效果	☐很好	☐较好	☐一般	☐需改进	
	活动5	创拼活动体验百变之巧	活动效果	☐很好	☐较好	☐一般	☐需改进	
	活动6	小组制作成语故事场景	活动效果	☐很好	☐较好	☐一般	☐需改进	
活动反思								

3. 方法

活动方式设计表

主题		玩转七巧板	
序号	活动方式	用途	说明
1	☐实验操作　☐探究规律 ☐调查统计　☐设计制作 ☐数学建模　☑主题阅读 ☐论文报告　☐其他＿＿＿	该活动方式应用在第2个活动中	学生通过网站、视频等资料，了解七巧板的起源，挖掘渗透知识隐含的史料及背景，使学生对知识的发展过程有所了解，知道知识产生的来龙去脉，体会到数学在人类发展历史中的作用和价值。同时也能增强学生民族自豪感，学生更愿意主动走进七巧板的世界，弘扬和传承中国传统文化
2	☐实验操作　☑探究规律 ☐调查统计　☐设计制作 ☐数学建模　☐主题阅读 ☐论文报告　☐其他＿＿＿	该活动方式应用在第3个活动中	根据七巧板的构造，探寻七巧板的巧。通过观察、分类、比较等数学活动，引导学生有序探究七巧板的板与板之间、边与边之间、角与角之间的关系，在探究的过程中积累数学活动经验，发展数学思维

序号	活动方式		用途	说明
3	☑实验操作 　□调查统计 　□数学建模 　□论文报告	□探究规律 　□设计制作 　□主题阅读 　□其他_____	该活动方式应用在第4、5个活动中	引导学生体会七巧板拼图的巧妙,用相同的板可以拼出不同的图形,相同的图形可以用不同的板拼成,相同的图形可以用不同块数的板拼成,有利于学生玩出技巧、玩出智慧
4	□实验操作 　□调查统计 　□数学建模 　□论文报告	□探究规律 　☑设计制作 　□主题阅读 　□其他_____	该活动方式应用在第6个活动中	小组制作不同的故事情景,进一步感悟平面图形的特点,体会到数学图形的美妙,在合作拼摆中,学生讲述、拼摆经典故事,从中领悟经典故事中蕴含的深刻道理

三、活动目标

(1)通过观察、操作、比较、分析等活动,从图形的边、角等方面进一步熟悉七巧板各板块图形(三角形、正方形、平行四边形)的特征,明确七巧板中5个三角形板块的大小关系。

(2)在观察、猜测、操作、尝试、思考中,进一步增强动手操作能力,积累组合、分割图形的活动经验,总结七巧板拼图的方法,发展直观想象、空间观念、创新意识和应用意识。

(3)在自主、合作、探究的活动中,学会交流、分享经验,感受玩七巧板拼图的乐趣,形成团队合作意识和探究精神,体验成功的快乐。

四、资源设计

主题			玩转七巧板		
序号	资源形式		资源名称	用途	使用说明
1	☑文本　□程序　□场地	□动画　□实物　□人力	阅读资料	这些资源应用在第2个活动中,了解七巧板	了解七巧板的起源,挖掘渗透知识隐含的史料及背景,使学生对知识的发展过程有所了解,知道知识产生的来龙去脉,体会到数学在人类发展历史中的作用和价值
2	□文本　□程序　□场地	☑动画　□实物　□人力	百科视频、哔哩哔哩动画关于七巧板的视频	这些资源应用在第2个活动中,了解七巧板历史起源	通过更加形象的视频动画,加深学生对于七巧板历史的理解
3	□文本　□程序　□场地	□动画　☑实物　□人力	七巧板	这些资源应用在第1、第2、第3、第4、第5、第6个活动中	根据七巧板的构造,探寻七巧板的"巧"。运用七巧板进行观察、分类、比较等数学活动

五、活动设计

1. 创设情境，明确目的

七巧板是由哪些基本图形组成的？"七巧板"中的"七"我们都知道是 7 块板，那它的"巧"体现在什么地方呢？七巧板能组成不同的图案，那么利用多个七巧板能否创设一个故事场景呢？

2. 分解任务，制定流程

讨论并填写任务清单。

序号	任务名称	活动名称	活动空间	活动形式	课时
1	提出问题，明确任务	搜索资料，分组讨论	课内	师生互动	1
2	了解七巧板历史由来	了解、制作七巧板	课内+课外	主题阅读	2
3	探寻七巧板结构之巧	探寻七巧板的巧	课内	探究规律	1
4	探寻七巧板拼图之巧	拼图实践	课内	实践操作	1
5	创拼活动，体验百变之巧	模仿拼图、创意拼图	课内+课外	实践操作	2
6	小组制作成语故事场景	设计制作	课内+课外	设计制作	2

制定活动流程图：

3. 开展活动，实践探究

活动 1：搜索资料，分组讨论

环节	学习任务	学生活动	教师组织	活动意图
环节 1	问题引入	联想、讨论学生眼中的七巧板	教师组织课堂纪律，对学生的回答进行点评	初步了解七巧板
环节 2	搜索资料，分组讨论	讨论自己搜索到的七巧板知识，分组讨论		

活动2:了解、制作七巧板

环节	学习任务	学生活动	教师组织	活动意图
环节1	了解七巧板的起源和历史	聆听并观看讲解	介绍七巧板的发展历史	感受七巧板的文化魅力,增强传承中国传统文化的信心
环节2	制作七巧板	学生动手操作,制作七巧板	组织学生制作,并进行辅导	深入了解七巧板的制作,以及结构

活动3:探寻七巧板的巧

环节	学习任务	学生活动	教师组织	活动意图
环节1	探寻大小之巧	学生独立思考,利用七巧板进行拼摆,找到几个可以重合的图形,以此找到它们之间的大小关系	帮助学生探索发现七巧板的结构之巧	通过探究七巧板之间的大小关系,体验同一事物,从不同角度观察,会有不同的发现
环节2	探寻边之巧	学生根据手中的七巧板,进行比对、转动,找到相同长度的边		积累操作活动的经验
环节3	探寻角之巧	学生自主探索、分享		增强对角的初步认识和体会,渗透图形相似的知识

活动4:拼图实践

环节	学习任务	学生活动	教师组织	活动意图
环节1	三块板拼图	任选其中的三块板来试一试,拼出认识的图形,再向周围的同学介绍	组织学生观察比较,找出不同拼法的共同点和不同点。根据拼出的形状、所用板的类型进行分类	体会不同的板可以拼出相同的图形,相同的板可以拼出不同的图形
环节2	移一移	在拼出图形的基础上,移动其中一块板,变成其他的图形。学生操作,并进行交流	教师挑选不同的拼搭方式进行展示	通过移动,转动,可以组成不同的形状
环节3	多块板拼图	用不同数量的板块拼出一个正方形		积累解决问题的方法

活动5:模仿拼图、创意拼图

环节	学习任务	学生活动	教师组织	活动意图
环节1	模仿拼图	观察图案,照样子试着将它拼出来	教师提供不同的图案轮廓,学生挑战拼图	让学生感受七巧板不仅能拼成学过的平面图形,还能创造出各种形状的图形
环节2	创意拼图	学生发挥奇思妙想,利用七巧板拼出自己喜欢的图案	教师组织学生进行拼图	

活动6：设计制作

环节	学习任务	学生活动	教师组织	活动意图
环节1	作品交流	观看各小组制作的七巧板成语故事	组织学生观看	作品发布
环节2	活动体会交流	讨论七巧板活动带来的体验与收获	点评	对整个活动的反思

六、作业成果

1. 设计作业

活动	作业	要求	说明
活动1	搜集整理的资料	组员搜索资料，小组整理汇总	让学生初步感受七巧板
活动6	制作七巧板成语故事场景	以小组为形式根据不同的故事场景，例如曹冲称象、乌鸦喝水、龟兔赛跑……并讲述故事场景	丰富活动经验，培养动手实践能力和想象能力，在合作拼摆中，学生讲述、拼摆经典故事，从中领悟经典故事蕴含的深刻道理

2. 作业示例

同学们，模仿拼搭出老师所给的图形，根据自己的奇思妙想进行拼摆，并附上自己的文字说明哦！

学生作业：

七、评价方案

1. 活动过程评价

活动过程观察评价表（学生个体）

活动主题	探寻与玩转七巧板				
学生姓名	小吴	评价结果	✓很好　□较好	□一般　□需改进	
分值 活动表现	4分	3分	2分	1分	得分
活动讨论参与情况	每次讨论都积极参与	大部分时间积极参与	时常参与	偶尔或很少参与	4
完成分工任务情况	按要求完成分工任务	基本能完成分工任务	部分完成分工任务	很少完成分工任务	4
小组合作沟通情况	沟通充分、合作积极主动	能较好地与组员沟通合作	能与组员沟通，但不主动	偶尔或很少与组员沟通合作	4
遇到困难的态度及解决情况	不畏难，主动寻求帮助，认真思考解决	面对困难不放弃，能寻求同伴或老师的帮助	面对困难态度犹豫，有时会寻求帮助	很少寻求帮助，面对困难害怕或放弃解决	3

📋 说明：小吴同学在活动过程中，每次讨论都积极参与，通过理论和实践进一步加深对七巧板的"巧"的理解，在按要求完成七巧板探索的同时，主动帮助组员探究。希望在遇到难题时可以多思考，多几次尝试，因此小组成员给予小吴同学上述评价结果。

2. 活动成效评价

活动效果评价表

活动主题		探寻与玩转七巧板					
活动评价	活动1	提出问题，明确任务	活动效果	✓很好	□较好	□一般	□需改进
	活动2	了解七巧板的历史由来	活动效果	✓很好	□较好	□一般	□需改进
	活动3	探寻七巧板结构之巧	活动效果	✓很好	□较好	□一般	□需改进
	活动4	探寻七巧板拼图之巧	活动效果	✓很好	□较好	□一般	□需改进
	活动5	创拼活动体验百变之巧	活动效果	✓很好	□较好	□一般	□需改进
	活动6	小组制作成语故事场景	活动效果	✓很好	□较好	□一般	□需改进
活动反思	小杨同学探索七巧板结构之"巧"时，有效结合七巧板进行操作，直观体会它的"巧"；他能根据七巧板的"巧"的特征，进行模仿拼图；并能与其他同学创意拼搭，组成一幅故事拼图，活动成效比较好。						

3. 作品成果评价

优秀——能完整地模仿出教师给出的图形，并且发挥自身的奇思妙想，拼摆出不同的场景，并对拼摆的场景有相应的文字说明或者视频讲解，可以获得"优秀"。

良好——能完整地模仿出教师给出的图形,并且发挥自己的奇思妙想,拼摆出不同的场景,但并没有相应的文字说明或视频讲解,可以获得"良好"。

合格——能大致地模仿出教师给出的图形,并且发挥自己的奇思妙想,并摆出简单的图形,可以获得"合格"。

选一幅作品,用这里的评价方法进行评价,并说明评价的过程和结果,以及学生互评和是师生投票等。

该生能完整地模仿出教师给出的图形,并且发挥自身的奇思妙想,拼摆出航空火箭,并对拼摆的场景有简单的文字说明,并且通过学生在钉钉班级圈中的点赞数量,所以可以获得"优秀"。

八、教学思考

1. 理念

《义务教育数学课程标准(2022 年版)》指出:主题活动的实施要有利于学生的参与和体验。指导应面向全体,全程跟进,关注学生的参与情况,包括获得了什么样的体验,如何与他人交流,需要怎样的帮助等;指导学生反思与交流活动,引导学生描述感受、表达收获、总结发现。数学基本活动经验包括知识经验、思维经验、动手操作经验、团队协调经验和反思自省经验等。了解七巧板的历史,体现数学教育的文化底蕴;引发学生思考七巧板的"巧"在哪里;将认知和经验上升到理论高度,促进学生认知经验的升华。

2. 实施

活动准备让学生了解七巧板的起源,其充分挖掘了数学文化,提供了适当数学文化学习的具体场景,以学生喜爱的事物为基础创设文化情景,强化文化韵味。了解数学知识的背后蕴含着丰富的历史,教学中适当地挖掘渗透知识隐含的史料及背景,不仅可以使学生对知识的发生、发展过程有所了解,使学生了解知识产生的来龙去脉,还可以使学生体会数学在人类历史发展中的重要作用。让学生涉及知识的同时感受数学的博大精深和源远流长。

通过观察、分类、比较等数学活动探究七巧板的结构之巧,引发学生思考"七巧板'巧'在哪里",引导学生有序探究七巧板的板与板之间、边与边之间、角与角之间的关系,在探究过程中积累数学活动经验,发展数学思维。

探索七巧板拼图的巧妙,让学生充分感受分别用三块、多块七巧板有多种不同拼法,既加深了学生对已经学过的图形的特征的认知,同时丰富了学生对图形间联系与区别的认知。活动中没有要求学生用几块七巧板去拼图,可以充分满足不同认知水平的学生,让每一位学生都能在活动中得到进一步的提升。

探索七巧板图形的多样性,让学生进行巧的创造,利用七巧板拼摆出其他平面图形或者自己喜欢的图案,切实感受七巧板文化经久不衰的神奇魅力。通过在操作中进一步感悟平面图形的特点体会到数学图形的美妙,通过丰富的活动经历培养动手实践能力和想象力。通过合作拼摆,创建不同故事场景,培养学生相互之间的合作能力,使学生体会到中国传统游戏所带来的快乐。

3. 特色

七巧板结合课本内容,与传统文化相结合,渗透在数学教学当中。以七巧板这个主题作为活动主线,以游戏教学的形式,激发学生兴趣,并结合讲故事,发挥学生的创造力和想象力;通过七巧板板报,体验中华传统技艺与文化。

4. 收获

通过七巧板的学习,学生充分感知七巧板的拼图,利用不同的块数拼摆出一个图形,利用相同的板块拼摆出不同的图形,加深学生对已经学习过的图形特征的认知,同时也丰富学生对图形间的联系与区别的认知。在七巧板的拼摆过程中,激发了学生的操作热情,提升了学生的操作能力、合作能力和创新意识。七巧板适用于一、二年级学生学习基本的逻辑关系和数学概念。它可以帮助孩子理解各种几何图形、周长和面积的含义,培养他们的观察力、想象力、对形状的分析能力。

与此同时,将数学文化穿插在教育教学当中,切实感受七巧板文化经久不衰的神奇魅力。了解七巧板的发展历史,能增强学生民族自豪感,学生更愿意主动走进七巧板的学习,弘扬和传承中国传统文化。

5. 思考

在七巧板教学中,我们的重点是让学生理解七巧板所蕴含的结构,在哪些地方具有它的巧妙之处;它背后所蕴藏着的数学文化有哪些? 同时,在活动中培养学生的创新意识和能力。在教学过程中,鼓励学生积极思考,独立想出不同拼法的正方形,调动学生的学习积极性,并丰富他们对图形的认知。学生可以利用课后时间,发挥自己的想象力和创造力,通过合作拼出各种场景,以操作为手段,促进学生的发展,培养学生的创新意识和实践能力。

七巧板的学习体现在它的独特巧妙之处,如何运用巧妙的方法来组合图案。作为古代数学的一种益智游戏,要让学生感受到数学的学习,结合中华传统文化,让七巧板元素更加多元化,更加充分展现中华文化的博大精深之处。

（汤家乐　上海宋庆龄学校）

案例 15：时间小当家

 一、主题概述

1. 背景

认读钟面上的时刻一直是小学数学教学中的一大难点，但是与时间相关的知识在日常生活中的应用又是必不可少的。因此，开展本次"时间小当家"的主题活动，旨在为学生在"时间的初步认识"这一学习板块打下坚实的基础，为后续的时间学习做好准备。主题活动的素材来源于生成性的学习成果，根据学生在学习中的薄弱点和兴趣点设计了相关的活动环节。选择主题学习的方式开展时间相关知识学习，也是丰富学生学习方式的一个重要手段，让学生感受不同的学习方式。

2. 任务

实施本主题活动的目的是夯实学生对时间初步认识的学习基础，同时助力他们进一步了解时间。通过与教材相辅相成的实践活动，能够调动起学生学习数学的兴趣，感悟数学与日常生活的密切联系，全方位提升学生的综合能力与核心素养，实现五育并举的育人目标。具体如下：

（1）运用 Think-Pair-Share 工具，结合学生已有经验展开讨论，完成"头脑风暴"活动单；

（2）利用自己搜集的特定材料，动手制作一个简易钟面模型，进行现场展示与提问；

（3）设计自己的生活作息表，依次写出一天中每个时间段或某个具体时刻所做的事情。

3. 跨学科特征

（1）美术学科：活动需要学生具有一定的审美判断，并进行一些创意实践，能够将画面进行适度的涂鸦，让自己的作品更加生动、吸引眼球；

（2）劳动与技术学科：制作简易钟面模型需要学生动手利用自己搜集的材料和工具进行剪裁、组装等操作；

（3）道德与法治学科：活动通过让学生制作一日生活作息表，思考合理健康的作息，养成守时惜时的好习惯；

（4）体育学科：活动引导学生重视体育锻炼，了解每日锻炼身体的适当时间。

4. 适用对象

本活动单元设计适用于上教版数学教材学习的二年级学生。

二、内容说明

1. 知识

（1）数学学科中已经储备的知识。

活动主要以上教版数学教材二年级第二学期第三单元"时间的初步认识（二）"为载体。

在一年级，学生已经学习了整时、几时半的读写，对 12 和 24 小时计时法及钟面有了初步的认识，对持续的时间段和时刻的区别有了一定的了解。本单元内容是在此基础上，进一步学习时、分、秒的有关知识，主要是正确读写钟面上所表示的时刻是几时几分，知道可以使用（小）时、分（钟）来表示两个时刻之间的时间段，理解 1（小）时＝60 分（钟），1 分（钟）＝60 秒。活动涉及的主要内容有：识别钟面上所表示的时刻是几时几分，知道可以使用（小）时、分（钟）来表示两个时刻之间的时间段。实施活动需要学生具备较好的分析技能、操作技能，掌握一定的与时间相关的知识，有模型意识与数学美思想。

《义务教育数学课程标准（2022 年版）》对这一内容的学业要求如下："认识时、分、秒，能说出钟表上表示的时间；了解时、分、秒之间的关系，能结合生活经验体会时间的长短；能将生活中的事件与时间建立联系，感悟时间与过程之间的关系；形成对时间长短的量感，懂得遵守时间的重要性。"

（2）与活动相关的美术学科的色彩基础知识：三原色、色调等。

（3）与活动相关的劳动与技术学科的手工知识：手工制作的方法通常有剪、折、刻、撕、粘、贴等。

（4）与活动相关的体育学科知识：跑步（快速变向跑、牵手跑、负重跑……）、跳绳、跳远等运动方式。

（5）与问题情境或生活相关的经验、常识：生活中随处可见钟表，学生在脑海中已经对钟面形成了一定的具象。

2. 工具

（1）活动流程：

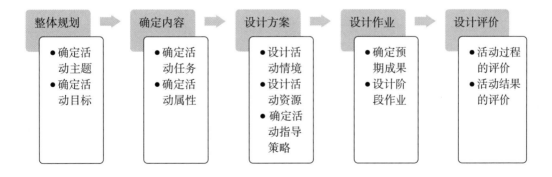

（2）活动规划：

活动单元规划表

活动主题	时间小当家				
活动属性	☑主题学习　　□项目化学习　　☑跨学科　　□长周期				
预期成果	一份"头脑风暴"活动单；制作一个简易钟面模型并现场展示、提问；制定一份一日生活作息表				
任务清单	任务1	任务2	任务3	任务4	任务5
任务名称	活动准备：互助讨论	制作一个简易钟面模型	课堂交流	制定一日生活作息表	活动收尾：交流评价
活动分解	活动1	活动2	活动3	活动4	活动5
活动内容	头脑风暴	钟面粉刷匠	钟面创意秀	生活作息表	作品交流与活动体会
活动空间	☑课内 □课外	□课内 ☑课外	☑课内 □课外	□课内 ☑课外	☑课内 ☑课外
课时划分	1课时	1课时	1课时	1课时	2课时

（3）评价量表：

活动过程观察评价表（学生个体）

活动主题	时间小当家				
学生姓名		评价结果	□很好　□较好　□一般　□需改进		
活动表现　　分值	4分	3分	2分	1分	得分
活动讨论参与情况	每次讨论都积极参与	大部分时间积极参与	时常参与	偶尔或很少参与	
完成分工任务情况	按要求完成分工任务	基本能完成分工任务	部分完成分工任务	很少完成分工任务	
小组合作沟通情况	沟通充分、合作积极主动	能较好地与组员沟通合作	能与组员沟通，但不主动	偶尔或很少与组员沟通合作	
遇到困难的态度及解决情况	不畏难，主动寻求帮助，认真思考解决	面对困难不放弃，能寻求同伴或老师的帮助	面对困难态度犹豫，有时会寻求帮助	很少寻求帮助，面对困难害怕或放弃解决	

活动成效评价表

活动主题	时间小当家			
活动评价	活动1	头脑风暴	活动效果	□很好　□较好　□一般　□需改进
	活动2	钟面粉刷匠	活动效果	□很好　□较好　□一般　□需改进
	活动3	钟面创意秀	活动效果	□很好　□较好　□一般　□需改进
	活动4	生活作息表	活动效果	□很好　□较好　□一般　□需改进
	活动5	作品交流与活动体会	活动效果	□很好　□较好　□一般　□需改进
活动反思				

3. 方法

活动方式设计表

主题	时间小当家		
序号	活动方式	用途	说明
1	☐实验操作　☐探究规律 ☐调查统计　☑设计制作 ☐数学建模　☐主题阅读 ☐论文报告　☐其他＿＿＿	该活动方式应用在第2个活动中	这一活动方式可以让学生熟练地掌握钟面的组成。在画刻度的过程中进一步认识到钟面上有 12 个大格,每个大格里有 5 个小格,共有 60 个小格;有助于学生识别钟面上所表示的时刻。学生自制的简易钟面可以作为学具使用,学生可以自行拨弄时针和分针的位置,并即时说出对应时刻;实现数学与劳技、美术之间的跨学科教学
2	☐实验操作　☐探究规律 ☐调查统计　☐设计制作 ☐数学建模　☐主题阅读 ☐论文报告　☑其他表达演示	该活动方式应用在第3个活动中	锻炼学生的数学语言表达能力,自查时、分、秒等相关知识的掌握情况
3	☐实验操作　☐探究规律 ☐调查统计　☑设计制作 ☐数学建模　☐主题阅读 ☐论文报告　☐其他＿＿＿	该活动方式应用在第4个活动中	让学生有意识地将时间与生活中的事件建立联系,学会合理规划自己每日的生活,懂得珍惜时间与遵守时间
4	☐实验操作　☐探究规律 ☑调查统计　☐设计制作 ☐数学建模　☐主题阅读 ☐论文报告　☐其他＿＿＿	该活动方式应用在第5个活动中	在"钉钉"平台发布投票窗口,汇总投票数据

三、活动目标

（1）能正确读出钟面上所表示的时刻是几时几分,知道可以使用(小)时、分(钟)来表示两个时刻之间的时间段,理解 1(小)时＝60 分(钟),1 分(钟)＝60 秒的关系,能将生活中的事件与时间建立联系,感悟时间与过程之间的关系。

（2）通过动手制作简易钟面,感受数学的美,发展模型意识,在跨学科学习的活动中提升综合素养与能力。

（3）通过制定一日生活作息表,在对时间长短的感受中发展量感,懂得遵守时间的重要性,形成爱惜时间、守时的良好品德和观念。

四、资源设计

主题	时间小当家			
序号	资源形式	资源名称	用途	使用说明
1	☐文本 ☐动画 ☐程序 ☑实物 ☐场地 ☐人力	制作材料(A4纸、硬卡纸、绘画笔、剪刀、学生自主选择的材料等)	这些资源用在活动2中,用于制作简易钟面模型	使用某些工具时的安全性问题需提醒学生
2	☐文本 ☐动画 ☐程序 ☑实物 ☐场地 ☐人力	A4纸、直尺、绘画笔、平板电脑(熟悉软件绘画的同学可使用)等	这些资源用在活动4中,用于制定一日生活作息表	辅助学生完成一日生活作息表
3	☐文本 ☐动画 ☑程序 ☐实物 ☐场地 ☐人力	钉钉平台	这些资源用在活动5中,用于收集学生的作品与投票汇总	学生需熟悉钉钉平台的投票操作

五、活动设计

1. 创设情境,明确目的

如果有一天,我们没有工具来计量和指示时间,那会发生什么?

所以,在我们的生活中,钟表随处可见,它如此重要,那么,你想不想制作一个自己设计的"简易钟面模型"呢?

"一寸光阴一寸金",时间嘀嗒嘀嗒一分一秒地流逝,如果没有合理的规划,时间就会从身边悄悄地溜走,我们有时还要懊悔时间不够用,许多任务都没有如期完成……这时,制定一份一日生活作息表就尤为重要了!

2. 分解任务,制定流程

讨论并填写任务清单。

序号	任务名称	活动名称	活动空间	活动形式	课时
1	活动准备:互助讨论	头脑风暴	课内	师生互动	1
2	制作一个简易钟面模型	钟面粉刷匠	课外	独立设计制作	1
3	课堂交流	钟面创意秀	课内	演示表达	1
4	制定一日生活作息表	生活作息表	课外	自主设计制作	1
5	活动收尾:交流评价	作品交流与活动体会	课内、课外	生生互动	2

制定活动流程图:

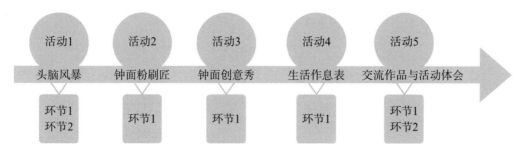

3. 开展活动,实践探究

活动 1:头脑风暴

环节	学习任务	学生活动	教师组织	活动意图
环节 1	活动材料准备	1. 针对制作简易钟面模型的材料,先独立思考,后与同伴交流,最后全班选出合适的材料以供大家选择; 2. 有能力者思考运用哪些材料能够达成"分针走一圈,时针走一大格"的效果(选做)	教师引导以环保、废旧材料为主,避免使用一些具有潜在危险的材料,譬如:尖锐的针头、过于锋利的裁剪工具、图钉等	通过集思广益,能够规避一些危险性的材料,让学习活动更加有的放矢
环节 2	行动思路准备	讨论:①制作钟面会涉及哪些操作难点?(例如:如何裁剪出一个光滑的大圆? 如何均匀地标记钟面的刻度……) ②怎样的生活作息是健康、有益的?(例如:你会将自己的一天划分成哪几个板块? 每个板块所占的比重又是怎样的? 每天适合锻炼身体的时间是几点……)	活动涉及两项动手任务,在行动前,组织学生结合已有经验展开讨论	先就一些难点问题展开讨论,避免学生在具体的行动过程中产生畏难情绪或无从下手

活动 2:钟面粉刷匠

环节	学习任务	学生活动	教师组织	活动意图
环节 1	制作一个简易钟面模型	就近搜集可用材料,独立制作一个简易钟面模型,如个别学生有困难,家长可以在旁稍作协助	提醒材料选择、制作安全和注意事项(作品构成要完整、避免使用尖锐物品、不可购买现成的模型等)	夯实时、分、秒的相关知识,培养学生的动手能力、创新能力和综合应用能力等

活动 3:钟面创意秀

环节	学习任务	学生活动	教师组织	活动意图
环节 1	课堂交流	学生公开展示自己制作的简易钟面,并担任小老师,任意拨弄时针与分针的位置形成三个对应时刻,邀请三位同学作答并即时判断正确与否	组织课堂展示,给予指导和点评	在生生互动中再次巩固某个时刻时针、分针在钟面上的位置,能够准确地认读时刻

活动 4:生活作息表

环节	学习任务	学生活动	教师组织	活动意图
环节 1	制定一日生活作息表	学生在 A4 纸上绘制自己的一日生活作息表,完成后自行拍照上传钉钉学习平台	收集学生的一日生活作息表	让学生有意识地将时间与生活中的事件建立联系,学会合理规划自己每日的生活,懂得珍惜时间与遵守时间

活动 5:作品交流与活动体会

环节	学习任务	学生活动	教师组织	活动意图
环节 1	作品交流,生生互评	课上:学生呈现自己绘制的一日生活作息表,并作如下描述:每天几时几分(到几时几分),我会……(加具体事件)。其余同学在听完汇报后给予反馈意见,即你认同该同学的作息安排吗? 为什么? 若不认同,有什么改进的建议?课后:借助线上平台的投票功能,学生自主投票,选中心目中最喜欢的前三个作品	课上:组织学生交流反馈。课后:开启投票通道,收集最终数据	培养学生的语言表达能力,让他们各抒己见,在此过程中渗透思想道德教育
环节 2	活动体会交流	交流整个主题活动的体会	收集学生的活动体会	思考可改进的方面,对整个活动进行反思

💡 六、作业成果

1. 设计作业

活动	作业	要求	说明
活动 2	自制一个简易钟面模型	学生任意选择材料,呈现钟面的主要组成部分:刻度、时针、分针(要求时针和分针可 360°转动)、秒针(不强制要求出现秒针,因教材中主要涉及时针与分针构成的指示时刻),最后可对钟面进行美化涂鸦等	让学生熟练地掌握钟面的组成;有助于学生识别钟面上所表示的时刻;实现数学与劳技、美术之间的跨学科教学
活动 4	制定一日生活作息表	依次写出一天中每个时间段或某个具体时刻所做的事情,要求作息尽量做到合理健康,可做适当涂鸦与画面填充	让学生有意识地将时间与生活中的事件建立联系,学会合理规划自己每日的生活,懂得珍惜时间与遵守时间;另外,教师要引导学生每日安排一些体育锻炼的时间

2. 作业示例

【案例 1】 简易钟面

第一个同学作品　　　　　第二个同学作品　　　　　第三个同学作品

教师评价：

第一个同学制作的立体钟面让人眼前一亮，普通的纸盒材料经过裁剪与组装竟然创造出了一个独具特色的钟面，老师真想给你一个"小小发明家"的称号，不过，如果能把钟面的刻度划分到小格就更好咯；第二个同学制作的钟面简洁却不失大气，钟面的基本要素呈现得非常完整，可以说是一个非常标准的简易钟面模型，为你的动手能力点赞；第三个同学制作的一看就知绘画技能极好，钟面被涂鸦得如此丰富，真是一种视觉的享受，另外，你还有一双火眼金睛，懂得用数学的眼光观察生活中的物体，能想到用圆形的纸盘作为钟面的底座，真棒！其他小朋友也可以试着再寻找生活中其他圆形轮廓的物体哦。

【案例2】 一日生活作息表

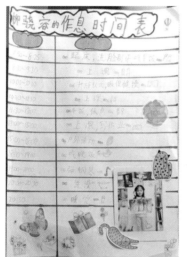

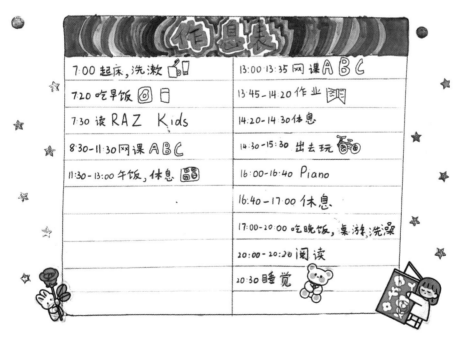

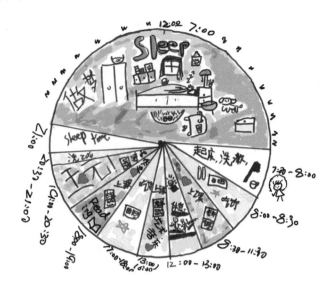

教师评价：

前三位同学运用的是传统的表格来呈现自己的作息表，初看，画面整洁又不失精美，表格的线都是直直的，可以看出养成了良好的用尺作图的习惯。再细看，老师发现你们把自己一天的作息安排得井井有条，学习、运动、培养兴趣爱好，一样都没有落下，还能做到劳逸结合，是名副其实的"时间管理小当家"。最后一位同学的作息表让老师很是惊喜，首先它的呈现形式别具一格，运用的是类似钟面的形式，其实这是你们以后会接触到的"饼图"这一图表形式，这是一个非常好的用以展示各部分占比的工具；其次，老师看出这位同学采用的是线上绘图，这需要灵活掌握绘图软件，可见我们有同学已经有很不错的信息技术应用能力咯，你们真是让老师大开眼界呀！

七、评价方案

1. 活动过程评价

活动过程观察评价表(学生个体)

活动主题	时间小当家				
学生姓名	小林	评价结果	☑很好 □较好	□一般	□需改进
分值 活动表现	4分	3分	2分	1分	得分
活动讨论参与情况	每次讨论都积极参与	大部分时间积极参与	时常参与	偶尔或很少参与	4
完成分工任务情况	按要求完成分工任务	基本能完成分工任务	部分完成分工任务	很少完成分工任务	4
小组合作沟通情况	沟通充分、合作积极主动	能较好地与组员沟通合作	能与组员沟通，但不主动	偶尔或很少与组员沟通合作	4
遇到困难的态度及解决情况	不畏难，主动寻求帮助，认真思考解决	面对困难不放弃，能寻求同伴或老师的帮助	面对困难态度犹豫，有时会寻求帮助	很少寻求帮助，面对困难害怕或放弃解决	4

以上是同学互评得到的分数,小林在整个活动中表现出色,能积极地参与活动讨论,敢于发表自己的看法,对于自己分配到的任务能尽心尽力地完成,也乐于与组员积极沟通,遇到困难能开动脑筋想办法解决,还在一定程度上激发了自己的创新能力。

2. 活动成效评价

活动效果评价表

活动主题		时间小当家									
活动评价	活动1	头脑风暴	活动效果	☑	很好	☐	较好	☐	一般	☐	需改进
	活动2	钟面粉刷匠	活动效果	☑	很好	☐	较好	☐	一般	☐	需改进
	活动3	钟面创意秀	活动效果	☐	很好	☑	较好	☐	一般	☐	需改进
	活动4	生活作息表	活动效果	☑	很好	☐	较好	☐	一般	☐	需改进
	活动5	作品展示互评	活动效果	☑	很好	☐	较好	☐	一般	☐	需改进
活动反思											

以上是 A 小组自评得到的分数,在活动 1 中,该小组成员思维活跃,提出了许多有价值的问题,还能就后续活动可能会遇到的困难展开了积极的讨论;在活动 2 中,该小组成员完成的简易钟面模型制作精美,融入了自己的创新点,能在众多作品中脱颖而出;在活动 3 中,该小组成员遵守课堂秩序,能大大方方地在讲台前展示自己的作品,并担任"小老师"提问底下的同学此时是几时几分;在活动 4 中,该小组成员能合理、健康地安排自己的一日生活作息,深刻认识到体育锻炼的重要性,对班级其他同学的作息具有指导意义;在活动 5 中,该小组成员能认真发表参与此次主题活动的感悟与收获,并提出了建设性的建议。

3. 作品成果评价

(1) 师评(简易钟面模型):

评分细则如下:

A+——符合钟面基本组成,制作精美,有自己的涂鸦创作,有创新点或亮点;

A——符合钟面基本组成,制作精美,有自己的涂鸦创作;

B——钟面基本组成不足,有自己的涂鸦创作;

C——钟面基本组成缺失。

(2) 学生互评(一日生活作息表):

每位学生有三张选票,投给心目中最喜欢的前三个作品,教师补充一定的评选规范如下:

时间管理小当家——票数第一,卷面整洁,绘制规范,时间段(时刻)与对应的具体事件书写正确工整,有创新点或亮点;

时间管理小达人——票数第二,卷面整洁,绘制规范,时间段(时刻)与对应的具体事件书写正确工整,有创新点或亮点;

时间管理小标兵——票数第三,卷面整洁,绘制规范,时间段(时刻)与对应的具体事件书写正确工整。

投票活动在钉钉平台进行,教师在班级群开启投票通道,每位学生投出三票,投票过程会动态呈现,根据最终公示的投票结果,教师依次授予三位同学对应的荣誉称号。

八、教学思考

1. 理念

《义务教育数学课程标准(2022年版)》中提出了"坚持德育为先,提升智育水平,加强体育美育,落实劳动教育"的教育理念。因此,在设计活动时,我们也考虑尽力做到"五育并举",包含制作、美术、劳动、情感交流等实践活动,以促进学生多方位的发展。活动中,自己制作简易钟面属于"劳动教育",拨弄时针、分针的位置后表达相应的时刻属于"智育"。这两项作业都需要绘图,因此也满足了"美育"的要求。通过一日生活作息表,引导学生合理安排作息、珍惜时间、遵守时间,以此落实"德育",在作息表中渗透体育锻炼的重要性,以达到"体育"的目标。

另外,根据新课标中提出的"激发学习数学的兴趣,养成独立思考的习惯和合作交流的意愿;发展实践能力和创新精神,形成和发展核心素养,增强社会责任感,树立正确的世界观、人生观、价值观",本主题活动致力于以有趣的手工活动调动学生学习数学的热情,在感受数学与生活密切联系的同时,达成以上理念。

2. 实施

在教学实施过程中,需要注意凸显学生的主体性地位,作业尽可能交由学生独立完成。教师需做好安全教育,手工材料要规避一些具有潜在危险的物品,因作业是居家完成的,根据学生能力层次的不同,家长可作一定程度的帮助,但整体的作品呈现需由学生自己主导。在作业汇报展示环节,除了要锻炼学生的数学语言表达能力外,还要培养学生的组织能力。在展示交流自制钟面时,学生担任"小老师"实则是将自己制作的学具转变为教具进行使用,教师需引导学生尽可能让全班学生都有一次认识钟面时刻的机会。如出现认识错误的情况,应当由"小老师"来纠正,需指出该同学究竟错在何处,是时针与分针混淆了,还是"小老师"拨弄的时针位置不准确,或是有其他原因。这是生生双向学习纠错的过程,更是一个良性的学习循环过程,教师在其中只需担任助手的角色,保证整个环节流畅进行,把控好课堂时间即可。

3. 特色

本主题活动是继"时间的初步认识(二)"这一单元结束后的一次综合应用实践,为了让学生建立1分(钟)和1秒的实际时间观念,前面的教材已经安排了一些实践操作活动。在学习"分(钟)"这一时间单位时,教材运用了"1分(钟)大约能写几个字""1分(钟)大约能走几步路""1分(钟)大约能踢几下毽子""1分(钟)脉搏大约跳几次"等实践活动,让学生真实感受到1分(钟)的时间的长度。在学习"秒"这一时间单位时,教材运用了"拍皮球20次用几秒""跳绳10次用几秒""跑步50米用几秒"等实践活动,让学生建立起对"秒"的经验和感性认识。此主题活动是本单元实践活动的延续与补充,首先,将书面上的钟面图象具象化到学生手中的简易钟面模型,让学生能够随时随地进行钟面对应时刻的识认。而自己亲手制作的物品相比购买的物品会在学生心中留下不一样的分量,亲手制作的学具会更有成就感与学习的内驱力;其次,作业的形式并未设限,不论是钟面的构造材料,还是作息表的展示形式,抑或是在作品的何处可以进行绘制,教师都未给予强制性的要求,学生可以尽情发挥自己的自主性与创造力,制作出自己满意的作品。

4. 收获

通过这个主题的学习,大体上,学生将发展实践能力、数学语言表达能力、组织分析能力、创新能力等,获得模型思想、应用意识、创新意识等核心素养,树立爱惜时间、遵守时间、合理规划时间的观念。从微观层面展开细说,学生将萌生更多学习数学的兴趣,认识到数学在日常生活中的广泛应用——原来自己可以成为一个"小小发明家",亲手制作出一个简易的钟面模型;原来自己可以成为一名"艺术大师",赋予单调的作品以丰富的颜色生命力;原来自己可以成为一个"小老师",站在讲台上用自己创作的教具与学生互动交流;原来自己可以成为一名"时间管理大师",将自己的一天安排得井井有条而又妙趣横生。正是这样一个个丰富的主题活动,在潜移默化中渐渐培养与提升学生的核心素养与综合能力,赋予他们一定的基本经验与学习思考,促使有意义的学习产生。

5. 思考

实施这个主题活动后,我有了以下的几点思考。

第一,可以给予学生更多学习的自主性,譬如:将活动准备环节交由学生自己组织与主持。他们可以先自行思考如何制作一个简易钟面,在制作的过程中会遇到哪些难点与注意事项,而后一起思考解决,群策群力。在这样的环境下,能逐步培养学生提出问题、解决问题的能力。

第二,可以在活动中更大程度地调动学生思维的灵活性与创造力,例如:钟面一定是圆形的吗? 钟面上的刻度一定得是数字 1—12 吗? 不给学生设置过多的限制,可以激发更多灵感的碰撞。

第三,学习评价可以自活动准备环节就开始,教师可以在旁边记录一些学生的精彩发言与行为,最后从不同方面对表现出色的同学予以表彰,比如:有的同学语言表达能力好,有的同学绘画技术棒,有的同学动手能力强,有的同学组织能力出色。评价的方面不应是单一的,更不应只局限于作业成果本身,教师多方位的鼓励与表扬才能真正将全面发展的教育理念落到实处。

另外,与时间相关的学习内容在一、二、三、五年级均有涉及,教师可以设计一个系列的主题活动贯穿小学阶段,以此形成螺旋式上升的学习过程,逐步深化学生对于该知识的掌握与应用,培育学生的量感,发展应用意识和创新能力。

(曹烨　上海宋庆龄学校)

案例 16：毛线的游戏

——有关长度和面积的量感的体验活动

一、主题概述

1. 背景

毛线的游戏——有关长度和面积的量感的体验活动是以沪教版小学数学教材三年级第一学期第五单元的"几何小实践"为载体，教材安排为 2—3 课时的主题实践课程，目的是通过实践活动培养和提升学生的量感。

因为新课标的颁布，新的课程方案对教师提出了新要求，教师应该改变或者完善自己的教学方式，更加契合新课标中以确立核心素养导向的课程目标，比如：设计体现结构化特征的课程内容，实施促进学生发展的数学活动，探索激励学习和改进教学的评价，积极开展信息技术与数学课程的融合。传统的课堂教学方式，已无法满足新时代的教育教学要求，因此笔者想通过毛线的游戏——有关长度和面积的量感的体验活动，努力尝试使学生从被动听讲转变到主动探索，通过实践操作直观感受、体会和运用数学的思想与方法，掌握基本的数学方法，获得数学的基本活动经验；帮助学生养成良好的学习习惯，形成积极的情感、态度和价值观，在活动中发展核心素养。

2. 任务

沪教版小学数学教材三年级第一学期第五单元的"几何小实践"，包含了轴对称图形的学习，长度以及其常见单位的学习，面积及其常见单位的学习。这些知识是学生未来计算规则或不规则图形面积、学习图形与几何知识和方程与函数知识的重要基础。对于现在的三年级学生而言，一方面，米和千米相较于厘米和毫米都颇为陌生，缺乏感性认识，从而很难把握适度的量感；另一方面，第一次接触由线转面的面积知识，即从一维过渡到二维，学生不一定能一下子适应这种思维方式，混淆长度和面积的情况也时有发生。因此本主题活动以毛线作为工具和载体，让学生通过动手操作来更好地了解、掌握三年级上半学期的几何部分知识（长度与面积），从而让学生更好地发展量感，提高对生活中的数学的感性认知，从而对学生未来的几何学习打下深厚的基础。

3. 跨学科特征

这一主题在数学知识的基础上，还涉及劳动技术学科的剪、接、拼等技能。

4. 适用对象

本活动单元设计适用于沪教版小学数学教材学习的三年级学生。

二、内容说明

1. 知识

（1）数学学科中已经储备的知识。

该主题以上教版小学数学教材三年级第一学期第五单元"几何小实践"为载体，以其中"米"的认识和"平方米"的认识作为切入点。本单元主要以几何知识作为知识主体，从前至后涉及：千米的认识，米与厘米，分米的认识，轴对称图形，三角形的分类（2），面积，长方形与正方形面积，平方米。

"图形和几何"是义务教育阶段学生数学学习的重要领域，本活动主要关注第二学段（三年级至四年级）的内容要求——"图形的认识与测量"："认识长度单位千米，知道分米和毫米；认识面积单位平方厘米、平方分米、平方米；能进行简单的单位换算；能恰当地选择单位估测一些物体的长度面积，会进行测量。"

（2）与劳技课程中的基本理念与课程目标对应。

由于在学生毛线的游戏——有关长度和面积的体验活动中会应用到剪刀、皮尺、粉笔、拼搭塑胶等多种工具，这与劳技课程的基本理念一致，在手脑结合的操作活动中促进学生技术素养的形成，注重综合知识的运用和学习，提升学生的劳技课程中的技术基础，达到劳技学习在小学阶段的基础目标。

学生的劳动与技术学习活动，不仅是已有知识的综合运用，还是新知识与能力的综合学习。通过这些学习活动，劳动与技术教育的内涵得以深化和外延，丰富了学生的学习内容，改进了学生的学习方式，促进了学生全面发展。

2. 工具

（1）活动流程：

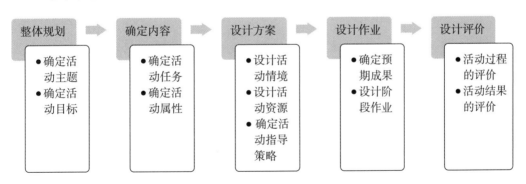

（2）活动规划：

活动单元规划表

活动主题	毛线的游戏——有关长度和面积的量感的体验活动
活动属性	☑ 主题学习　☐ 项目化学习　☑ 跨学科　☐ 长周期

续表

预期成果	学生能裁剪出1米长的毛线并围出占地面积为1平方米的正方形,通过拼搭塑料了解并熟悉生活中的1米长和占地1平方米的物品			
任务清单	任务1	任务2	任务3	任务4
任务名称	知识准备	长度的量感	面积的量感	交流与分享
活动分解	活动1	活动2	活动3	活动4
活动内容	回顾复习相关几何知识	通过皮尺,裁剪长度为1米的毛线	通过拼接毛线,围出面积为1平方米的正方形,拼接塑料框架	交流分享心得,评价自己和他人成果,通过拼接塑料框架,联系实际生活中的各个物体
活动空间	☑课内 ☐课外	☑课内 ☐课外	☑课内 ☐课外	☐课内 ☑课外
课时划分	1课时	1课时		1课时

（3）评价量表：

活动过程观察评价表(学生个体)

活动主题	毛线的游戏——有关长度和面积的量感的体验活动				
学生姓名		评价结果	☐很好 ☐较好	☐一般 ☐需改进	
分值 活动表现	4分	3分	2分	1分	得分
活动讨论参与情况	每次讨论都积极参与	大部分时间积极参与	时常参与	偶尔或很少参与	
完成分工任务情况	按要求完成分工任务	基本能完成分工任务	部分完成分工任务	很少完成分工任务	
小组合作沟通情况	沟通充分、合作积极主动	能较好地与组员沟通合作	能与组员沟通,但不主动	偶尔或很少与组员沟通合作	
遇到困难的态度及解决情况	不畏难,主动寻求帮助,认真思考解决	面对困难不放弃,能寻求同伴或老师的帮助	面对困难态度犹豫,有时会寻求帮助	很少寻求帮助,面对困难害怕或放弃解决	

活动成效评价表

活动主题	毛线的游戏——有关长度和面积的量感的体验活动				
活动评价	活动1	知识准备	活动效果	☐很好 ☐较好	☐一般 ☐需改进
	活动2	长度的量感	活动效果	☐很好 ☐较好	☐一般 ☐需改进
	活动3	面积的量感	活动效果	☐很好 ☐较好	☐一般 ☐需改进
	活动4	交流与分享	活动效果	☐很好 ☐较好	☐一般 ☐需改进
活动反思					

3. 方法

活动方式设计表

主题	毛线的游戏——有关长度和面积的量感的体验活动			
序号	活动方式	用途	说明	
1	☑实验操作　☐探究规律 ☐调查统计　☐设计制作 ☐数学建模　☐主题阅读 ☐其他_____	实验操作贯穿于本主题中	1. 培养学生数学量感; 2. 提升学生动手操作能力; 3. 拓展学生数学学习的思路与眼界	
2	☐实验操作　☐探究规律 ☐调查统计　☐设计制作 ☐数学建模　☐主题阅读 ☑其他_交流分享_	交流分享位于课程最后	1. 培养学生交流表达能力; 2. 联系实际生活中的各个物品的长短以及大小,了解真实情境中蕴含的数学知识; 3. 培养和提升学生观察生活中美好事物的能力,感受数学之美	

🔦 三、活动目标

（1）在理解长度和面积概念的基础上,通过毛线游戏直观体验1米的长度和1平方米的面积单位,直观感受米的长短和平方米的大小。

（2）在活动中进一步体会度量的意义,能够理解统一度量单位的必要性;会针对真实情境选择合适的度量单位进行度量,会在同一度量方法下进行不同单位的换算;初步感知度量工具和方法引起的误差,能合理得到或估计度量的结果。

（3）通过真实的操作活动,积累体验量感的活动经验,获得学习量感的新方法,积累由此获得量感的基本方法,养成用定量的方法认识和解决问题的习惯,发展量感、几何直观和应用意识。

（4）在活动中能体会数学知识之间、数学与生活之间的联系;激发学生对数学的好奇心和求知欲,了解数学的价值,欣赏数学美,树立学好数学的信心,养成良好的学习习惯,形成质疑问难,自我反思和勇于探索的科学精神。

🔦 四、资源设计

主题	毛线的游戏——有关长度和面积的量感的体验活动			
序号	资源形式	资源名称	用途	使用说明
1	☐文本　☐动画 ☐程序　☑实物 ☐场地　☐人力	毛线、粉笔、剪刀、卷尺、塑料框架	活动2 活动3	1. 学生通过动手操作裁剪1米长毛线; 2. 拼接占地1平方米面积的方框; 3. 拼搭塑料框架,固化成果并在课下联系生活实际,比对生活物品,分享交流

序号	资源形式	资源名称	用途	使用说明
2	☐文本　☐动画 ☐程序　☐实物 ☑场地　☐人力	走廊或空旷场所	活动2 活动3	主要提供学生实践场所

五、活动设计

1. 创设情境,明确目的

学生在活动前已学习完"米"与"平方米"的知识点。教师通过批改学生的作业了解他们对这些知识点的掌握情况。在活动前,教师复习了"米"和"平方米"知识,并通过创设情境引入这些知识,以加深学生的体验和代入感,引起他们的兴趣。

教师:老师在作业中看到这么一些答案,请大家讨论这些单位是否用得合适?火车长245厘米,旗杆高约15分米,粤港澳大桥约为55米,床的面积为2平方厘米,课桌的大小是120平方米……大家讨论一下,这样的答案正确吗?

有些学生指出错误,但也有一些学生因为缺乏感性认识会有困惑,无法确定。

教师:今天我们一起来用毛线做个游戏,请大家通过动手操作,再来认识熟悉一下两个非常重要的单位,长度单位"米"和面积单位"平方米",希望通过今天的活动,大家能够更好地认识这两个单位,既不会混淆也不会在具体事物上选用不合适的单位。

教师先分配任务并设立课堂活动目标,再带学生到空旷场所开始活动,并铺设卷尺。

目标1:每一个小组成员剪下1米长的毛线;

目标2:每一个小组需在地板上用粉笔画出1平方米的正方形,以作图题的方式完成;

目标3:确定1平方米里能站几个小朋友;

目标4:拼搭塑料软框,使之成为1平方米。

学生以4—5人为一组快速分组,可在组内自由分配任务:

- 材料员:收集材料及归还材料;
- 分发员:分发相应的材料,收集废料;
- 记录员:比对数据,有必要时通过粉笔作标识;
- 提醒员:提醒组员尽快回到任务岗位中去,并组织组员在完成活动后全进行清扫。

2. 分解任务,制定流程

讨论并填写任务清单。

序号	任务名称	活动名称	活动空间	活动形式	课时
1	知识准备	作业反馈	课内	课堂学习	1

续表

序号	任务名称	活动名称	活动空间	活动形式	课时
2	长度的量感	剪毛线	课内	实验操作	1
3	面积的量感	拼毛线	课内		
4	分享交流	自评互评	课外	交流分享	1

制定活动流程:

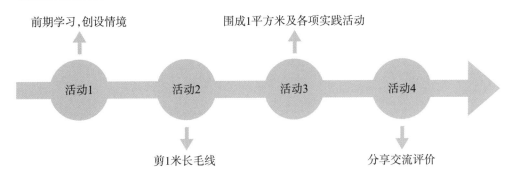

3. 开展活动,实践探究

活动 1:知识准备

环节	学习任务	学生活动	教师组织	活动意图
环节 1	作业巩固,情境引入	评价并讨论作业中的问题;通过情境,深入到选用合适长度单位和面积的兴趣中	复习巩固相关知识;反馈作业问题;创设情境,引起学习兴趣	引出问题;创设情境铺垫实践操作

活动 2:剪毛线

环节	学习任务	学生活动	教师组织	活动意图
环节 1	剪裁毛线,认识1米	利用卷尺,定出 1 米的长度,用剪刀裁剪。感受 1 米的长度约是多少,比对生活中的物品	引导学生了解材料,熟悉材料,引导学生感受 1 米是多长,鼓励学生比对周围环境,提问有哪些事物用米为单位度量比较合适	在实践操作中直观感受长度

活动 3:拼毛线

环节	学习任务	学生活动	教师组织	活动意图
环节 1	拼接毛线,认识1平方米	通过几何知识,拼接面积为1平方米的正方形;用粉笔标识 1 平方米的面积;计算 1 平方米可以站多少人;用塑料框架固化成果,并会比对周围环境中的物品	巩固面积知识,引导学生通过概念展现由线及面;引导计算1平方米可以站多少人,注意安全,避免踩踏事故;引导学生感受 1 平方米有多大,鼓励学生比对周围环境物品,提问有哪些物品用平方米为单位度量比较合适	在实践操作中直观感受面积

活动 4：自评互评

环节	学习任务	学生活动	教师组织	活动意图
环节 1	通过标准自评互评	完成自评互评	互评表准备以及汇总；鼓励交流活动中的趣事	活动反思；实践中巩固运用知识
环节 2	通过教具课后联系实际生活	通过教具课后联系实际生活	布置课后作业；鼓励学生用不同方法思考其他单位的实践操作	联系实际，丰富体验

六、评价方案

1. 作业内容

活动	作业	要求	说明
活动 2	裁剪 1 米长的毛线	利用卷尺，定出 1 米长并裁剪	学生对于材料的熟悉和运用
活动 3	拼接 1 平方米	通过毛线拼接出 1 平方米的正方形	学生对于材料的运用和对 1 平方米概念的理解
活动 4	自评互评	通过互评表完成评价	学生对自己和他人的实践成果的中肯评价

2. 作业示例

【示例1】

教师评价：

此为一个优秀案例,学生在有限的条件下能够作出一个相当标准的1平方米正方形(由图可见横平竖直),并且在活动过程中每个人都能胜任组内角色并完成任务。

【示例2】

教师评价：

此为另一个优秀案例,虽然最终学生作出的1平方米并非像第一组那么完美,但此小组内的学生顺利完成了任务。此小组学生数学基础相对较差,但此次的数学活动他们的积极性最高,完成任务相当快。学生相互评价也是相当高。

【示例3】

教师评价:此组优秀的闪光点在于学生的标识比较优秀,不仅画出了边长,并且再一次总结归纳了什么是1平方米和1平方米是如何算出来的(如图所示)。

七、评价方案

1. 活动过程评价

活动过程观察评价表（学生个体）

活动主题	毛线的游戏——有关长度和面积的量感的体验活动				
学生姓名		评价结果	☐很好　☐较好　☐一般　☐需改进		
分值 / 活动表现	4分	3分	2分	1分	得分
活动讨论参与情况	每次讨论都积极参与	大部分时间积极参与	时常参与	偶尔或很少参与	
完成分工任务情况	按要求完成分工任务	基本能完成分工任务	部分完成分工任务	很少完成分工任务	
小组合作沟通情况	沟通充分、合作积极主动	能较好地与组员沟通合作	能与组员沟通，但不主动	偶尔或很少与组员沟通合作	
遇到困难的态度及解决情况	不畏难，主动寻求帮助，认真思考解决	面对困难不放弃，能寻求同伴或老师的帮助	面对困难态度犹豫，有时会寻求帮助	很少寻求帮助，面对困难害怕或放弃解决	

2. 活动成效评价

活动主题	毛线的游戏——有关长度和面积的量感的体验活动			
活动评价	活动1	知识准备	活动效果	☑很好　☐较好　☐一般　☐需改进
	活动2	长度的量感	活动效果	☑很好　☐较好　☐一般　☐需改进
	活动3	面积的量感	活动效果	☑很好　☐较好　☐一般　☐需改进
	活动4	交流与分享	活动效果	☑很好　☐较好　☐一般　☐需改进
活动反思				

3. 作品成果评价

除了用评价表评价外，学生将通过投票方式选出最佳作品展示奖。

投票方式及细则：

（1）每个小朋友将分到5枚贴纸，小朋友可以根据评价表或者成果展示以任意数量贴在相应小组的展板上；

（2）贴纸投票结束后，计算贴纸数量，贴纸数量最多的小组可获得最佳作品展示奖，并获得数学礼品1份；

（3）其他小组因为实践操作过程中踊跃积极的表现获得优秀参与奖，并获得数学礼品1份。

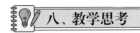 八、教学思考

1. 理念

通过学习新课标,青年教师提高了对数学学科教育任务的理解。他们通过解决现实问题的数学学习活动,能够解决真实情境中的数学问题。这样的学习活动可以从现实世界的客观现象中发现数量关系与空间形式,提出有意义的数学问题。青年教师还可以抽象出数学的研究对象及其属性,形成概念、关系与结构。他们能够理解自然现象背后的数学原理,感悟数学的审美价值,形成对数学的好奇心与想象力,主动参与数学探究活动,发展创新意识。

上述的主题实践活动是新课标中倡导的课程设计的一部分。课程资源的开发与利用中提出,学校和教师需要关注课程资源收集,并形成有利于学生核心素养培养的教学活动和教学资源。有效的教学活动是学生学和教师教的统一,学生是学习的主体,教师是学习的组织者、引导者与合作者。教学活动应注重启发式,激发学生学习兴趣,引发学生积极思考,鼓励学生质疑问难,引导学生在真实情境中发现问题和提出问题,利用观察、猜测、实验、计算、推理、验证、数据分析、直观想象等方法分析问题和解决问题;促进学生理解和掌握数学的基础知识和基本技能,体会和运用数学的思想与方法,获得数学的基本活动经验;培养学生良好的学习习惯,形成积极的情感、态度和价值观,逐步形成核心素养。以真实情境为载体的主题学习活动是促进学生发展核心素养的有效载体。

在当下的教改背景中,设计真实情境下的学习活动是数学教师应该考虑的。这对于加深学生发展核心素养,落实学科与个体的目标,都是有帮助的。

通过这样的活动设计,不仅可以丰富学生对于长度单位、面积单位、货币单位和时间单位的学习体验,还可以开拓学生的视野。这种设计不仅有助于学生理解概念和掌握方法,还联系了真实情境中的数学应用,对培养学生的数学核心素养有着强大的助力。

2. 实施

实际上我所教过的每一名学生在活动过程中都相当积极踊跃。如果教师不在旁边提醒活动时间,小朋友们可以画画玩玩一整天,甚至有的同学已经提前画出了1平方分米的正方形图(该概念是沪教版教材三年级第二学期的第一单元"复习与整理"的知识),这也侧面地说明学生对于数学活动的兴趣很大,既然学生感兴趣的,我们就应该去尝试和实践,尤其是在几何这样直观的知识上。

3. 特色

此活动紧密联系教材第五单元"几何小实践",并且与练习册互为对照,加深学生量感,也间接培养学生的探究推导能力和图形空间把握能力。此活动最大的特点是准备过程简单,无需特别繁琐的手续,在短时间内让学生动手操作,给予深刻而有趣的体验。

4. 收获

在活动结束后,学生对于长度单位"米"和面积单位"平方米"的认识明显提高。在随后

的练习中,学生选择适当单位的准确率也大大提高。因此,毛线游戏的体验活动对于培养三年级学生的直观想象和抽象的能力有一定的帮助。

5. 思考

此活动经过三次的实施后有以下思考和希望:

(1) 一个好的主题实践活动需要充分的课时保证。除此之外,还需要成体系的活动规划、完善的单元学习计划和妥善的活动流程。这些因素都影响教师安排和设计主题实践活动。因此,教师在设计活动时,应该妥善安排和考虑所有因素。

(2) 在教育教学过程中,教师需要留心思考,有哪些学习目标适合这样的主题实践活动。教师需积极主动探索,细心观察,仔细设计主题实践活动,会帮助学生在学习中拓宽自己的视野,增加学习的方式,丰富学生的体验,让学生多元化认识数学,保持浓厚的兴趣。

(3) 像这样的数学活动在学校内外各个数学教学阶段和教研组中都存在。如果这次的主题活动能够为我们撰写优秀成果提供机会,并与组内成员分享,那将有机会接触到校外其他优秀的数学活动。这对于提高学校数学教师素养,提升宋校数学活动和数学文化氛围有着相当深远的意义。

(张安奇　上海宋庆龄学校)

第四章

实践反思

通过对前面 16 个实践案例的反思,我们形成了对综合与实践课程设计的思考与实施路径。

一、综合与实践活动的素材选择

开展综合与实践活动时,选定一个好的素材就有了良好的开端。活动素材必须能联系数学及其他学科的知识、经验、方法,学生也已经具备相应的认知基础。但是这些知识方法和经验各自独立地存在于不同的学科中,通过一个好的素材就创设了一个将其融会贯通的综合情境,综合应用这些知识探索规律的活动就自然而然地发生了。

数学综合与实践活动的素材的三个主要来源:一是课本①、新课标中的素材、样例的再开发。综合与实践活动需要学生真实地参与活动全过程,因地制宜、因人而异对现成的内容进行再度开发,加工出适合自己学生的活动素材。二是教师结合自身特点与其他学科教师联合发掘的素材。当前的知识更新速度空前加快,今日的数学也不仅仅是一门独立的科学,而是渗透到物质世界的各个领域,是表现各门学科理想形态的最好方式,因此可与其他学科的教师合作开发出有创新价值的活动素材。三是来自学生提出的问题。创造各种机会,提供学生可以思考、表达、实践的时间和空间,激发出学生发现问题、提出问题的灵感,一个能激发学生兴趣的活动素材便由此产生。比如活动主题为"学校运动场上的跑道"。围绕主题引发一系列问题:学校的运动场上 8 条环形跑道中哪一条才是 400 米?进行 400 米比赛时每条赛道之间的距离是多少? 这个主题能激发学生的好奇心,因为每天在操场上活动,但是第一次从数学学科的视角用数学的知识、方法去发现问题、提出问题、分析问题和解决问题。

比如,来自学生的问题,经过教师加工处理形成的适合初中生开展的活动主题:"三角钢琴的造型为什么这么特别? ——基于反比例函数的乐器探究""我为校园添一景""揭秘二维码的前世今生";来自教师的创意的主题,有基于教师的认识与理解,创设一个适合学生开展探究与学习的主题"GeoGebra 辅助下的简单几何体研究",适合小学生活动的"时间的故事""定向寻宝""今年运动会玩什么"等;再比如来自新课程标准中提供的主题,教师经过二次开发设计成的活动主题"三角比在测量中的应用"等。

二、综合与实践活动的流程要素

综合与实践活动是以学生自主学习、自主探究为主的开放性活动,同时具有一定的灵活性,但是教师需要预先设计一个严谨的活动流程,这对活动目标的达成、活动成效的保证发挥起到了至关重要的作用。

数学综合与实践活动的设计流程或设计路径如下:

---

① 目前上海的新教材根据 2022 年颁布的新课标还在编写中,可参考人教版、北师大版、苏教版等不同版本的教材中的相关内容。

第一步，整体规划。包括：活动主题、活动目标两个要素。

活动主题，就是从活动素材中提炼出适合学生参与的学习主题。

活动目标，旨在发展学生的数学学科核心素养，同时帮助学生感悟数学与其他学科、数学与社会、生活等的密切联系，促进学生"五育并举"全面发展，进而落实数学学科育人的目标。活动目标可分为三个方面：知识技能方面的过程方法以及四基相关的目标，包含跨学科的知识技能；与数学思想、四能以及核心素养相关的目标，如运算能力、推理能力、模型意识、空间观念、创新意识、应用意识等；情感态度、精神品质和意志相关的目标，如合作意识、探究能力、理性精神、辩证唯物主义思想、科学态度等。同时，还需兼顾五育融合的相关内容。

第二步，确定内容。包括：内容、任务、活动属性三个要素。

内容，就是预先对活动主题、素材涉及的内容进行解析。首先，需要明确数学学科中已有的知识，以及基本技能、基本经验和基本的数学思想等的具体说明。其次，还需要涉及与活动相关的其他学科的知识、技能、经验和方法等，以及与活动情境或相关的生活经验、常识等。

任务，就是确定活动的最终成果，如实验报告、小论文或要制作的作品等。

属性，包含活动类型（主题学习还是项目化学习）、活动特征（跨学科还是应用数学知识的活动）和活动周期（短周期：1—4课时，长周期：5—10课时或更多课时）。

第三步，设计方案。包括：情境、资源、规划、方式四个要素。

情境，活动开始需要创设一个综合的情境，就同新知建构课中创设情境的效果一样，目的是激发兴趣，引发认知冲突，为活动的开展创设一个好的开始。

资源，活动的综合性与实践性决定了活动开展需要课本、教室环境以外更多的资源。因此，对活动资源的类型需要界定，详见后续表1活动资源界定，在此基础上对于项目活动需要的资源做选择和说明，详见表2活动资源设计。

规划，一个综合性的实践活动，需要若干课时的时长才能完成。基于学生的认知规律，需要从整体的视角分析和筹划，通过任务的分解、活动的内容等进行一个单元规划，详见表3活动单元规划。

方式，经过规划，一个综合与实践活动可能包含一个或若干个连续的活动，不同的活动需要与之相匹配的适当的活动方式，活动方式的解释详见表4活动方式界定，活动方式的设计详见表5活动方式设计。

第四步，设计作业。

综合与实践活动的作业是学习活动的一部分，也是体现学习效果的一个载体，因此需要精心设计。根据活动进程,分为过程性作业和终结性作业两种。如果一个活动综合性较强、周期也较长,其中某一个(或几个)活动需要有阶段成果的体现,比如调查统计的数据整理、实验报告等,这些属于过程性作业,活动最终的学习成果或结果属于活动终结性作业。根据作业完成的要求,分为学生个体独立完成的作业和小组合作完成的作业。作业设计详见活动作业设计表。

第五步,设计评价。

综合与实践活动的评价方案,是督促和保障学习活动的必要措施,也是保质保量、有序开展活动的制约手段,可以避免活动流于形式,避免自由散漫的放羊式活动。基于学习活动的形式和特点,需要有督促学习过程、诊断和反馈学习结果的评价方式,因此有针对学生个体参与学习活动的过程性评价,详见表 7 活动过程观察评价表(学生个体),也有小组学习成效的评价表,详见活动效果评价表。

还有最终学习成果或作品的评价方案,需要根据学情以及学校的各种支持保障设计个性化的评价方案。评价方案中需要详细说明是组织集体分享研究报告、实验报告,或是数学小报上墙展示等,以及具体的要求比如:从积极正面鼓励的角度进行阐述和说明,什么样的作业或作品可以获得"优秀",什么样的作业或作品可以获得"良好",什么样的作业或作品可以获得"合格"。由此引导学生积极争取好的评价结果。

以学校运动场上的跑道为主题的活动,依据设计流程,从整体规划开始,根据新课标中综合与实践活动的要求首先设计目标:在理解圆的周长、会用圆的周长公式进行计算的基础上,能在真实情境中分析问题解决实际问题;根据实际问题进行分组和分工,能设计测量计算方案选择测量工具等,在实际测量和计算中能不断调整和修正方案并能进行合理的解释;在解决操场跑道问题的活动中,感受数学与实际生活的联系,提高兴趣,激发探究意识,树立团队合作意识和理性精神,发展计算能力、抽象能力和应用意识。其次对活动的内容进行解析、任务分解等,并开展更进一步的具体工作。

还可以从前面 16 个案例的设计与实施中充分感受流程与要素。

三、综合与实践活动的设计工具

根据活动流程以及相关要素,形成若干支持活动设计的工具。

1. 活动资源

表 1　活动资源界定

类型	资源名称
文本	活动过程中所需的书籍、文章、图片等书面资料,包括电子文档、图片以及用来整合文字与图片的 PPT。比如:书籍《数学家陈景润的故事》、24 点游戏规则的阅读材料等
动画	以动画形式呈现,包括视频、软件制作的动画等。比如用软件制作的设计动图、短视频和数学家有关的电影如《美丽心灵》等

类型	资源名称
程序	人机交互的指令性程序,包括各类数学软件、智能手机的第三方应用程序(APP),还有进行计算、统计、画图的软件等
实物	教具、学具、校园中的物品,以及活动中需要用到的其他物品。比如:卷尺、钢琴、校园的旗杆或植物等
场地	活动中可能涉及的除本班级上课教室以外的其他场地,比如:操场、图书馆或博物馆等
人力	支持活动的人员,比如:实验室老师、相关学科教师以及校外专业人士等

表 2　活动资源设计

活动主题				
序号	资源形式	资源名称	用途	使用说明
1	☐文本　☐动画　☐程序 ☐实物　☐场地　☐人力	举例:网站、图书等		
2	☐文本　☐动画　☐程序 ☐实物　☐场地　☐人力	举例:学校体育场、校外博物馆等		

💬 说明:此表根据设计的实际情况填写,有几个资源就写几行,需要写出用途和必要的使用说明。

2. 活动规划

表 3　活动单元规划表

活动主题					
活动属性	☐主题学习　　☐项目化学习　　☐跨学科　　☐长周期				
预期成果					
任务清单	任务 1	任务 2	任务 3	…	任务 n
任务名称					
活动分解	活动 1	活动 2	活动 3	…	活动 n
活动内容					
活动空间	☐课内　☐课外	☐课内　☐课外	☐课内　☐课外	…	☐课内　☐课外
课时划分					

💬 说明:将实践活动的几个课时视为一个单元,根据单元规划的活动填写此表,按设计的实际情况填写,有几个任务就写几列。课内指活动占用几课时数学课,课外指活动在数学课以外所需课时,因为每个学生所用时间有长有短,所以估计一个平均时间填写一个课时数。

3. 活动方式

表4　活动方式界定

活动方式	解释	举例说明
实验操作	在活动中应用信息技术、计算机软件等作为实验工具,将数学基本理论、知识运用到解决实际问题的过程中	例如,正方体平面展开图利用几何画板,动画功能可以直观、清晰,动态地显示各种变化过程
探究规律	学生围绕某个主题运用数学方法自主探究探索,发现规律和数学特征	例如,多边形的平面镶嵌。学生可围绕用哪些多边形镶嵌,镶嵌的条件是什么,围绕这些问题展开自主研究
调查统计	选择某个具有生活实际意义的主题,指导学生实施调查,获取原始数据,对数据进行科学的处理,从而得到一些推断,用以指导实践活动	例如,了解全班同学的健康状况。学生需要经历测量身高、体重,并进行数据汇总后,作出统计图,感受统计在生活中的应用
设计制作	具有开放性和多样性的特点,学生利用给定或指定材料,通过对材料的观察、分析获得设计物中蕴含的某些数学规律,并根据探索后得到的数学规律进行设计和制作	例如,通过剪纸等感受轴对称在生活中的应用,发现其中的原理,设计出更丰富的作品,另外运用平移、旋转等知识也可以进行类似的设计
数学建模	通过将实际问题转化成一个数学问题,以此来建立数学模型,然后进行求解,最后再进行解释验证	例如,建筑物测高问题就属于典型的数学建模类问题
主题阅读	通过阅读数学书籍、撰写和交流心得体会等,学会用数学思维、数学语言进行表达和解释	例如,通过阅读数学类书籍,了解数学家的故事、数学知识的发生、发展过程等,了解事实,并学会用数学的语言表达、解释
论文报告	通过调查研究、探究规律、设计制作等各种方式获得一个数学结果或规律,以呈现研究方案、研究过程、研究结果和思考文本(论文或报告)	例如,高中生对一个高架道路(单向三车道)上一条车道发生交通事故后对车速影响的研究,形成论文《交通事故对三车道影响的建模及仿真分析》

表5　活动方式设计

主题			
序号	活动方式	用途	说明
1	☐实验操作　☐探究规律　☐调查统计 ☐设计制作　☐数学建模　☐主题阅读 ☐论文报告　☐其他＿＿＿＿	该活动方式应用在第几个活动中	这个方式在活动中起到什么作用

> 说明:此表根据实际情况填写,有几种形式就写几行,如果选其他,就要填写具体内容。

4. 作业

表 6　活动作业设计

活动主题				
活动	作业	性质	要求	
活动 1	举例:搜集整理的资料、读书笔记、实验报告、设计方案、设计稿等	☐过程性 ☐终结性 ☐独立完成 ☐小组合作	详细说明指小论文、实验报告或数学小报等,包括但不限于学生单独完成还是小组完成	

说明:此表根据实际需要填写,有几项作业写几行,有的阶段活动也可以没有作业。

5. 评价工具

（1）活动过程评价

表 7　活动过程观察评价表(学生个体)

活动主题					
学生姓名		评价结果	☐很好　☐较好　☐一般☐需改进		
分值 活动表现	4分	3分	2分	1分	得分
活动讨论参与情况	每次讨论都积极参与	大部分时间积极参与	时常参与	偶尔或很少参与	
完成分工任务情况	按要求完成分工任务	基本能完成分工任务	部分完成分工任务	很少完成分工任务	
小组合作沟通情况	沟通充分、合作积极主动	能较好地与组员沟通合作	能与组员沟通,但不主动	偶尔或很少与组员沟通合作	
遇到困难的态度及解决情况	不畏难,主动寻求帮助,认真思考解决	面对困难不放弃,能寻求同伴或老师的帮助	面对困难态度犹豫,有时会寻求帮助	很少寻求帮助,面对困难害怕或放弃解决	

（2）活动成效评价

表 8　活动效果评价表

活动主题				
活动评价	活动 1	活动名称或内容	活动效果	☐很好　☐较好　☐一般　☐需改进
	活动 2	活动名称或内容	活动效果	☐很好　☐较好　☐一般　☐需改进
	…	…		…
	活动 n	活动名称或内容	活动效果	☐很好　☐较好　☐一般　☐需改进
活动反思				

说明:评价方案根据实际需要可修改。

四、综合与实践活动设计与开发的理解和思考

以学校运动场上的跑道为主题的活动,可以根据上述工具进行设计,比如对于活动属性的描述,可确定为跨学科(与体育学科,还可以包含劳技学科)的项目化学习这一长周期活动。活动规划可将活动分解为 5 个小活动:实地勘察设计方案—选择工具实施测量—计算与验证—结果与解释—分享与评价。在每个小活动中,需要划分课时、确定活动空间并详细说明学生活动、教师活动和设计意图。活动资源包括场地(学校运动场)和实物(测量工具)等。活动方式可以包括实验操作和设计建模、交流表达等。作业可以包括过程性的小组作业(设计方案)和终结性作业(计算结果和解释、运动场 400 米跑道的确定和 400 米比赛终点的确定画线)等。最后,应用面向学生个体的评价表和小组活动的成效评价表进行个人自评和组内互评,并对终结性作业进行分享与评价。评价的量表可以根据实际进行适当调整。

活动过程中,在选择测量工具时,有的小组使用了可测量 100 米的卷尺,有的小组使用了激光测距仪。然而,在光线强烈的时候,先进的激光测距仪可能不是最佳选择。另外,在测量过程中,需要确定运动场跑道一侧半圆的圆心位置,并处理测量过程中的误差。有的学校因场地限制,运动场上的跑道并没有 400 米,可能只有 300 米。在举行 400 米比赛时,确定了起点之后如何确定终点等等。当将课本练习册上的简单计算问题还原到真实场景中时,可能会出现许多未曾遇到或想到的小问题,甚至可能引发学生继续探究的新问题。学生在解决这些问题的过程中,沟通表达和协调能力会得到提高。当学生感觉参与活动过程中用到的数学知识不足时,他们还会回到课本中去继续钻研和理解。这种任务驱动下的真实学习和深度学习能够促使学生发展核心素养,从而实现活动育人和学科育人的目标。

在前一章呈现的 16 个案例中,我们也可以看到以学生为主体,教师为主导的活动过程。在这些活动中,学生基于任务的探究和学习发挥了主观能动性,展开了真实而深入的学习。教师扮演导演、支持者和协作者的角色,促使活动的顺利开展。

总之,在数学学科的"综合与实践"领域,活动不仅与现实生活紧密联系,而且能为其他学科构造数学模型。它对于学生形成正确的价值观,树立辩证唯物主义的观点和科学精神,提高实践能力和创新能力非常有帮助。数学综合与实践活动强调在真实的、情景化的实践中,基于数学学科内容与目标,综合多学科内容进行设计,具有教育性和可操作性。这种设计能够体现多学科知识的综合运用与探索,激发学生的主观能动性,体现育人的价值,培养学生观察世界的眼光、思考世界的思维和表达世界的语言的能力,最终落实数学核心素养。